エネルギーマネジメント時代

世界の人口増加、急速な都市化は、
深刻な地球環境問題を引き起こしています。
一人ひとりの省エネ・節電意識はもちろんのこと
建物および街区や都市レベルでの
低炭素化の技術が求められています。
本格的なエネルギーマネジメント時代の幕開けです。

衛星写真「地球の夜景」
明るく輝いているのは人口が集中する都市

[街区AEMS(Area Energy Management System)]

東京スカイツリータウン®

CO_2排出量を32%削減
(同規模同用途の標準的なビルに対し)という省エネ実績。
東京スカイツリータウンは
最新のエネルギーマネジメント技術を導入し、
スマートシティのモデルケースを目指しています。[▶P.094]
写真は、荒川から東京スカイツリー®方面を望む。

複数の建物と地域冷暖房施設（DHC）が連携して
エネルギーシミュレーターを導入し、的確なエネルギー分析を
継続することにより、エネルギーの無駄をなくしています。

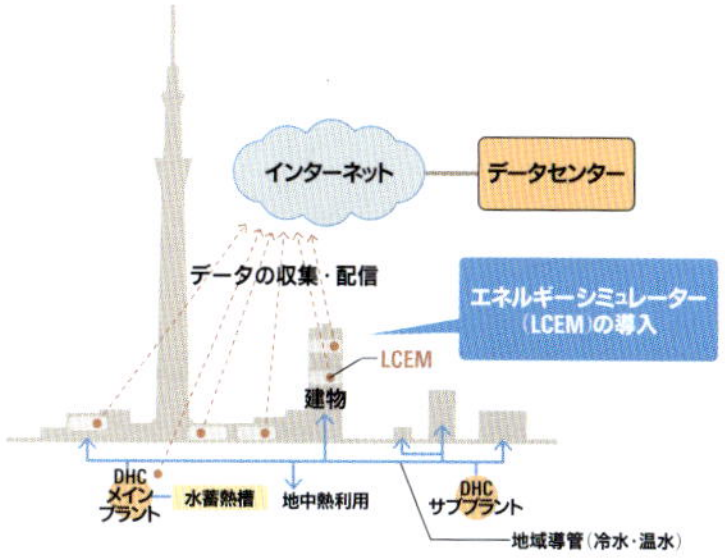

［エネルギーマップによる地域特性把握］

地域によってエネルギー消費量が大きく異なることがわかります。
東京都では都心部にエネルギー消費が集中しています。

年間エネルギー消費量のエネルギーマップ

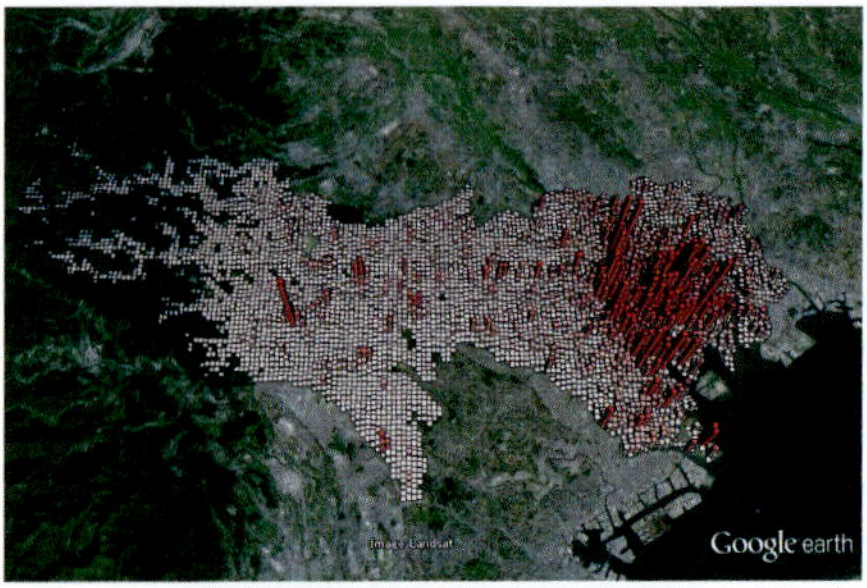

©Google

東京都全体

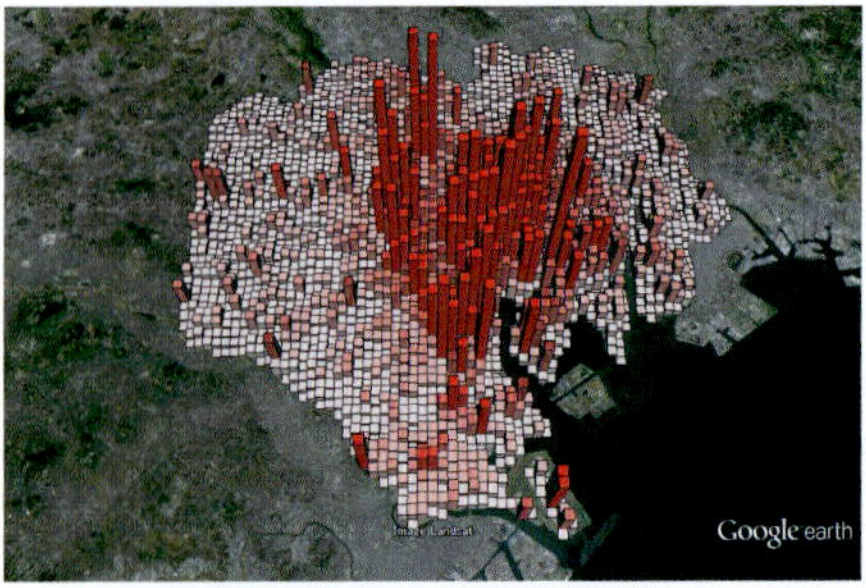

©Google

東京23区

©Google

千代田区

時刻別にエネルギー消費量の分布がわかります。
昼間の都心部にエネルギー消費が集中しています。

東京都全体の時刻別エネルギー消費量

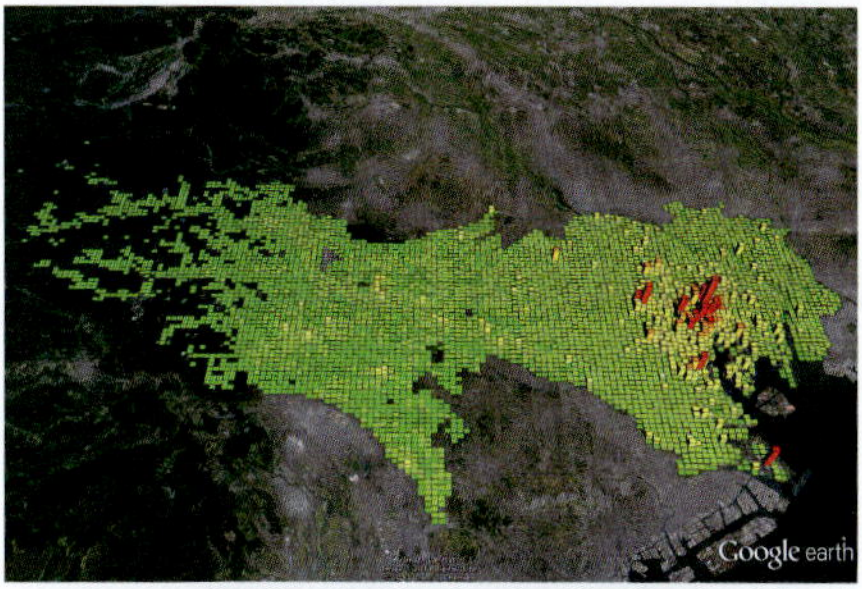

©Google

8月代表日8:00

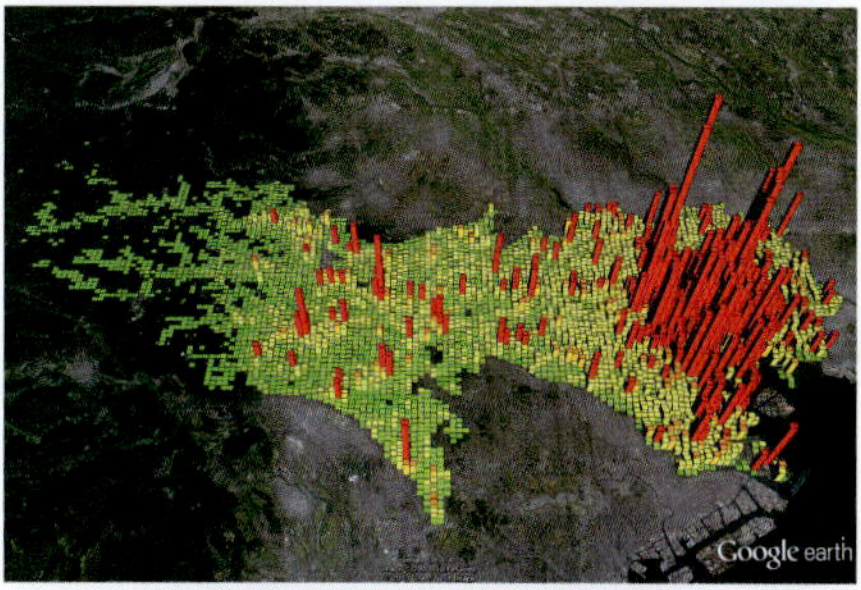

©Google

8月代表日14:00

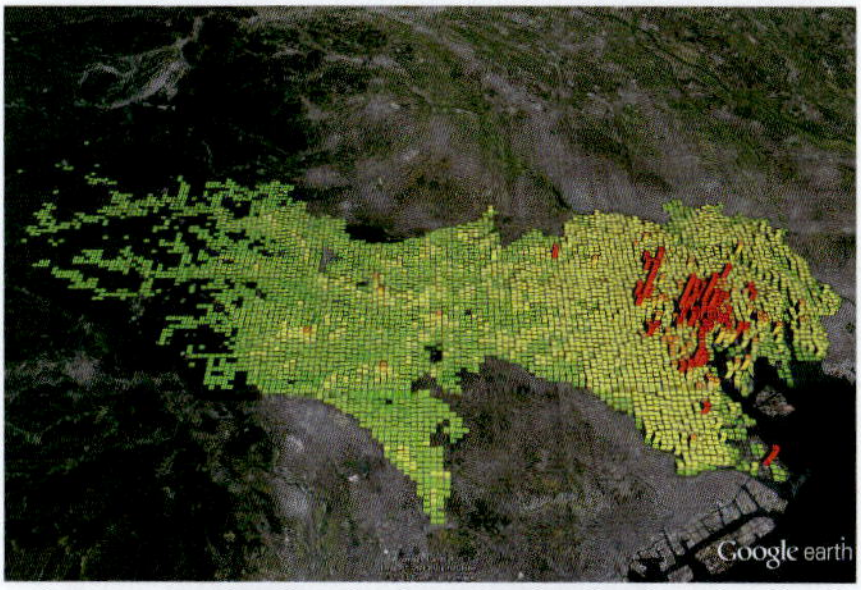

©Google

8月代表日20:00

〔建物BEMS(Building Energy Management System)〕

❖長寿命・省エネ建築

上▼晴海アイランドトリトンスクエア〔空気調和・衛生工学会 特別賞・十年賞(2012)〕

左▼東京ガス港北NTビル〔空気調和・衛生工学会 特別賞・リニューアル賞(2013)〕

右▼足利赤十字病院［省エネ大賞「経済産業大臣賞」（2014）］
下▼東北電力本店ビル［空気調和・衛生工学会 特別賞・十年賞（2013）］

BEMSの活用により経済的にエネルギーの無駄を早く解消して、長寿命・省エネ建築を実現。環境と親話する建築が生まれています。

持続可能な都市を実現するために、エネルギーの視点から考えてみることが重要です。
わたしたち日建設計総合研究所は、エリアの特徴に応じたエネルギーネットワークと
ICTを活用したSCC(Smart Community Center)による
マネージメントを提案しています。

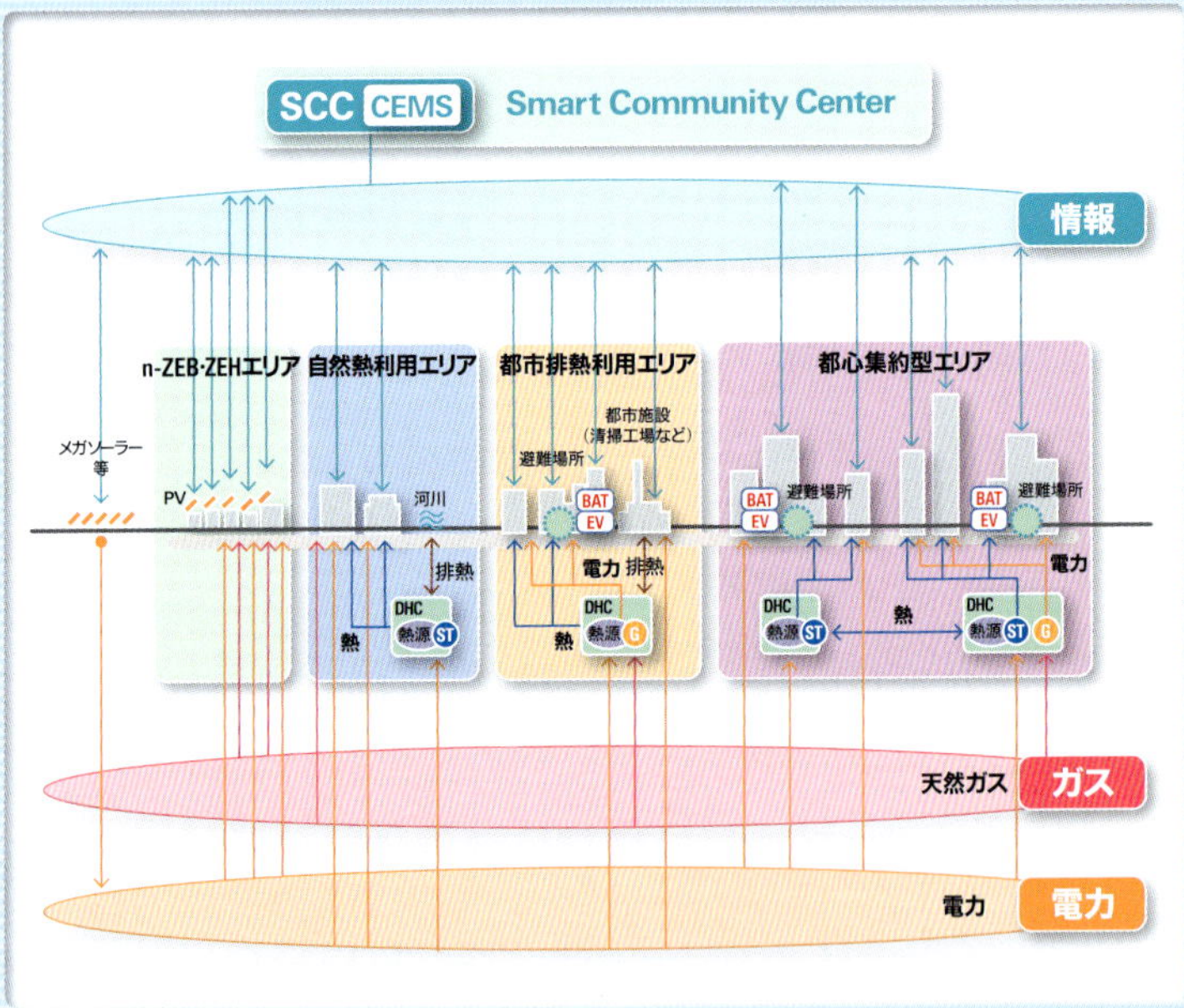

BAT——蓄電池
EV———電気自動車
DHC——地域冷暖房施設
ST———蓄熱槽
G————発電機
ZEB——ゼロ·エネルギービル
ZEH——ゼロ·エネルギーハウス
PV———太陽電池
CEMS—コミュニティ·エネルギーマネジメントシステム

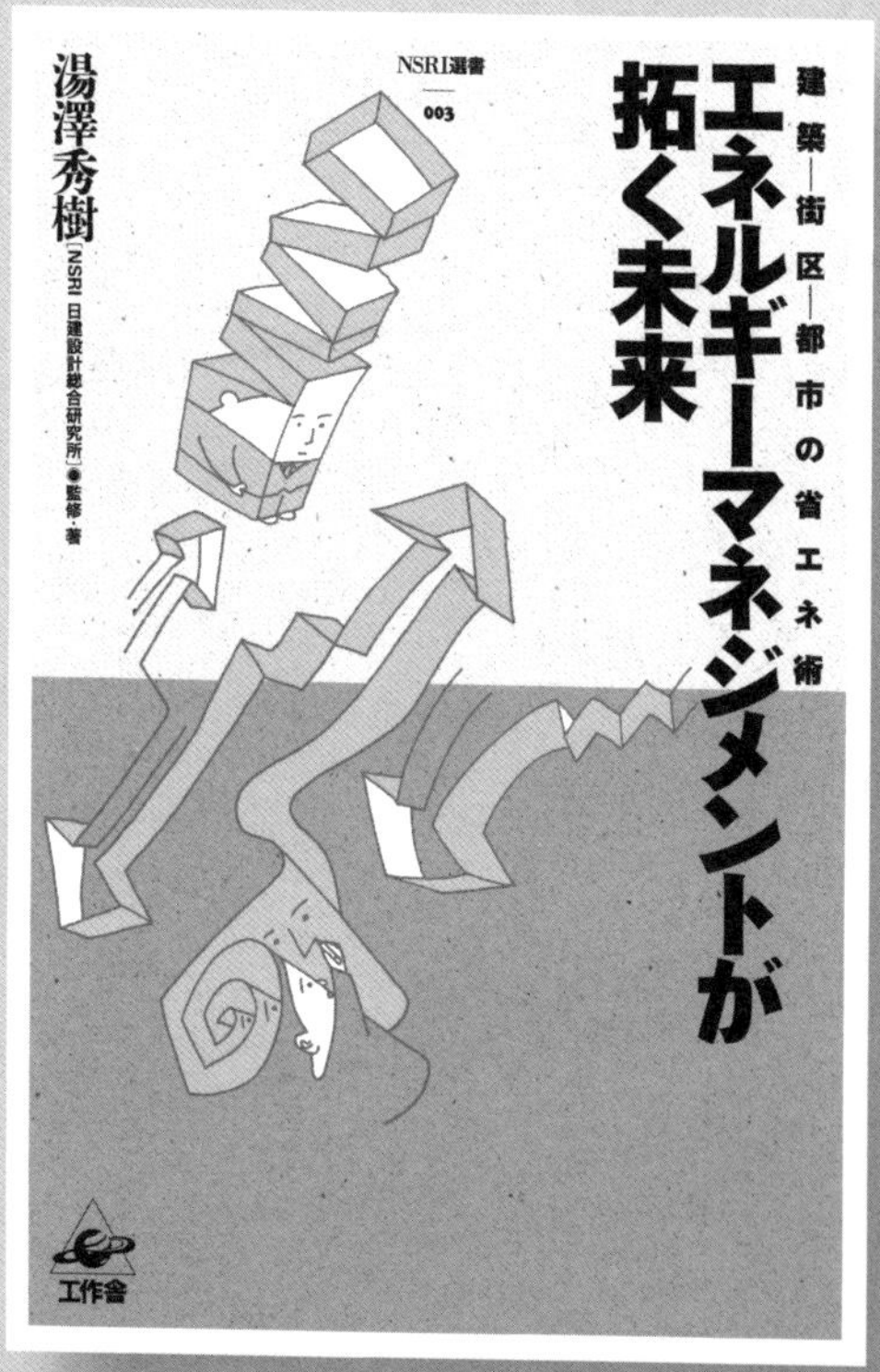
NSRI選書
003
建築―街区―都市の省エネ術
エネルギーマネジメントが拓く未来
湯澤秀樹
［NSRI 日建設計総合研究所］◉監修・著
工作舎

［刊行に寄せて］

環境共生型の建築・都市デザインを実現するために

奥宮正哉

日本の最終エネルギー消費は毎年増加し、中でも民生用エネルギー消費は一九九〇年比で四〇％近くも増え、大都市においては、さらにこの比率が高くなっています。こうした状況から、住宅や業務用建物におけるエネルギー消費の最適化およびCO_2排出量削減に向けた環境共生型の建築および地域の実現が喫緊の課題であると言えます。

一方、二〇一一年三月の東日本大震災によって、日本のエネルギー供給システムの脆弱性や歪みが露呈しました。その結果、需要家や地域の特性も踏まえた多様なエネルギー源を活用し、安心と安全を実現する必要性が叫ばれています。具体的には、これまでエネルギー源の主要な部分を占めてきた化石燃料起源のエネルギーの比率を抑え、再生可能エネルギー、未利用エネルギーなどを活用、かつエネルギー利用の高効率化を進めるために、集中型のエネルギー供給から分散型のエネルギー供給にシフトしていく必要があります。

たとえば、環境共生型居住システムは、省CO_2型の建築デザインと省CO_2型の都市デザインの相互関係によって構築されます。建築そのもので省CO_2をめざすには、高効率な建築設備システムの設計と、適切な計測と管理による運用が必須です。省CO_2型の街区・都市づくりには、自然エネルギー、未利用エネルギーの利用を含めたエネルギーの面的利用が求められます。

環境共生型居住システムを形成するためのフレーム（フロー）は、まず地域の構成要素である建築において、省エネルギー手法（パッシブ手法）を駆使して冷暖房・空調、照明などの負荷を極力減らすところから始まります。この極限化された負荷に対しては、高効率な空調システムや人工照明などを適用します。もちろん、アクティブな再生可能エネルギー利用も十分に組み込まれるべきです。さらに運用後は室内環境やエネルギー消費量の適切なモニタリングが行われ、これをもとにシステムのチューニングがなされなければなりません。

最適化された建築・施設を構成要素とする地域・都市には、これまで利用されてこなかった排熱や河川水・海水などのヒートソース・シンクの存在が考えられます。ところが、これらは個別の建築・施設で利用するには扱いにくく、ここで重要な役割を果たすのが、地域冷暖房を代表とするエネルギーの面的利用やネットワーク化の技術です。

これらのフローによって実現されるシステムは、常時の省エネルギーはもちろんのこと、ロングスパンのＢＣＰ（Business Continuity Plan）であると言えます。もちろん、非常時のＢＣＰにも対応します。たとえば建築的な手法のひとつである自然換気は、限られたエネルギー供給しか得られない非常時にあっても室内環境を緩和するのに活用できます。また、再生可能エネルギー（太陽光発電や太陽熱）は、限られたエネルギーの中で大きな比率を占めることになるでしょう。エネルギーの面的利用で地域の未利用エネルギーが活用される、こうしたエネルギーシステムのネットワーク化は、都市の中の互助システムとして機能します。

上記のような建築、地域のシステム設計の重要なキーワードは、地産のエネルギー、分散システム、ネットワークそして面的利用です。くわえて総合的なマネジメントが重要です。つまり適切な目標とフレームワークを作り、具体的な手法を組み合わせてアクションプランを作成し、これらをマネジメントすることによって、高いポテンシャルを有するシステムの構築が可能になるのです。

マネジメントにおいては目標達成を評価する指標を設定し、それを企画・設計・施工・運用のそれぞれのフェーズで評価し、次のフェーズに的確に伝達していくことが大切になります。

本書は建築・街区・都市のエネルギーマネジメントを中心に取り扱い、その重点は建築・街区・都市の運用時のマネジメントに置かれています。

システム設計は、企画・設計時に発注者が求める性能を記述するところから始まります。世の中に優れたシステムが出現し、これらが広く公開されていくなら、多くのシステムは目標に向かって正しく設計されるようになっていくはずです。

問題は設計の最後の詰めと運用にあります。設計はある想定のもとで行われ、建物の空調設計では使用時間帯や使用人数、室内機器の発熱量などを仮定して負荷計算を行い、常時の省エネルギーと非常時のBCPを考慮した空調システム構築、空調機器の能力選定や運転想定を行います。しかし、複合システムも含めて高度なシステムを設計したのにもかかわらず、どのように使ってほしいのかが明確になっていない。つまり、自動制御の設計に必要な機器の運転方法が設定数値を含めて明確に示されていない状況が多くみられます。

BEMS (Building Environment and Energy Management System) の設計においても、空調システムを含み、建築設備設計者が意図した設計コンセプトを検証できるものにするという明確な意思が示されるべきです。なぜなら、多くの計測点が含まれているのに、ある一点が計測されていないがために検証したい数値が計算できない、また機器リストを細かくチェックしていないがために、ある機器の消費電力のオーダーと合致しないという問題がしばしば浮上するからです。

運用時においては、建物全体のエネルギー消費量を同様の用途の建物のエネルギー消費量や設計時に想定したエネルギー消費量と比較しつつ、まずは想定通りにシステムや機器が挙動しているかを検証します。その上で実際の負荷に対応したさらなるチューニングを行い、システムの持つポテンシャルを最大に生かすことをめざします。とはいえ、そもそも想定通りの運転とはどのようなものなのかが明確ではありません。

このような問題点はなぜ起こっているのでしょう？　その答えは本書にあります。まずは第1章にあるように「エネルギー管理こそが未来への課題」であることが十分に認識されていないからです。この点を十分に認識し2章以下に記述されているエネルギーマネジメントのポイントを理解し、これを運用、施工、設計フェーズへと逆にたどって考えていけば、おのずから各フェーズで何をどうすべきかが明確になっていきます。

二〇一五年十一月十六日

［おくみや・まさや　名古屋大学大学院環境学研究科　教授・工学博士］

エネルギーマネジメントが拓く未来●建築―街区―都市の省エネ術［目次］

［刊行に寄せて］――環境共生型の建築・都市デザインを実現するために　奥宮正哉……003

［プロローグ］――「エネルギーマネジメント」に思いを込めて……012

第1章 エネルギー管理こそが未来への課題……015

1.1――エネルギーから見た日本の体力……016
私たちをとりまくエネルギー事情❖求められる、グローバルな視点とマナー

1.2――エネルギーから見た日本の課題……023
「エネルギー消費量の適正な状態」を求めて❖建物のエネルギー消費量を適正に管理するための三つの課題❖街区のエネルギー消費量を適正に管理するための二つの課題❖都市のエネルギー消費量を適正に管理するために

第2章 建物のエネルギーマネジメントのポイント……029

2.1――建物のエネルギー消費量の実態……030
事務所――照明・コンセントと空調熱源の管理が要❖病院――空調熱源、給湯のエネルギー消費量が大きい❖商業施設――二四時間運転の機器の管理が重要❖ホテル――冷暖房と給湯のエネルギー消費量が鍵❖住宅――コンセントと給湯の適切な管理を

2.2——建物の健康状態を確認する 040
一次エネルギー消費量原単位を指標に ❖ 一次エネルギー消費量原単位の降順図を使って確認する

2.3——BEMSを活用する五つのポイント 045
BEMS導入と運用の壁 ❖ 分析からBEMSの見える化まで、活用の要点

2.4——建物の無駄なエネルギー消費をなくす 055
［STEP-1］現地調査による現状把握 ❖［STEP-2］不具合の発見 ❖［STEP-3］省エネルギー手法の立案 ❖［STEP-4］省エネルギー手法の実践 ❖［STEP-5］PDCAサイクルを有するマネジメント体制の構築

2.5——シミュレーションプログラムを活用する 062
より効果的な対策のためのシミュレーション ❖ 代表的な二つのシミュレーションプログラム

2.6——エネルギーマネジメントの事例 070
エネルギーマネジメントによる大規模事務所ビルの価値向上 ❖ 病院のエネルギーマネジメントの要点

第3章 成功例にならう街区のエネルギーマネジメント……085

3.1——街区のエネルギーマネジメントとは 086
まちぐるみで健全性を追求 ❖ CO_2排出量削減とBCPを目指して

3.2——街ぐるみのエネルギーマネジメントの事例 089
晴海アイランドトリトンスクエアに見る管理会社相互の連携 ❖ DHCとBEMSで省エネも無理なく継続 ❖ 東京スカイツリータウンのDHC ❖ 田町駅東口北地区とSENEMSの将来計画 ❖ 大阪ビジネスパーク（OBP）の新たな取組み ❖ OBPV2Xプロジェクト開発 ❖ 大阪大学の省エネルギー対策

第4章 都市のエネルギー管理、その課題と取組み……121

4.1――都市をエネルギーの視点からみる 122
未利用エネルギーが存在する ❖ 東京二三区のエネルギー消費量の特徴 ❖ 札幌市のエネルギー消費量の特徴 ❖ 名古屋市のエネルギー消費量の特徴

4.2――都市のエネルギー消費量を低減するためのヒント 133
社会ニーズから都市構造の工夫へ ❖ 都市施設を中心とした未利用エネルギーの活用 ❖ 地域冷暖房施設を中心とした未利用エネルギーの活用 ❖ 建物間でのエネルギー融通の促進 ❖ 建物のZEB化、ZEH化を推進する

第5章 エネルギーマネジメントビジネスの要……141

5.1――ESCO[Energy Service Company]事業 142
新ビジネスが立ち上がる ❖ 期待されるESCO事業 ❖ 通常の省エネルギー改修工事との違いと実施方法 ❖ ESCO事業の包括的サービス ❖ ESCO事業の契約まで ❖ ESCO事業の契約方式

5.2――注目されるアグリゲータビジネス 153
デマンドレスポンスと省エネサービス

5.3――コミッショニング[Commissioning]について 156
新築建物にコミッショニングを適用することによる三つの効果 ❖ 新築建物におけるCAの主な役割

5.4――省エネ法対応の専門家による実施について 165
省エネ法の概要 ❖ 具体的な実施内容 ❖ 専門家による実施

5.5——東京都トップレベル事業所の認定支援 172
東京都トップレベル事業所の概要 ❖ 評価内容の概要 ❖ トップレベル認定を受けるための作業概要 ❖ トップレベル認定取得のメリット ❖ 専門家による実施

第6章 エネルギーマネジメントが拓く未来 179

6.1——新たなエネルギー社会の実現に向けた政策 180
エネルギー基本計画と三つの取組み

6.2——普及拡大するスマートメーターの動向 184
電力用スマートメーター ❖ ガス用スマートメーター ❖ 水道用スマートメーター

6.3——次世代型エネルギーマネジメントの提案 187
建物の次世代型エネルギーマネジメント ❖ 街区の次世代型エネルギーマネジメント提案 ❖ スマートエネルギーシステムの意義 ❖ 街区のエネルギーシステムを考える四つの視点 ❖ 街区の基本的なエネルギーシステムの枠組み ❖ BCP・DCP性能を確保してのエネルギーマネジメント ❖ スマートエネルギーシステムの経済性と事業性 ❖ 地域熱供給の経済性と事業性 ❖ 都市の次世代型エネルギーマネジメント

[付録データ集] 206
エピローグ 210
参考資料/文献 212
写真クレジット 213
著者紹介 214

❖——本文行間の＊数字は巻末の参考資料/文献に対応

［プロローグ］──「エネルギーマネジメント」に思いを込めて

秋の夜空を見上げると、カシオペア座が美しく輝いています。星空を眺めていると、ギリシャ神話に想いを馳せたり、スターウォーズのヒーロー気分になったりしてしまい、つい時間がたつのを忘れてしまいます。宇宙の始まりはいつだったのでしょうか？　観測によれば、宇宙はおよそ一三八億年前に誕生したそうです。一方、人類が誕生したのは約四〇〇万年前といわれています。宇宙の誕生から見ると、つい最近のことです。

人類がエネルギーとして火を使いだしたのは約五〇万年前です。それ以降、人類は生活の利便性を求めて、より多くのエネルギーを利用する工夫をしてきました。一七六五年にワットが石炭を利用して熱エネルギーを効率的に力に変換する蒸気機関を発明して、「産業革命」が起こりました。一九五〇年頃にエネルギー資源の主役が石炭から石油に替わる「エネルギー革命」が起こりました。石油の大量消費が進むなか、一九七〇年代のオイルショックが起こると、天然ガスや原子力などの石油に代替するエネルギーの導入が進められてきました。エネルギー資源が代替されても、エネルギー消費自体は増加の一途を辿り、現在は、エネルギーの大量消費を起因とする異常気象などの地球温暖化が深刻化する状況下にあります。

先進国が高度経成長期にあった一九七二年に『成長の限界』[*1]という本がローマ・クラブから出されました。このまま経済成長を続けたなら、人口、食料、資源、汚染などの面で人類社会は、今後百年以内に制御不能な危機に陥る可能性があると定量的な推計データに基づき「成長の限界」を警告したものでした。二〇〇六年に映画化された『不都合な真実』では、元米国副大統領アル・ゴアの説く地球温暖化によるインパクトに衝撃を受けた方も多いと思います。

二〇一四年に公表された気候変動に関する政府間パネル（IPCC）第五次評価報告書では、科学的な根拠に基づき「気候システムに対する人為的影響は明らかであり、近年の人為起源の温室効果ガス排出量は市場最高となっている。近年の気候変動は、人間及び自然システムに対し広範囲にわたる影響を及ぼしてきた」と断言し、今すぐ温室効果ガス排出量の低減を図る緩和策を実行しないと、近い将来に非常に危機的な状況を迎えると警告しました。

持続可能な社会を構築するためには、何かを変えなければいけないことは確実です。何かを変えるためには、まず問題点を知り、その解決方法を知ることが必要です。

『エネルギーマネジメントが拓く未来』は、そのような思いから、日建設計グループが行ってきたコンサルティングの経験を基にヒントをまとめたものです。

第1章ではエネルギー消費の視点から、建築、街区、都市が抱えている問題点を整理し、エネルギーマネジメントの必要性を示しています。

第2章は「建物」に対する解決策です。建物のエネルギー消費量の特徴、建物のエネルギーマネジメントの進め方、BEMS（Building Energy Management System）の活用の仕方など、建物のエネルギーマネジメントについて事例を交えて紹介しています。多くの方々が一番知りたい部分かと思い、本書の多くをここに割いています。

第3章は「街区」に対する解決策です。複数の建物が協力することで街区の魅力を高められることについて事例を交えて紹介しています。

第4章は「都市」に対する解決策です。大都市である東京と地方中核都市を題材にして、エネルギーの視点から都市構造を眺めてみました。都市のエネルギー効率を高める方策について提案をしています。

第5章はエネルギーマネジメントのビジネスモデルを紹介しています。省エネルギーを実現するためには、専門家の助けを得ることが有効です。あなたの建物に採用したいビジネスモデルが見つけられるかもしれません。

第6章は未来に向けた提案です。ICTの進化により、エネルギーマネジメントにもさまざまな可能性が広がっています。未来に向けての私たちの思いを込めました。

本書により、「エネルギーマネジメント」の必要性を共感していただけることを願っています。

第1章

エネルギー管理こそが未来への課題

1.1――エネルギーから見た日本の体力

●私たちをとりまくエネルギー事情

今あなたは、どこでこの本を読んでいますか？　自宅のリビング、図書館、あるいは電車の中かもしれません。きっと照明の下で読んでいるのではないでしょうか。仕事を終えて帰宅すると、浴室でシャワーを浴びて、暑い時期なら冷蔵庫から冷えた飲料を取り出し、エアコンのスイッチを入れてほっと一息。衣類は洗濯機で洗うのではないでしょうか。

私たちの普段の生活は、電力やガスなどのエネルギーが安定して供給されることで支えられています。

しかし、エネルギー費が気になります。東日本大震災以降、電力やガス料金は二割から三割程度は上昇傾向にあります。ガソリンは、ここ十年の間に一リットル当たり百円から一八〇円の間を大きく変動しています。

一般的に、ものの価値には、供給と需要のバランスが影響します。そこで、私たちは、これからも安定したエネルギー供給を受けることができるのか、エネルギーの供給と需要の観点から日本の体力について考えてみましょう。

なお、エネルギーにはさまざまなものがありますが、ここでは資源を基準に考えていきたいので、一次エネルギーを基準にした調査結果を扱います。一次エネルギーとは、自然界に存在する石炭、石油、天然ガスなどの資源の熱量を基準としたJ（ジュール）で示します。ちなみに、電気料金の請求書に記載されているkWh（キロワット・アワー）は、発電所で人工的に作成したエネルギー量を示しており、二次エネルギーと呼ばれています。

エネルギーの供給能力についてはどうなのでしょう。わが国のエネルギー自給率は、二〇一二年時点で約六・〇％にすぎません。これはOECD（経済協力開発機構）諸国三四か国の中で三三位と、ルクセンブルク（二・九％）に次ぐ低水準です。ちなみに、一位はノルウェー（六七・四％）です。かつて、わが国はエネルギー自給率を高める取組みを展開し、一九七三年の第一次石油ショック時の九・二％から、二〇一〇年には十九・九％にまで高めることができたものの東日本大震災以降、自給資源であるウランを使う原子力発電所の停止に伴い現状に至っています。ほとんどのエネルギー源を海外からの輸入に依存し、エネルギー自給率が低いわが国にとっては、国際的なエネルギー需給状況に応じて変動するエネルギー費用が経済動向に大きく反映します。

二〇〇〇年から二〇一〇年の間に、世界のエネルギー消費量は約一・三倍になりました。中でもインドは約一・六倍、中国は二・三倍です。新興国の経済発展に伴い、世界のエネルギー消費量はますます増加するので、エネルギー費はさらに高くなる傾向にあると予想されます。

また、海外からのエネルギー源の供給ルートがかかえる問題もあります。たとえば原油やLNG（液化天然ガス）は船で運んでいるので、海上輸送の過程で、ホルムズ海峡やマラッカ海峡などの要衝（チョークポイント）を通過することになります。これらの地域で何らかの緊急事態が発生すれば、輸送困難に陥るかもしれず、わが国はエネルギー供給能力に脆弱性を有していることがわかります。

［図1-1］は、第一次オイルショックが起きた一九七三年、それから二〇一二年までの年間一次エネルギー消費量とGDPの推移を示しています。一九七三年を基準にすると、二〇一二年は全体で年間一次エネルギー消費量は約一・三倍、GDPは約二・四倍になっていることがわかります。年間一次エネルギー消費量を部門別に見ると、産業部門で約〇・八倍、家庭部門で約二・一倍、業務部門で約二・八倍、運輸部門で約一・八倍となっています。家庭部門でエネルギー消費量が増加している要因は、生活の利便性・快適性を求める私たちのライフスタイルの変化と核家族化による世帯数の増加であるとされています［図1-2］。業務部門では、オフィスのOA化の進展、商業施設などの営業時間の拡大、建物の延床面積の増加などが要因であるとされています［図1-3］。つまり、生活の利便性・快適性の追求と経済活動の活性化を求めるために、エネルギー消費量が増加してきたことを示しています。

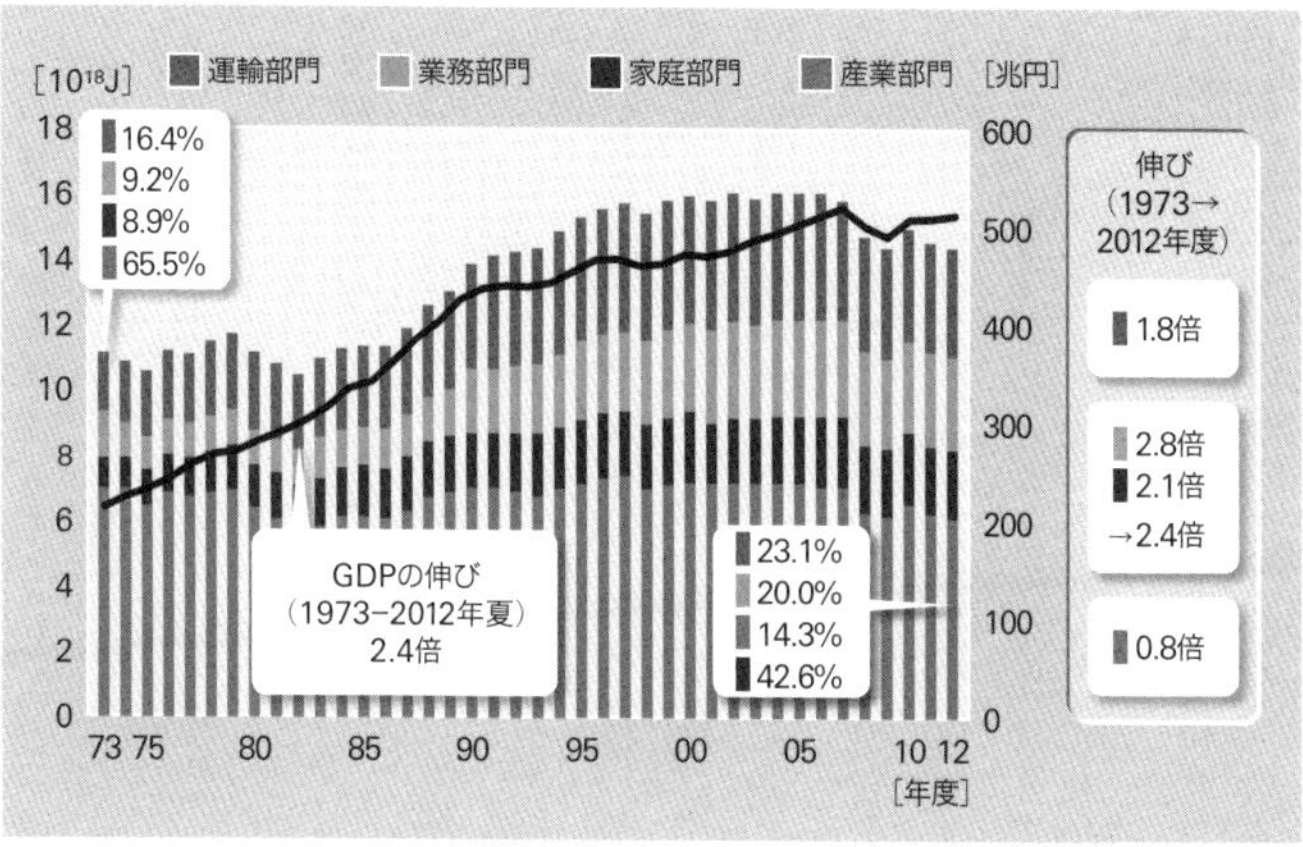

[**図1-1**] 日本のエネルギー消費量と実質GDPの推移

(注1) J (ジュール) =エネルギーの大きさを示す指標の一つで、1MJ =0.0258×10^{-3}原油換算kl 。

(注2) 「総合エネルギー統計」は、1990年度以降の数値について算出方法が変更されている。

出典 : 資源エネルギー庁「総合エネルギー統計」、内閣府「国民経済計算」、日本エネルギー経済研究所「エネルギー・経済統計要覧」を基に作成。

エネルギーから見たわが国の体力は、脆弱なエネルギー供給能力の下に豊かさを求めてエネルギー消費量の需要が増加していくきわめて危険な状態にあり、体力増進を図らなければ長生きできない状態にあることは明らかです。

●求められる、グローバルな視点とマナー

一方、私たちは、宇宙船地球号の乗組員の一人でもあるので、グローバルな視点でものごとを考える必要があります。現在、地球温暖化に伴う異常気象が世界的な問題となっています。そして、地球温暖化の要因は、私たちのエネルギー消費に伴って排出される温室効果ガスの増加であるとされています。この問題の解決には世界各国の協力が必要なため、主要な国々が定期的に温室効果ガスの排出削減を協議する会議を開催しています。この会議は、「気候変動枠組条約締約国会議(通称COP)」と呼ばれ、一九九七年に日本の京都で開催されたCOP3において先進国の拘束力のある削減目標が定められました。わが国は、この時、二〇〇八年から二〇一二年までに一九九〇年比マイナス六%にすると約束し、マイナス八・五%を達成することができました。

内訳をみると、約束期間の総排出量の平均値は基準年プラス一・四%なのですが、森林等吸収源と京都メカニズムクレジットによる削減量を加味して達成した数値になっています。総排

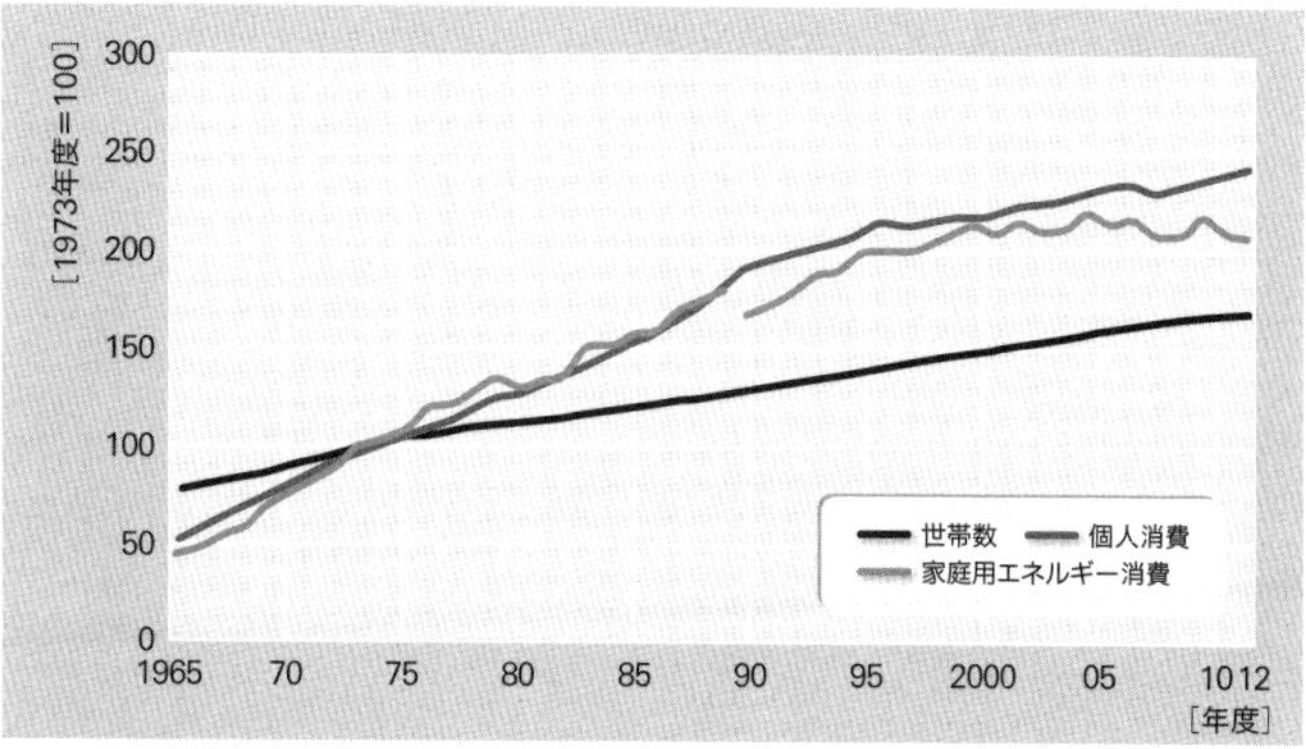

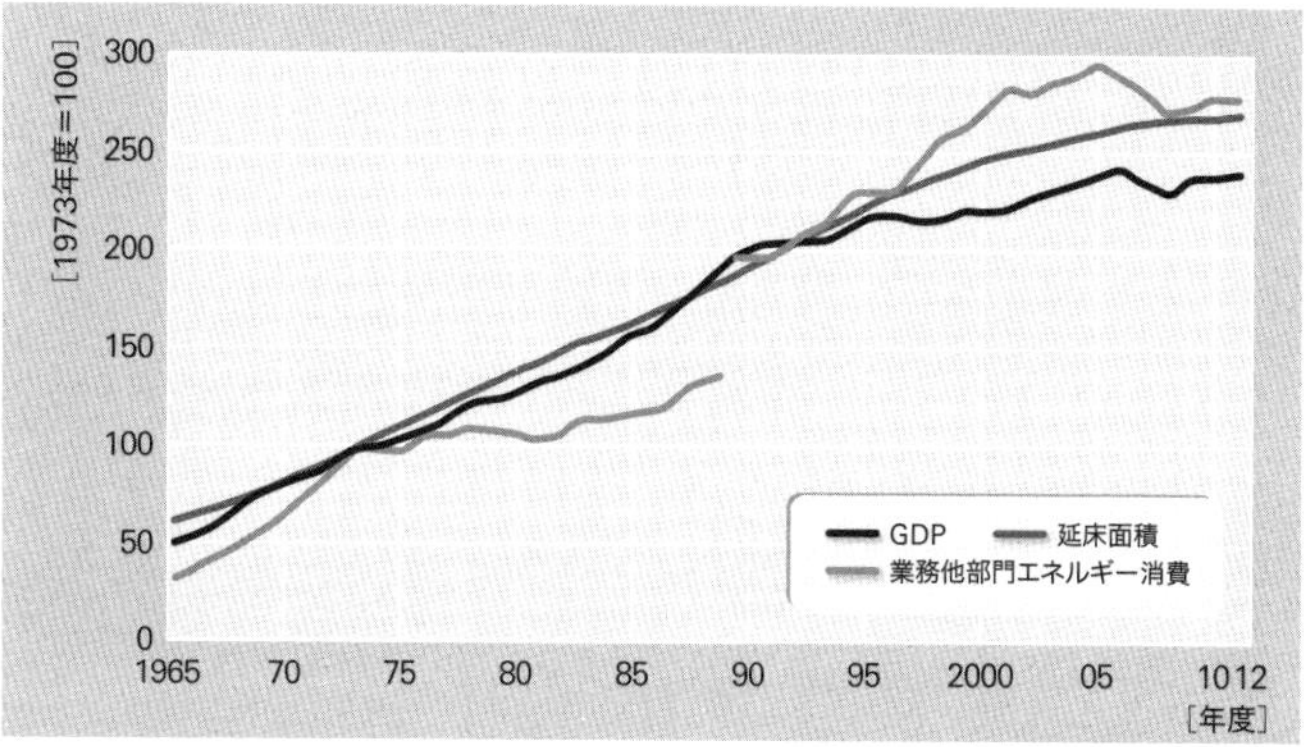

［**図1-2**］家庭部門のエネルギー消費量の推移

（注）「総合エネルギー統計」では、1990年度以降、数値の算出方法が変更されている。

出典：内閣府「国民経済計算年報」、日本エネルギー経済研究所「エネルギー・経済統計要覧」、資源エネルギー庁「総合エネルギー統計」、総務省「住民基本台帳」を基に作成。

［**図1-3**］業務部門のエネルギー消費量の推移

（注1）「総合エネルギー統計」では、1990年度以降、数値の算出方法が変更されている。

（注2）1979年度以前のGDPは日本エネルギー経済研究所推計。

出典：内閣府「国民経済計算年報」、日本エネルギー経済研究所「エネルギー・経済統計要覧」、資源エネルギー庁「総合エネルギー統計」を基に作成。

出量が増加した要因は、東日本大震災による原子力発電の停止の影響と家庭および業務部門のエネルギー消費量の増加にあるとされています。

以上のことから、家庭部門・業務部門のエネルギー消費量を適正な状態に管理することは、わが国の体力を増進するだけでなく、私たちが地球という一つの星に暮らし、共存するためのマナーでもあります。しかし、残念ながら、今はマナーが守られているとは思えません。その原因はどこにあるのでしょう。

1.2――エネルギーから見た日本の課題

●「エネルギー消費量の適正な状態」を求めて

エネルギーを使わずに生活を維持することは、非常に困難ですが、省エネルギーをさらに徹底して行うことはできます。わが国はすでに省エネルギーが徹底しているので、これ以上となると「乾いた雑巾を絞るようなもの」と言われた時期もありました。ただし、東日本大震災の発生直後から、エネルギーの安定供給を確保するために計画停電や節電が徹底され、被害が甚大であった東北・関東地区では年間のエネルギー消費量を前年比で約二〇％も低減することができました。「あたりまえ」と考えていたことを見直し、エネルギー消費量の大幅な低減を達成できたのです。ただし、「過度の我慢」は問題です。

たとえば、夏期に室内温度の設定値を二八℃で運用している建物が多くなっていますが、一部の建物では実際の室内温度が三〇℃近くなる時間帯があるといいます。こうなるとワーカーの知的生産性の低下や居住者の健康状態の悪化を招きかねません。「過度の我慢」は長続きしません。

「居住者に我慢を強いることのない建物の機能維持を前提とした上で、省エネルギーを徹底した状態」が「エネルギー消費量の適正な状態」であると考えます。そこで次に、建物のエネルギー消費量が適正な状態に維持できない原因について考えてみます。

●建物のエネルギー消費量を適正に管理するための三つの課題

「あなたの平熱は何℃ですか?」と聞かれたなら、ほとんどの人が答えられるはずです。では、「あなたの建物のエネルギー消費量の適正な値は?」と問われたなら、いかがでしょう。ほとんどの人が答えられないと思います。

建物のエネルギー消費量は、エネルギー会社の請求書に記載されている電力消費量やガス消費量から計算することができます。大規模な建物や多くの建物を所有する企業には、国や自治体にエネルギー消費量を報告する義務がありますが、報告義務がない多くの中小規模の建物ではエネルギー費を把握していても、エネルギー消費量は把握できていません。私たちにとって体温は、風邪をひいたかどうかなどの健康状態の判断情報として重要ですが、建物のエネルギー消費量は何かの判断情報として利用する機会がありません。そのため、この意識を高めるにはどうすべきなのか、これからの適切なエネルギー管理に至るための一つ目の課題と言えます。

とはいえ昨今、「省エネルギーを進める上で、エネルギー消費量を把握するのはあたりまえ」

と考える方が増えているのも事実です。では、建物のエネルギー消費量が把握できたとして、その値が適正かを判断することができるでしょうか。自分の建物と同様な他の建物のエネルギー消費量を比較できればよいのですが、そのための情報を入手するのは困難です。ほとんどの建物が、判断するための基準値を知ることができるようにするのが二つ目の課題です。

では、エネルギー消費量と判断基準値が把握できれば、適正な管理ができるのでしょうか。エネルギー消費量が大きいと確認できた場合、エネルギー消費量を下げる手段が必要です。居住者の満足度の維持と省エネルギーの両立を図るためには、専門知識が必要です。私たちが風邪と診断されたなら、医者から治療薬を処方してもらうように、建物のエネルギー消費量を知って、それを合理的に低減するための助言ができる専門家が必要です。エネルギー管理の専門家が関与できる体制づくりこそが三つ目の課題です。

●街区のエネルギー消費量を適正に管理するための二つの課題

建物も複数集まって街区として協働することによってメリットが生じる場合があります。たとえば、複数の建物が共同出資を行うことで、高性能な熱源設備や発電機などの設置ができたり、エネルギー消費量の管理を行う専門家との契約を結ぶこともできるでしょう。また、データセンターなどの年間冷熱が必要な建物と、医療施設や宿泊施設などの年間温熱が必要な建物が近くに立地する場合には、冷熱の製造時の排熱を暖房や給湯に利用することでエネルギー効率を高めることができます。最近では、街区内の建物が連携して防災性能を高めている事例も増えています。街区として協働した時のメリットを知ることが一つ目の課題です。

一方で、複数の建物が集まることによる当事者間の利害関係が発生するなどのデメリットもあります。さまざまな意見を調整し、メリットの最大化とデメリットの最小化を図る協議体を作ることが二つ目の課題です。

●都市のエネルギー消費量を適正に管理するために

じつは、都市には捨てられている熱がたくさんあります。都市機能を維持するために、都市内で発生したゴミを処理するゴミ焼却場や下水を処理する下水処理場などの施設があります。ゴミ焼却場では、高温の焼却熱が発生します。この焼却熱は発電機や冷熱を製造する冷凍機の駆動用のエネルギーや暖房や給湯に利用できます。

一方、下水処理場で扱う生活排水は、外気温度と比較して冬期は高く、夏期は低い時期があるので、効率的に温水や冷水を製造するために利用できます。ところが、多くの都市では、これらは有効利用されないまま捨てられているのが実情です。都市施設はその多くが近隣問題等を考慮して、郊外部に立地されがちです。そのため、熱を供給できる建物が周囲に多くありません。当初の都市のデザインの中に、エネルギーの有効利用の視点がなかったのです。ちなみに、これらは、利用できるのに利用されていないエネルギーという意味合いで、「未利用エネルギー」と呼ばれています。

未利用エネルギーを有効活用できる都市づくりが期待されています。

以上、エネルギー消費量を適正な状態に管理するためにはどうすればよいのか、建築、街区、都市のそれぞれのレベルで取り組むべき課題を点検してきました。これらの課題を的確にとらえ、解決するための努力と実践を積み重ねることが重要です。次章からは、その方策について解説します。

第2章

建物のエネルギーマネジメントのポイント

2.1——建物のエネルギー消費量の実態

建物のエネルギー消費量を適正に管理するためには、第一にその建物の実態を把握することが重要です。そこでまず、事務所用途の建物のエネルギー消費量の実態とその特徴を見てみましょう。

●事務所——照明・コンセントと空調熱源の管理が要

［図2-1］は、ある事務所の月別のエネルギー消費量と割合を示しています。空調熱源のエネルギー消費量が大きく変動しているのに対して、照明・コンセントとその他はほぼ一定であることがわかります。わが国には四季があり、夏は暑く、冬は寒い、春と秋は過ごしやすい気温となるため、当然ながら季節によって空調熱源のエネルギー消費量は変動します。一方、労働時間は年間を通じて一定なので、照明・コンセントのエネルギー消費量は変動しません。

［図2-2］は、時刻別のエネルギー消費量を示しています。朝八時から夕方十八時ごろまで、エネルギー消費量はほぼ一定で、その後順次低減していきます。夜間でも昼間の十五%程度のエネルギー消費があります。これらは、サーバーなどの二四時間負荷、自動火災報知設備に代表される防災や防犯などの建物の維持管理に必要な電力と待機電力（待機時消費電力）です。

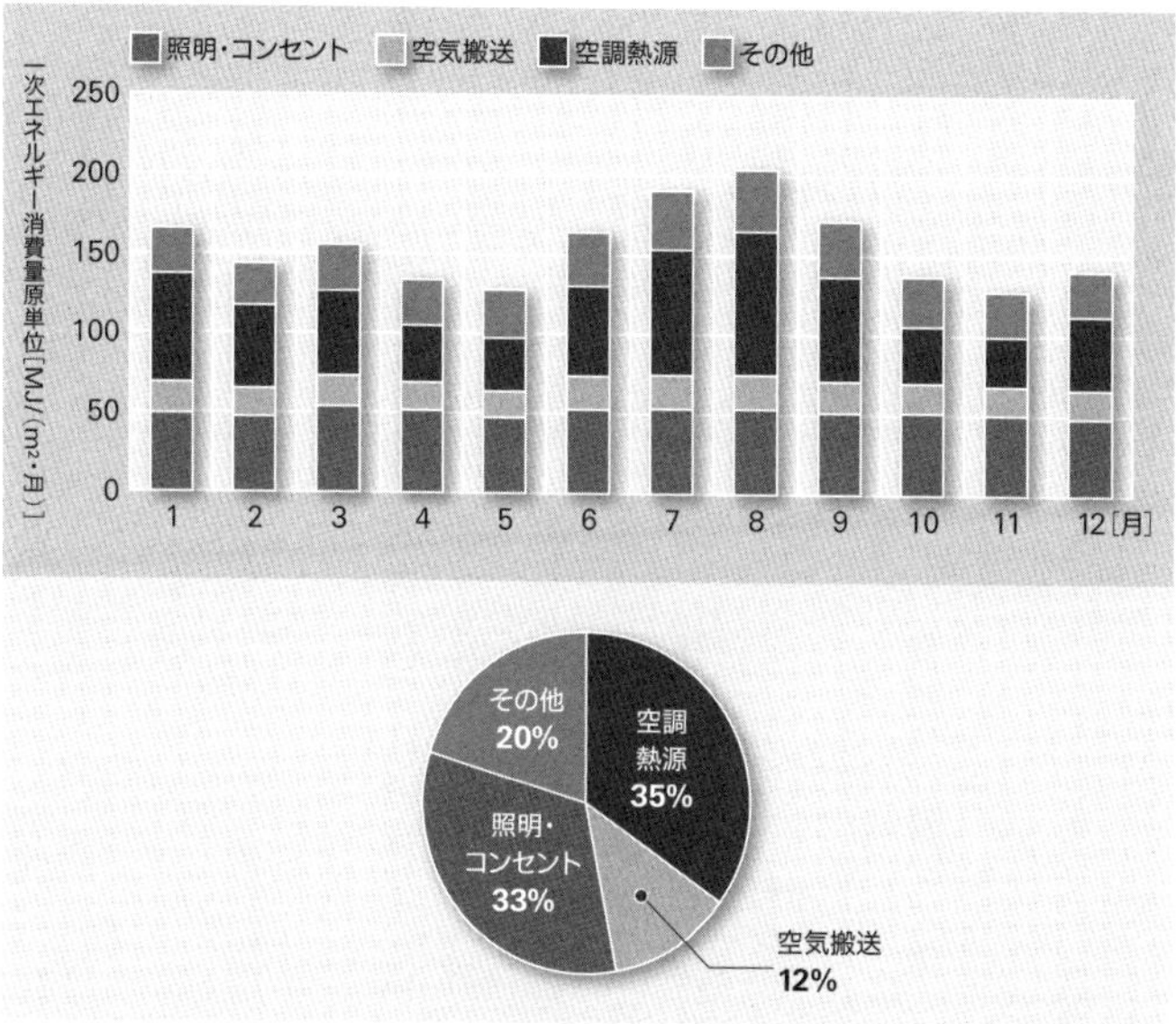

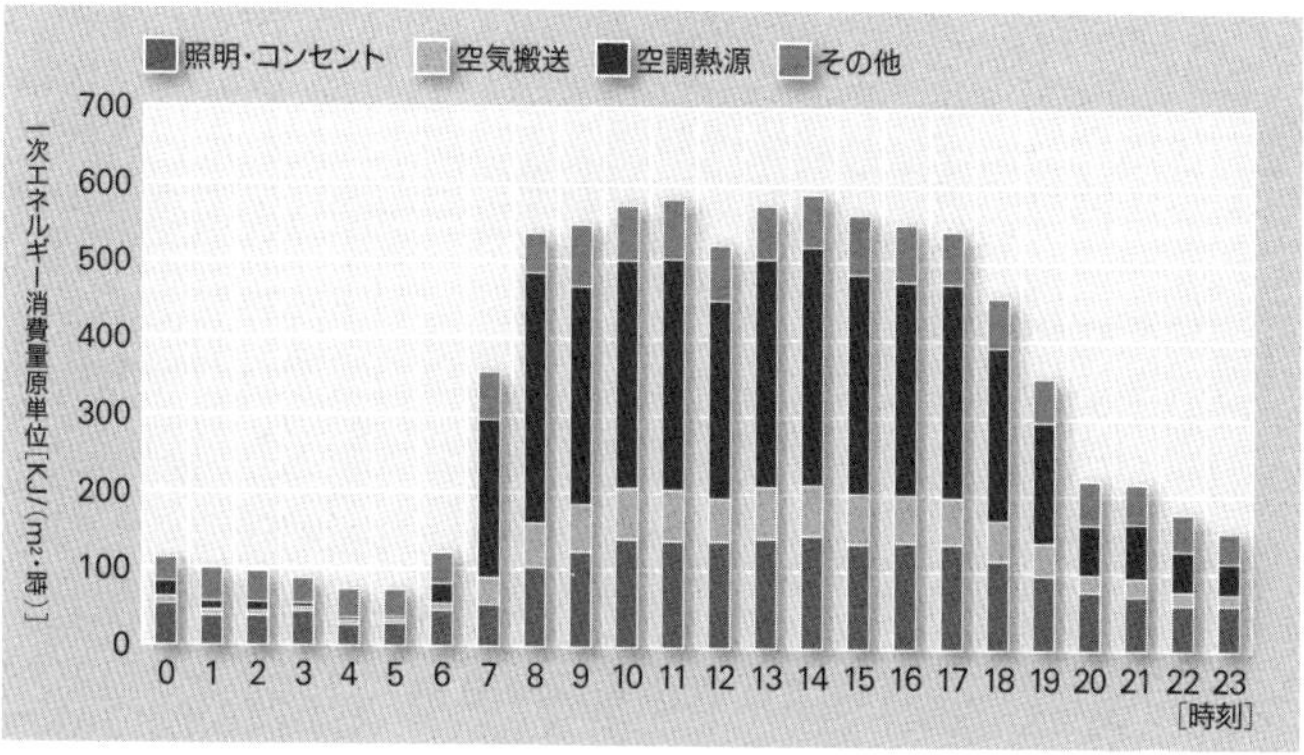

［**図2-1**］ある事務所の月別エネルギー消費量と年間エネルギー消費量の割合の例
［**図2-2**］ある事務所の時刻別エネルギー消費量（8月、平日）の例

建物全体のエネルギー消費量のうち、照明とコンセントが約三三%、空調熱源が約三五%を占めています。

事務所では、エネルギー消費量の大きい照明とコンセントと空調熱源を適正に管理することが重要であることがわかります。ただし、その他の電力も見すごしてはなりません。

●病院——空調熱源、給湯のエネルギー消費量が大きい

ある大規模総合病院の月別のエネルギー消費量を[図2-3]に示します。事務所と同じように病院の場合も、空調熱源のエネルギー消費量(給湯用も含む)が大きく変動しているのに対して、照明・コンセントとその他はほぼ一定です。年間のエネルギー消費量の割合を見ると、空調熱源および空気搬送のエネルギー消費量は約五〇%と多いことが特徴です。

時刻別のエネルギー消費量を示した[図2-4]を見てみましょう。事務所と比べると、夜間のエネルギー消費量も大きく、一日を通じて常にエネルギーを多く消費しています。この病院では病棟が大きいことに加えて、蓄熱式空調システムを採用しているので、夜間のエネルギー消費量が大きくなっています。

病院には、専門病院、総合病院などさまざまな種類があって規模もいろいろですから、エネルギー消費量の傾向も一様とはいえません。たとえば、入院患者を受け入れる病棟の有無など

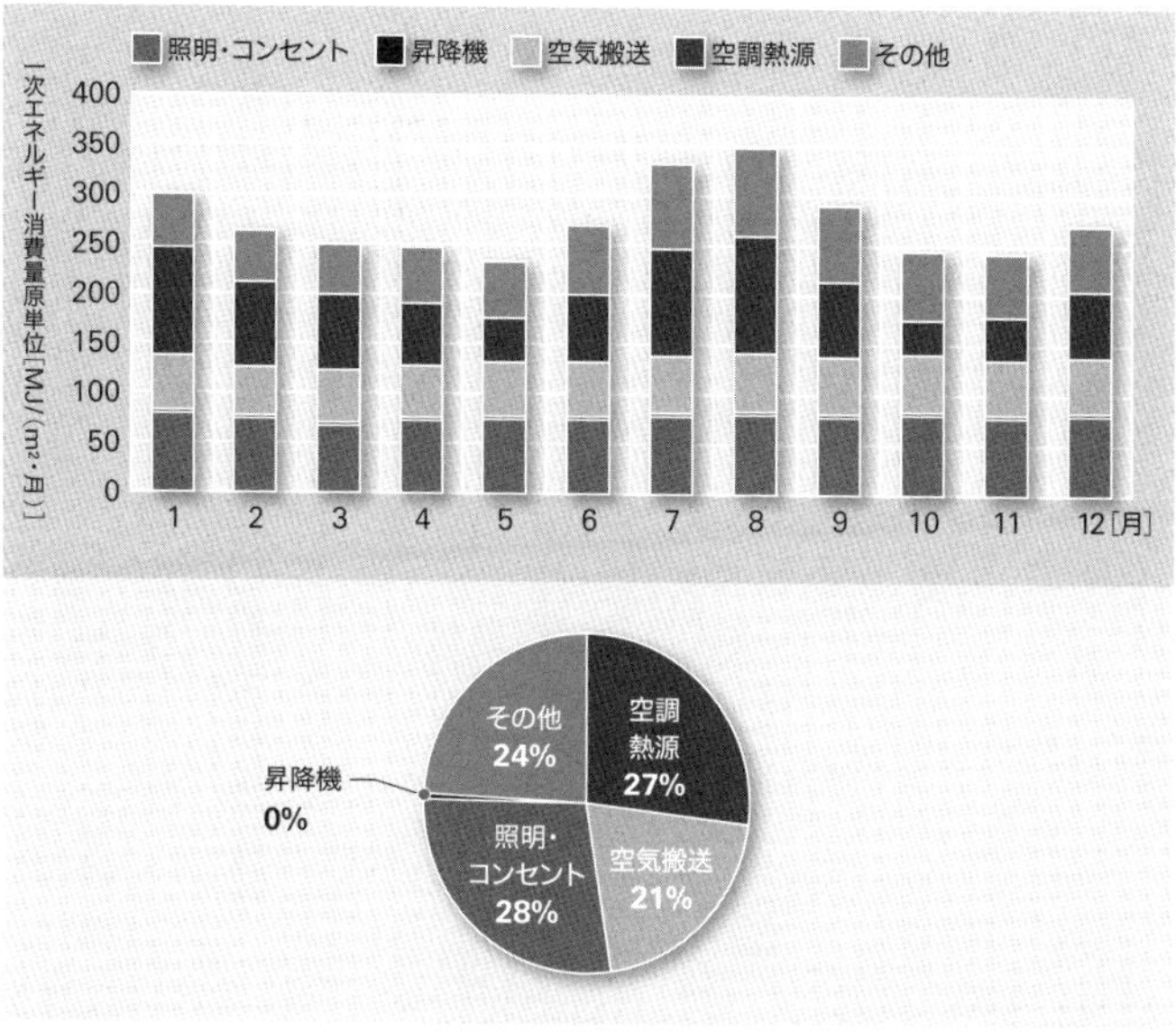

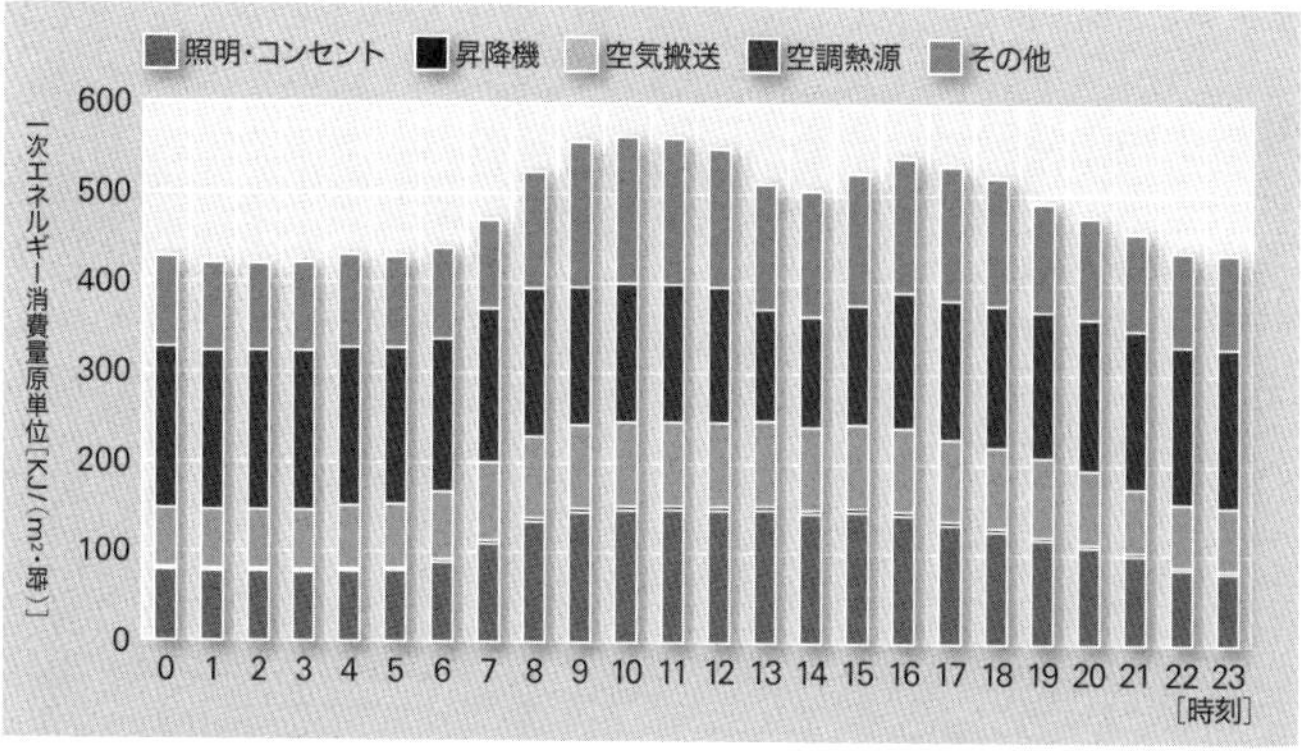

[**図2-3**]ある病院の月別エネルギー消費量と年間エネルギー消費量の割合の例

[**図2-4**]ある病院の時刻別エネルギー消費量（8月、平日）の例

によっても、エネルギー消費量の傾向は変わってきます。
病院のエネルギーマネジメントの要点は2.6節［P.074］で解説しています。

●商業施設――二四時間運転の機器の管理が重要

ある商業施設の月別のエネルギー消費量を［図2-5］に示します。この図からも、空調熱源のエネルギー消費量が大きく変動しているのに対して、照明・コンセントとその他はほぼ一定であることがわかります。照明・コンセントには、冷蔵・冷凍ショーケースなどの消費電力量が含まれています。これらの電力は建物全体の年間エネルギー消費量に対して百貨店で五％程度、スーパーマーケットで十％程度という報告もあります。*2

［図2-6］は、八月の平日の時刻別のエネルギー消費量です。商業施設は土・日・祝日も営業することが多いため、年間を通じてほぼ同じ時刻別のエネルギー消費量になります。店舗の営業時間帯（十時から二二時）以外の開店準備（七時から十時）、および閉店作業（二二時から二三時）の時間帯でもエネルギー消費量が多い特徴があります。夜間は昼間の十五％程度のエネルギー消費量となりますが、冷蔵・冷凍ショーケースなどは二四時間運転のために、照明・コンセントのエネルギー消費量は夜間も発生しています。商業施設においては、営業時間外も含めて照明・コンセントと熱源機器の適正な管理が重要であることがわかります。

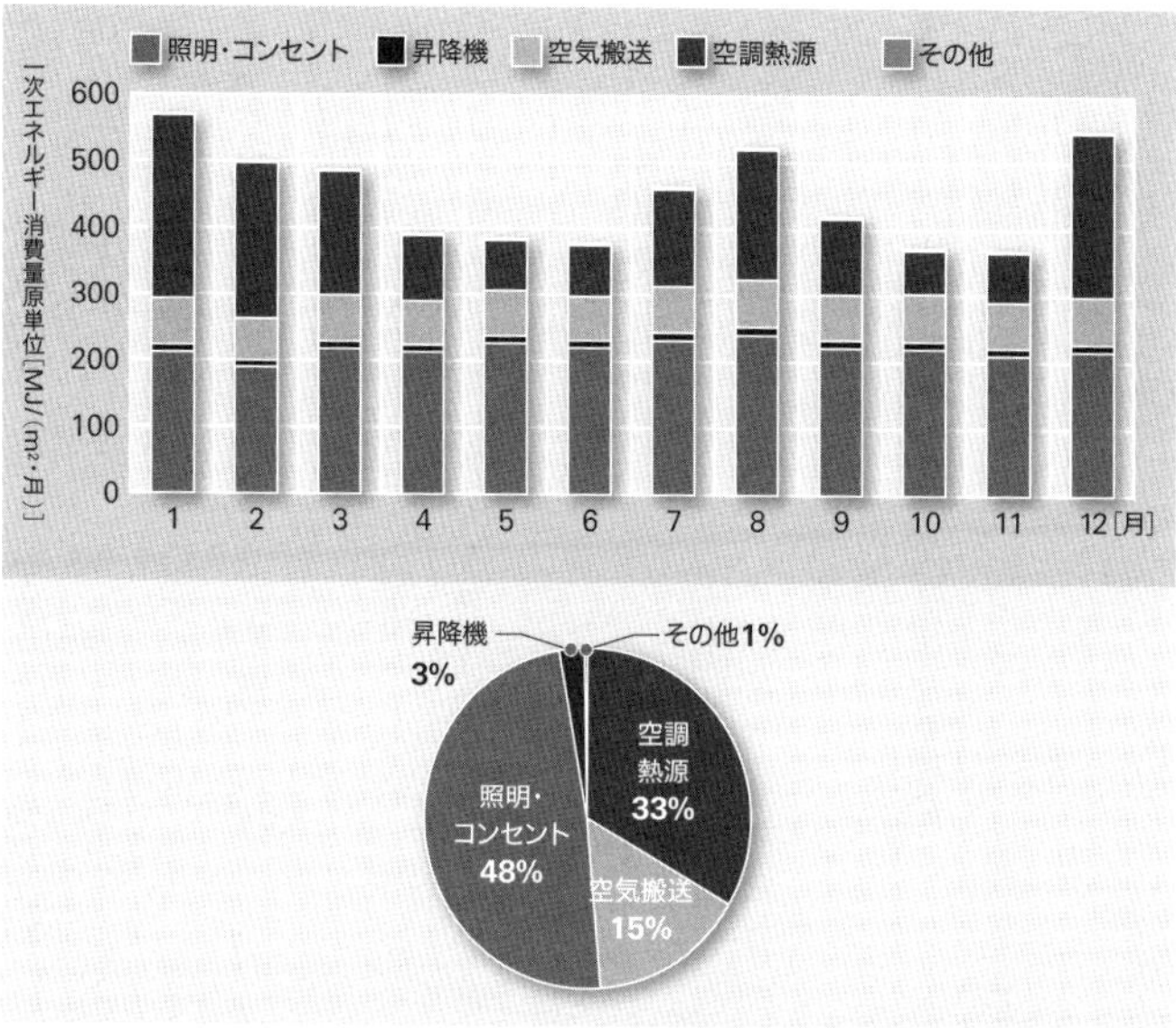

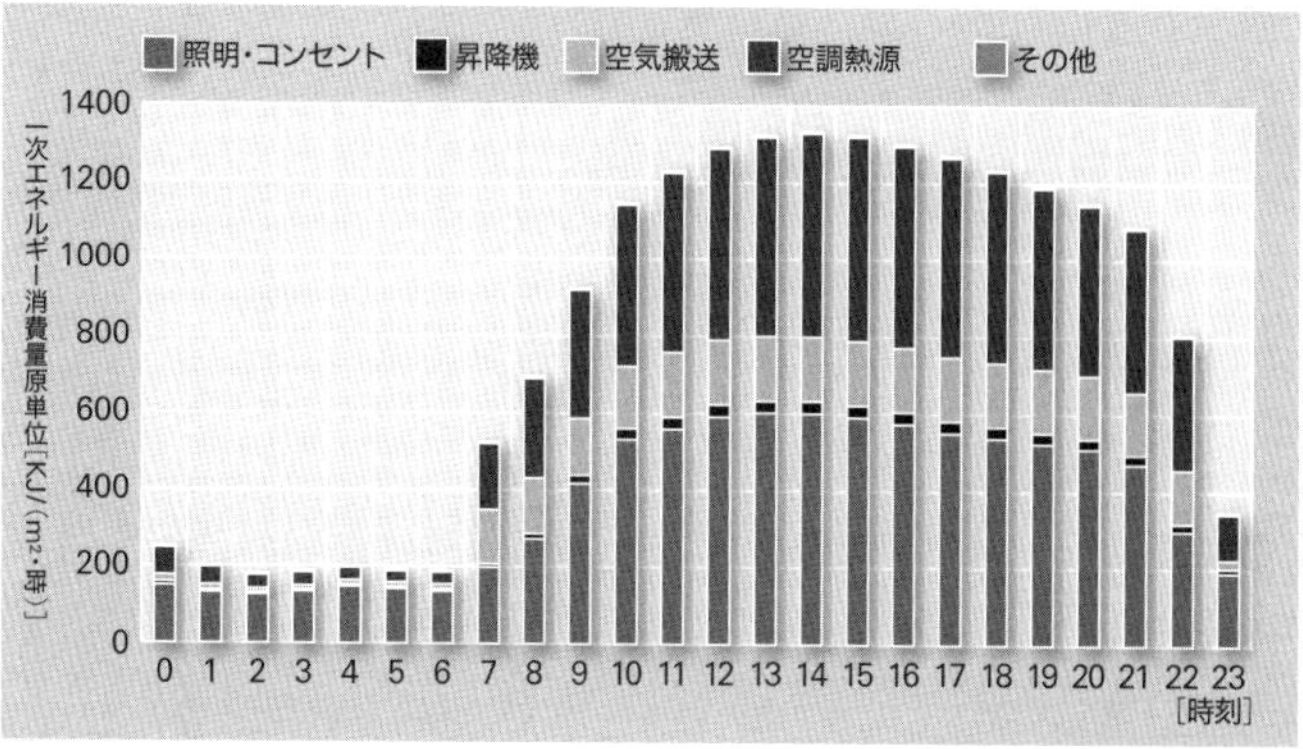

［**図2-5**］ある商業施設の月別エネルギー消費量と年間エネルギー消費量の割合の例
［**図2-6**］ある商業施設の時刻別エネルギー消費量（8月、平日）の例

●ホテル――冷暖房と給湯のエネルギー消費量が鍵

あるシティホテルの年間エネルギー消費量の内訳［図2-7］を見ると、空調熱源（給湯用も含む）の割合が四四％と最も大きいことがわかります。温水や冷水を空調機に送る水搬送と空調機から温風や冷風を部屋に送る空気搬送を加えると冷暖房・給湯に必要なエネルギー消費量は約六〇％を占めています。

［図2-8］は、八月平日の時刻別エネルギー消費量を示しています。すべての時刻で熱源・給湯のエネルギー消費量の占める割合が大きいことがわかります。客室に人がいない昼間でもエネルギー消費量が大きいのは、宴会場などの施設が含まれているためです。ホテルには、シティホテル以外に、ビジネスホテルやリゾートホテルなどさまざまな種類があります。それぞれの種類によってエネルギー消費特性は異なりますが、冷暖房と給湯のエネルギー管理が重要なのは共通です。

●住宅――コンセントと給湯の適正な管理を

ある集合住宅、一住戸の月別エネルギー消費量と年間エネルギー消費量の内訳を［図2-9］に示します。

年間エネルギー消費量のうち、冷蔵庫などの家電製品を含むコンセントの割合が四七％と一

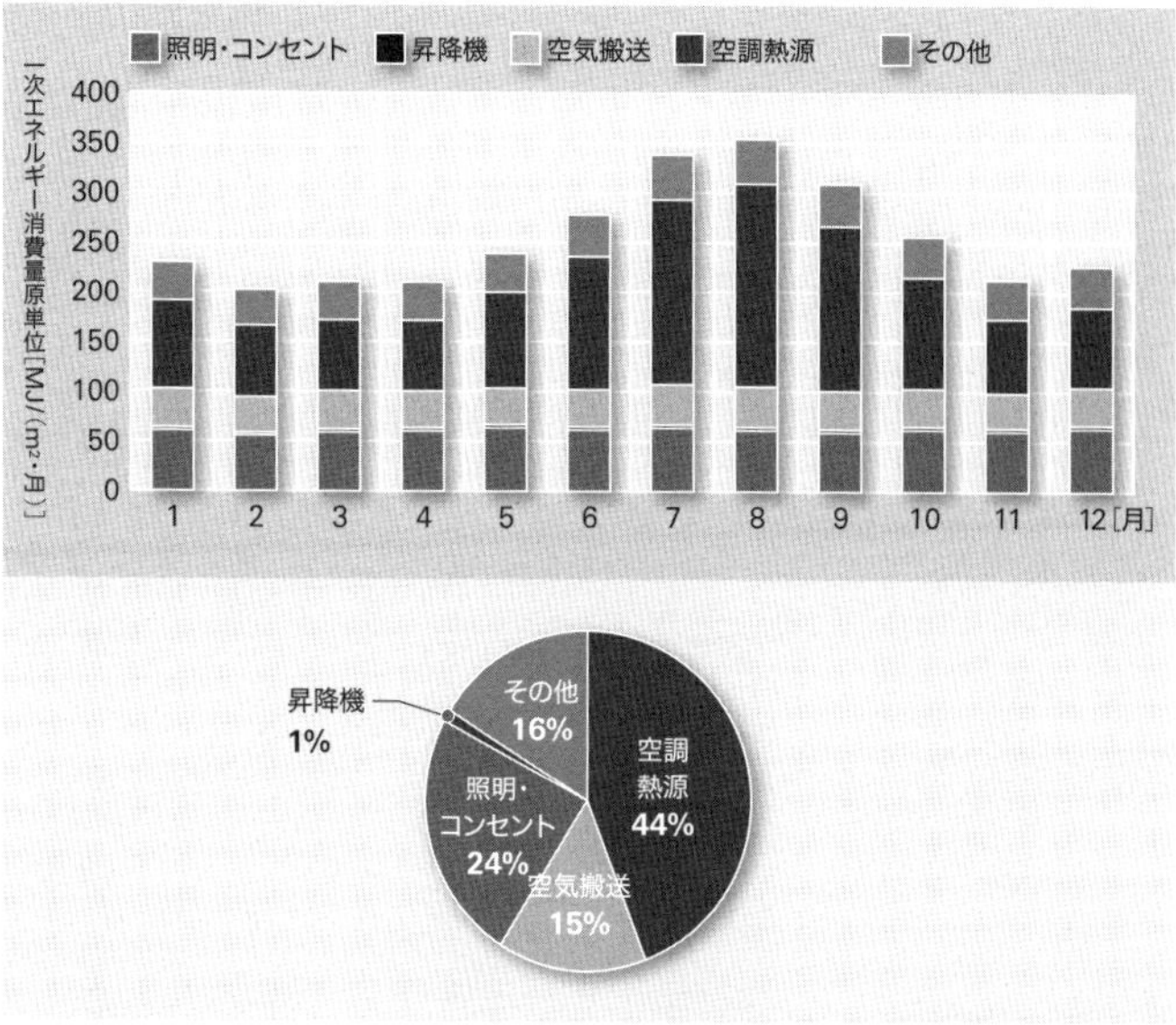

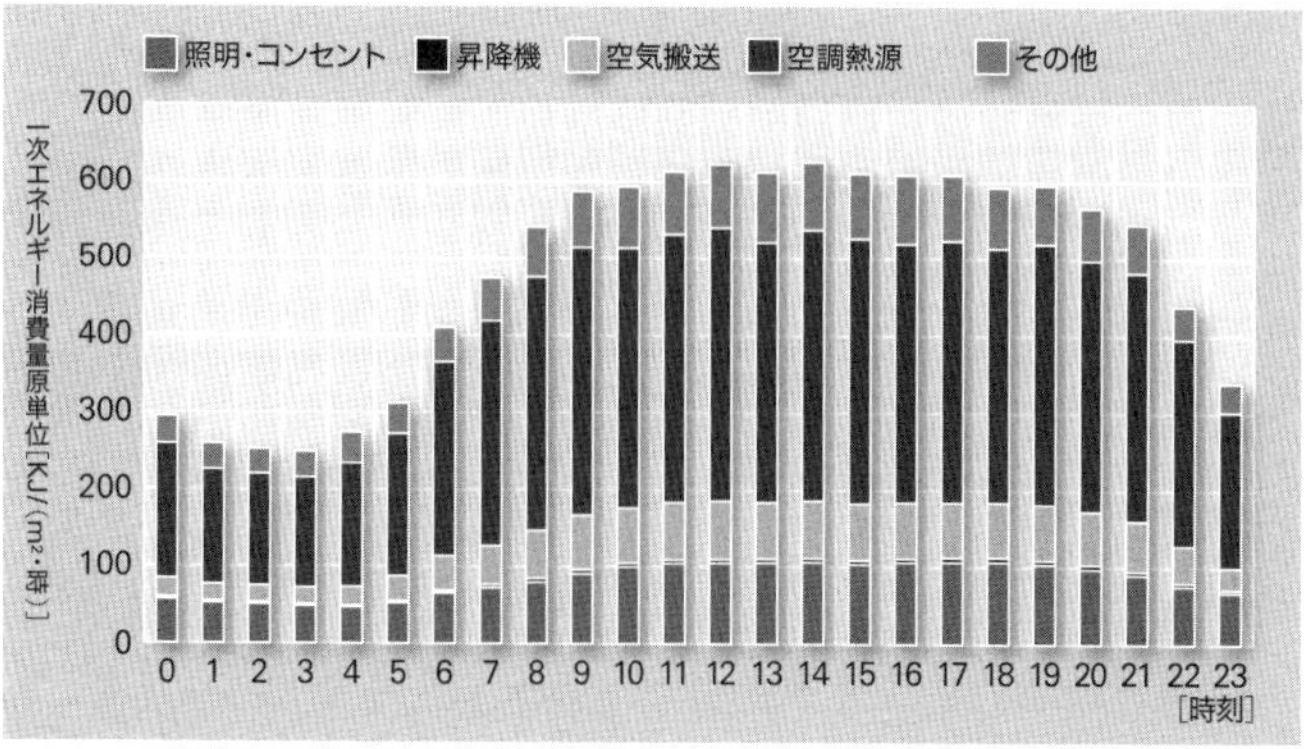

[**図2-7**] あるホテルの月別エネルギー消費量と年間エネルギー消費量の割合の例
[**図2-8**] あるホテルの時刻別エネルギー消費量（8月、平日）の例

番大きく、次いで、換気・給湯の三七%です。〔図2-10〕の八月平日の時刻別データを見ると換気・給湯は五時から七時と十九時から零時の時間帯のエネルギー消費が大きく、洗面、調理、入浴などの給湯の占める割合が大きいものと考えられます。つまり、住宅では、コンセントと給湯が年間エネルギー消費量の約八〇%以上を占めており、これらを適正に管理することが重要であることがわかります。

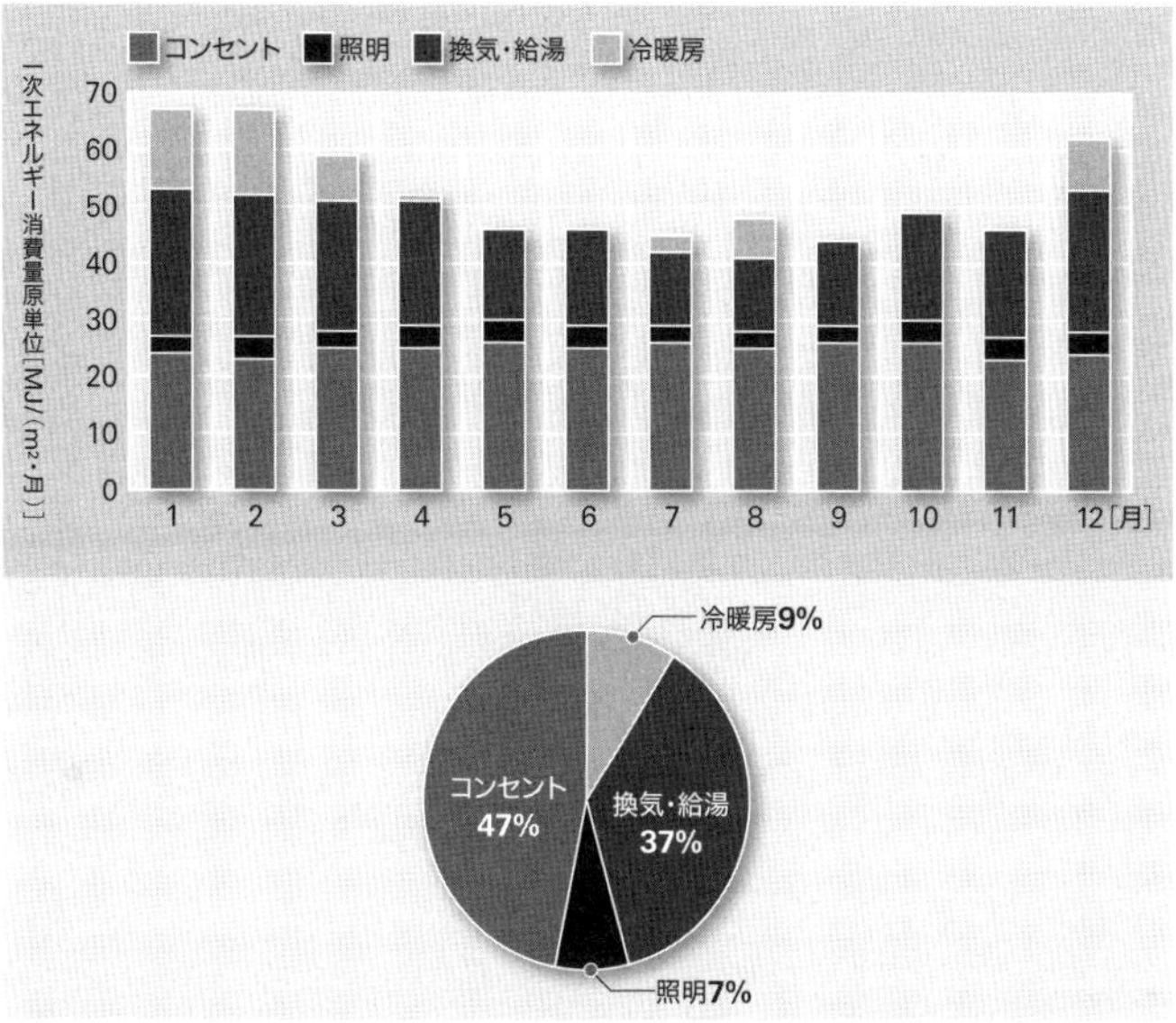

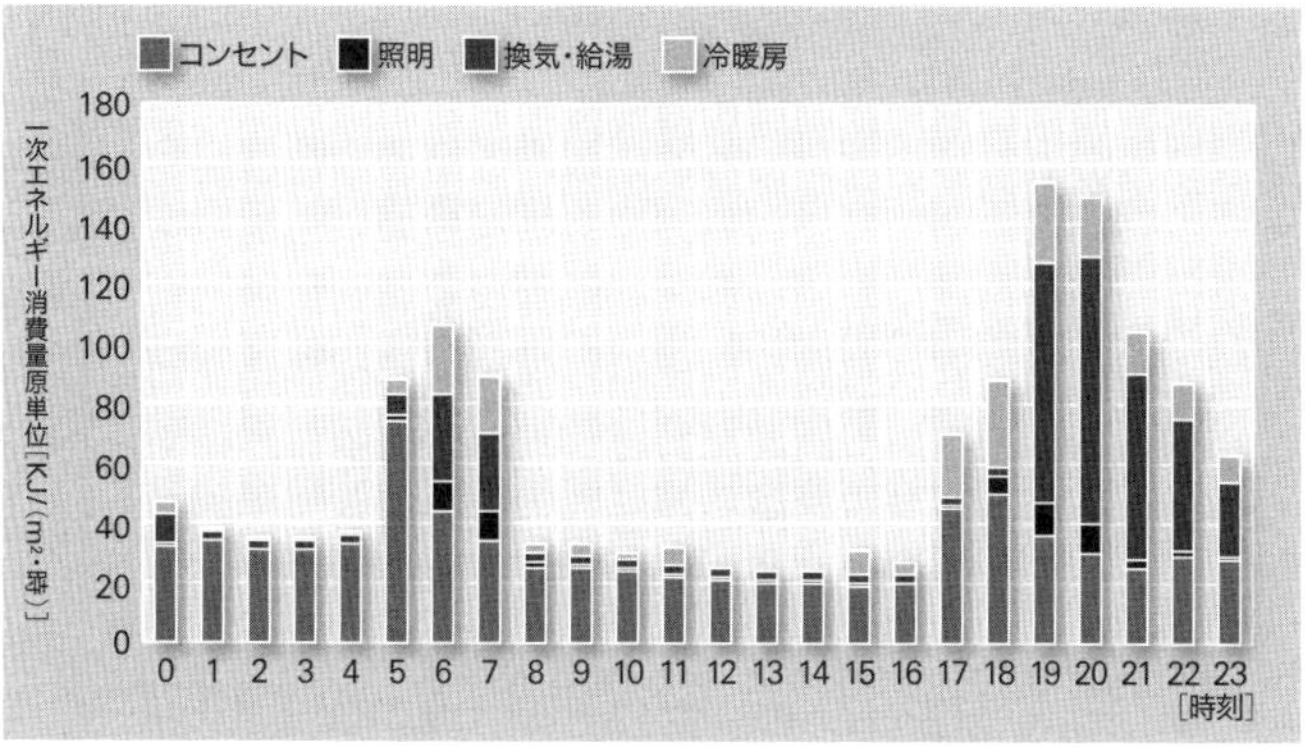

［**図2-9**］ある集合住宅の月別エネルギー消費量と年間エネルギー消費量の割合の例

［**図2-10**］ある集合住宅の時刻別エネルギー消費量（8月、平日）の例

2.2――建物の健康状態を確認する

●一次エネルギー消費量原単位を指標に

人は体重だけを見て肥満と判断することはできません。身長にもよるからです。身長の二乗に対する体重の比（体重÷［身長×身長］）から肥満度を割り出し、さまざまな人の健康状態を評価するＢＭＩ（Body Mass Index）という指標があります。

建物の場合は、単位床面積あたりの一次エネルギー消費量の数値から建物の肥満度を算出して、これを建物の健康状態を評価する指標としています。この値は「一次エネルギー消費量原単位」と呼ばれ、一般社団法人日本サステナブル建築協会からさまざまな業務用建物のデータが公開されています［図2-11］。一次エネルギー消費量原単位は、電気料金やガス料金などの請求書に記載されているエネルギー使用量と延床面積から計算できますので、あなたの建物の肥満度を簡易に評価することができます。

ＢＭＩ指標が良いという人、つまり肥満ではない人でも、内臓脂肪が問題となることがあります。体脂肪計付きの体重計があれば、内臓脂肪の程度を知ることができます。建物の中のエネルギー消費の多くは建築設備を通じて行われます。建物の健康状態を詳しく知りたいときに

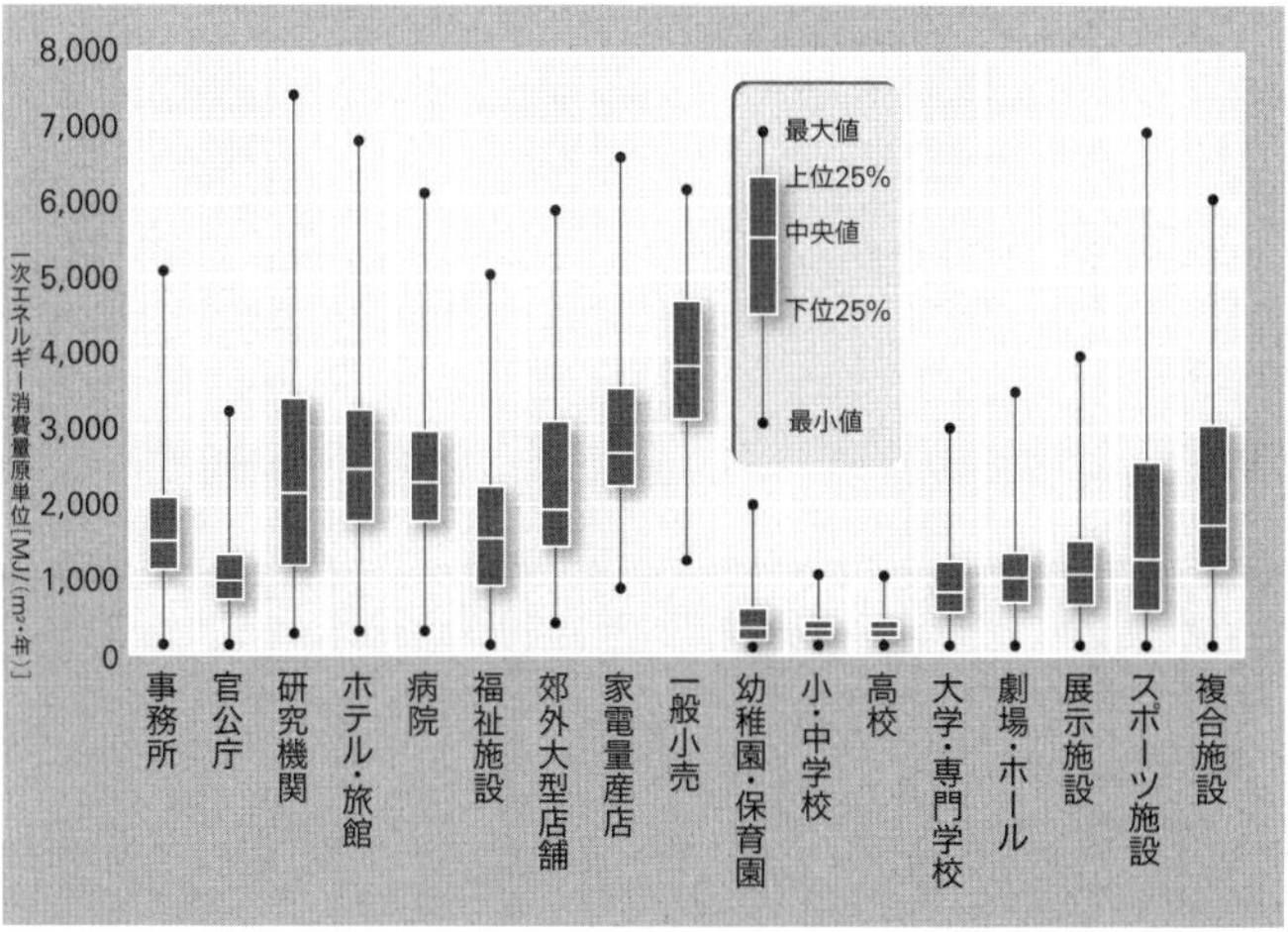

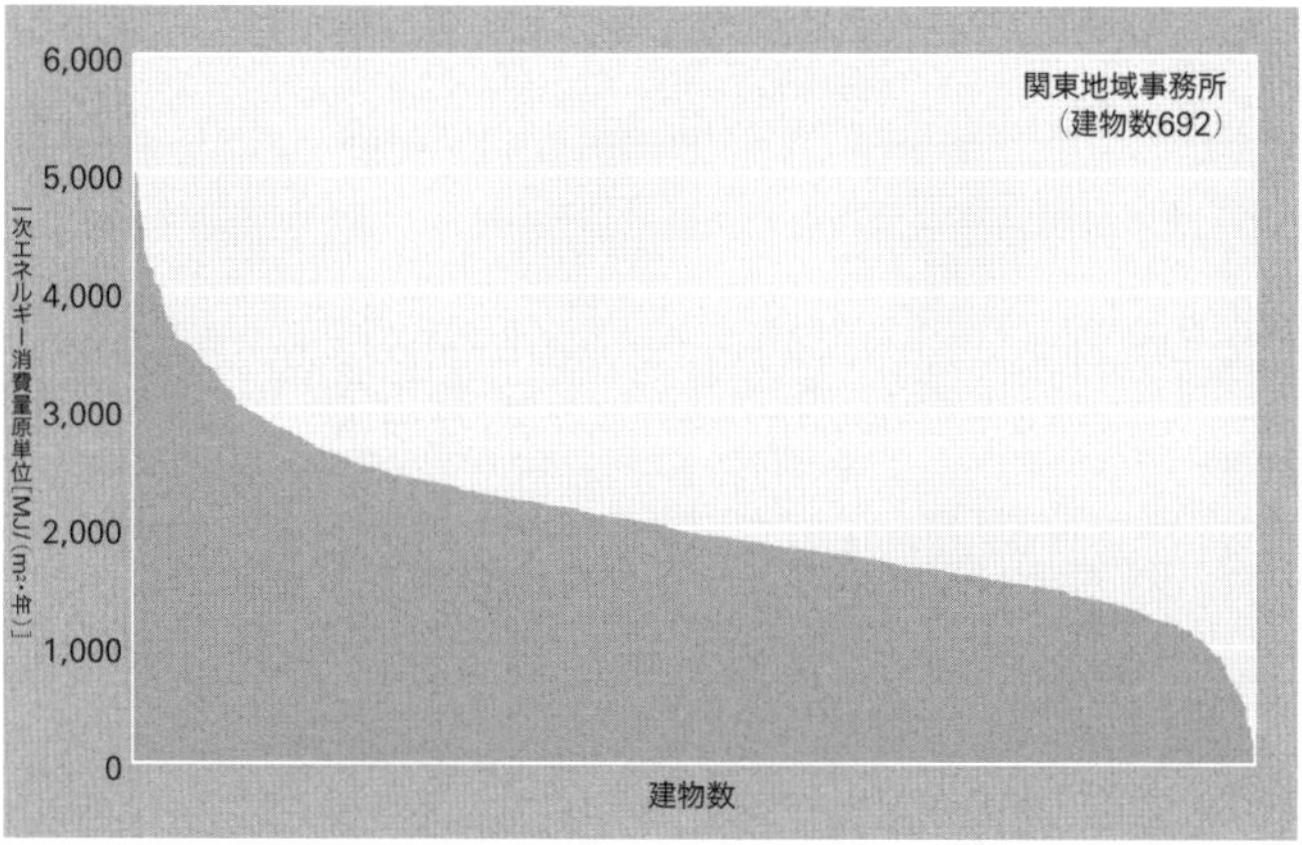

［**図2-11**］建物用途別の一次エネルギー消費量原単位の例

出典：DECC（非住宅建築物の環境関連データベース）公開情報よりNSRIで作成

［**図2-12**］事務所の一次エネルギー消費量原単位の降順図の例

出典：DECC（非住宅建築物の環境関連データベース）公開情報よりNSRIで作成

は、空調設備、換気設備、照明設備、コンセント設備、給湯設備など、設備ごとのエネルギー消費量を計測します。いわば、建物を体脂肪計付きの体重計に載せるようなものです。そしてエネルギー消費量の割合が大きい設備が特定できれば、その設備の利用方法などに無駄がないかを点検して対策を講じることができます。

［図2-11］からは、小・中・高などの学校施設は夏休み等の長期休暇があり、かつ夜間の使用時間が少ないので、エネルギー消費量は他の建物に比べて小さいことがわかります。ホテル・旅館、病院、大型店舗、家電量販店や研究機関などは一年を通して稼働時間が長いこともあり、大きなエネルギー消費量を示すことが読み取れます。

このように、建物も人と同じように健康状態を判断することができるのです。

とはいえ、肥満度を上げている設備が特定できても、その原因の究明は簡単ではありません。そこでBEMS（Building Energy Management System）という装置を設置してエネルギー消費量や建築設備の運転データを計測し、エネルギーの専門家が分析を行う必要があります。

●一次エネルギー消費量原単位の降順図を使って確認する

一次エネルギー消費量原単位から建物の健康状態を確認する方法があります。

［図2-12］は、関東地域の事務所用途の建物の内の約七百棟の一次エネルギー消費量原単位を

大きい値の順に並べた降順図です。ＤＥＣＣ（非住宅建築物の環境関連データベース）の事務所の公開データにより作成しています。この図の上に、評価対象となる建物のデータをプロットすることで、他の建物と比べた位置づけを知ることができます。一般社団法人日本サステナブル建築協会のホームページではＤＥＣＣランキングを公開しています。複数の建物を所有している企業では、企業の建物のデータから降順図を作成してみると、それぞれの建物の健康状態を比較検討することができます。

また、月別変動率と一次エネルギー消費量原単位を組み合わせることで、もう少し詳しい分析を行うことができます。月別変動率とは、月別一次エネルギー消費量の最大値と最小値の偏差を年間一次エネルギー消費量で除した値です。官公庁建物のように夏期には冷房、冬期には暖房を行い、中間期には冷暖房を行わない建物などは、月別変動率が大きくなります。一方、データセンターのように年間を通じて機器発熱が大きく年間冷房を行う建物では、月別変動率が小さくなります。つまり、月別変動率は、外気温度の変化が建物に与える影響の大きさを示しています。

[図2-13]は、関東地域の事務所用途の建物のうち約七百棟のエネルギーデータをもとに、横軸に月別変動率、縦軸に一次エネルギー消費量原単位を表したものです。第1象限に位置するのは、エネルギー消費量が大きく、かつ月別変動率が大きい建物です。これらの建物について

は、建物外皮の断熱性能向上や外気量制御など、空調熱負荷を低減する省エネルギー対策が有効です。第2象限の建物は、エネルギー消費量が大きく、月別変動率が小さいため、まずは機器発熱などの内部発熱に関連する点検が必要です。的確な分析による問題点の特定と対策が、大幅な省エネルギーへとつながります。

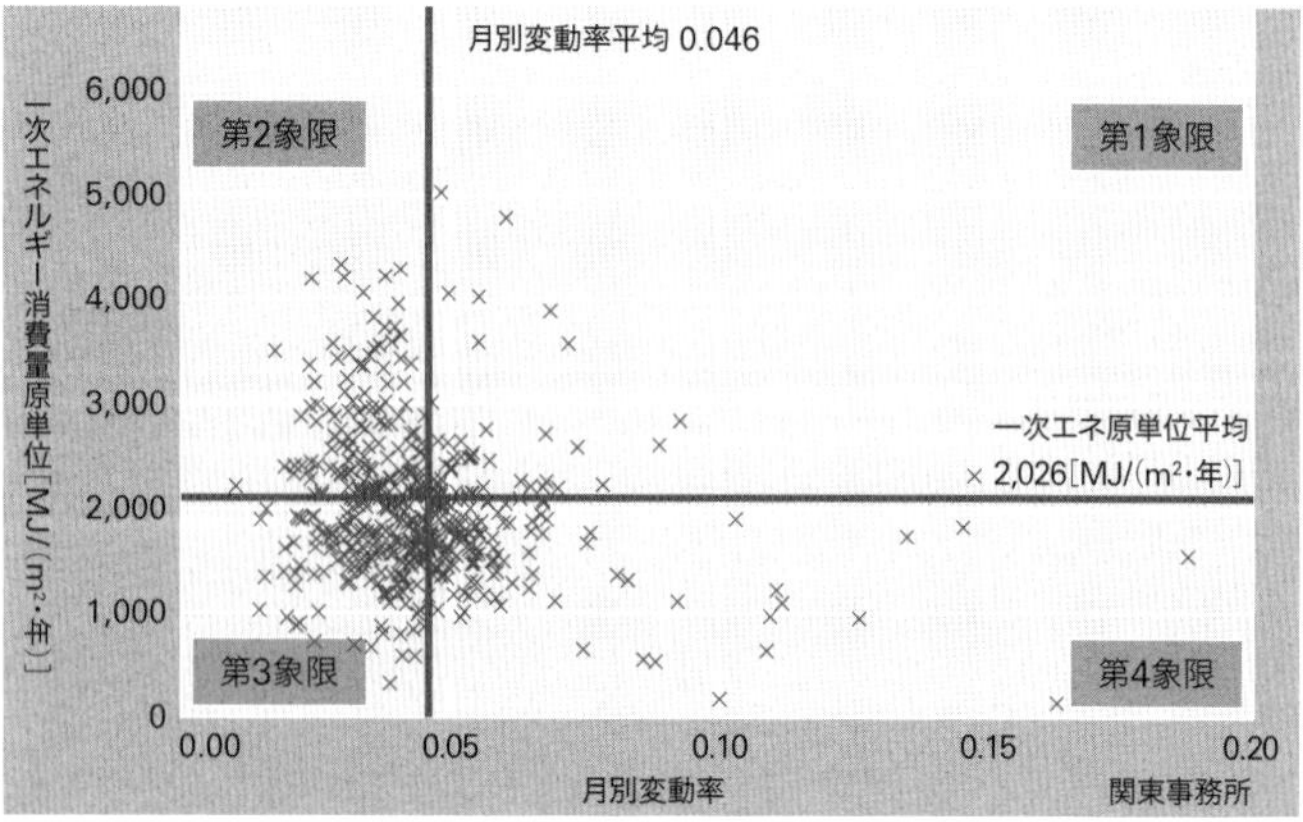

[**図2-13**]月別変動率と一次エネルギー消費量原単位を用いた分析例
出典：DECC(非住宅建築物の環境関連データベース)公開情報よりNSRIで作成

2.3——BEMSを活用する五つのポイント

●BEMS導入と運用の壁

BEMS（Building Energy Management System）は、建物の設備や機器の運転データやエネルギー消費量データを蓄積し、データをさまざまなグラフ上に表示することで省エネルギーを推進するための分析を支援するシステムです［図2-14］。一九九九年から経済産業省が助成を行っていることもあり、導入される建物が増えています。しかし一方で、BEMSを導入しても、効果を発揮できていない建物もあります。BEMSがうまく利用されていない原因の一つは、BEMSを作る側と、BEMSを使う側に認識の乖離があるためと考えられます。

BEMSを作る人は、建築設備の設計者です。彼らは設計者の視点で、建築設備のエネルギー性能を確認するためのデータや確認画面を設計します。一方、BEMSを使うのは、建物のメンテナンスと監視を行う保守運転管理者です。BEMSを作る時点では、保守運転管理者が決まっていないことが多く、設計者は使う人のことを考慮できていません。結果として、保守運転管理者は、BEMSの使い方がよくわからないという事態に陥りがちなのです。

BEMSをうまく使うためのポイントは五つあります。

●分析からBEMSの見える化まで、活用の要点

［ポイント1］――分析のシナリオを考える

建物内のエネルギーのほとんどは、熱源機器や照明・コンセントなどの建築設備の機器を通じて消費されます。建築設備の機器は、熱源システム、熱搬送システム、照明・コンセント、その他の区分（この区分のことを消費先と呼びます）で構成されています。

冷凍機とポンプと冷却塔を組み合わせて熱源システムと呼ぶように、複数の機器が組み合わされてシステムが構成されます。システムは、熱源、ポンプ、照明コンセント、その他の区分（この区分のことを消費先と呼びます）でまとめられます。

電力は、建物全体の一箇所で受電し、その後、消費先別に分けられ、最終的に機器に供給されます。このように建物内のエネルギーの流れは「建物全体→消費先別→機器別」の順になります。また機器は、システム別のほかに空間別にまとめることができます。エネルギーの分析は、建物内のエネルギーの流れと機器のまとまりを意識して行うことが合理的です。

建物全体から機器へと分析を展開してエネルギー性能を確認するシナリオを「トップダウンアプローチ」、逆に、機器から建物全体へと分析を展開してエネルギー性能を確認するシナリオを「ボトムアップアプローチ」と呼びます［図2-15］。

トップダウンアプローチでは、建物全体のエネルギー消費量を管理基準値と比較し、大きい

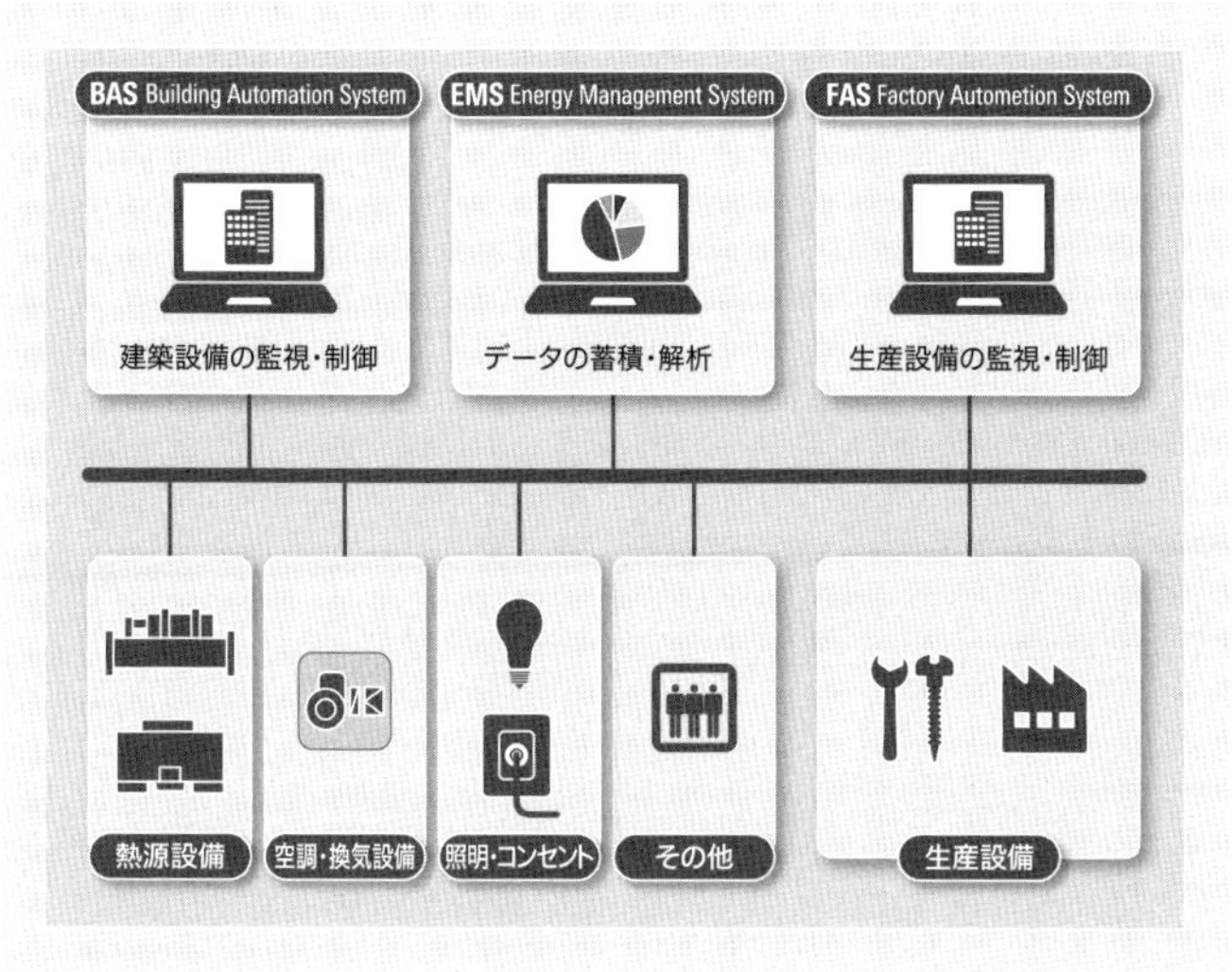

［**図2-14**］BEMSの構成イメージ

場合には、どの消費先が大きいのかを確認します。問題のありそうな消費先を特定した後は、現地ヒアリング等を通じて原因を探ります。多くの場合、判断のもととなる管理基準値は前年のエネルギー消費量です。たとえば、建物のある階の照明・コンセント系の電力消費量が大き過ぎると思われれば、該当階で照明の消し忘れなどが生じていないかを調査します。計測・分析にかかる費用を安価にできるメリットがあります。

ボトムアップアプローチではまず、空間別、システム別、機器別にエネルギー消費状況を確認します。それにより不具合が生じている部分を特定、その影響度合いを消費先別、および建物全体のエネルギー消費量から評価し、優先度を勘案して改善方法を検討します。たとえば、冷凍機のエネルギー消費量が大きいと確認された場合、熱源系統および建物全体のエネルギー消費量に与えるインパクトの大きさから、改善対応の緊急性を判断します。ボトムアップアプローチでは、空間別・システム別・機器別にエネルギー性能を評価するノウハウが必要です。また、詳細にデータを収集するために計測・分析費用が高くなる可能性がありますが、原因特定が比較的容易に行えるというメリットがあります。

トップダウンアプローチに加えて、エネルギー消費量が大きい冷凍機などの機器を対象としたボトムアップアプローチを組み合わせるなど、対象とする建物の特徴に合う分析のシナリオを考えることが、BEMSを使いこなす一つ目のポイントです。

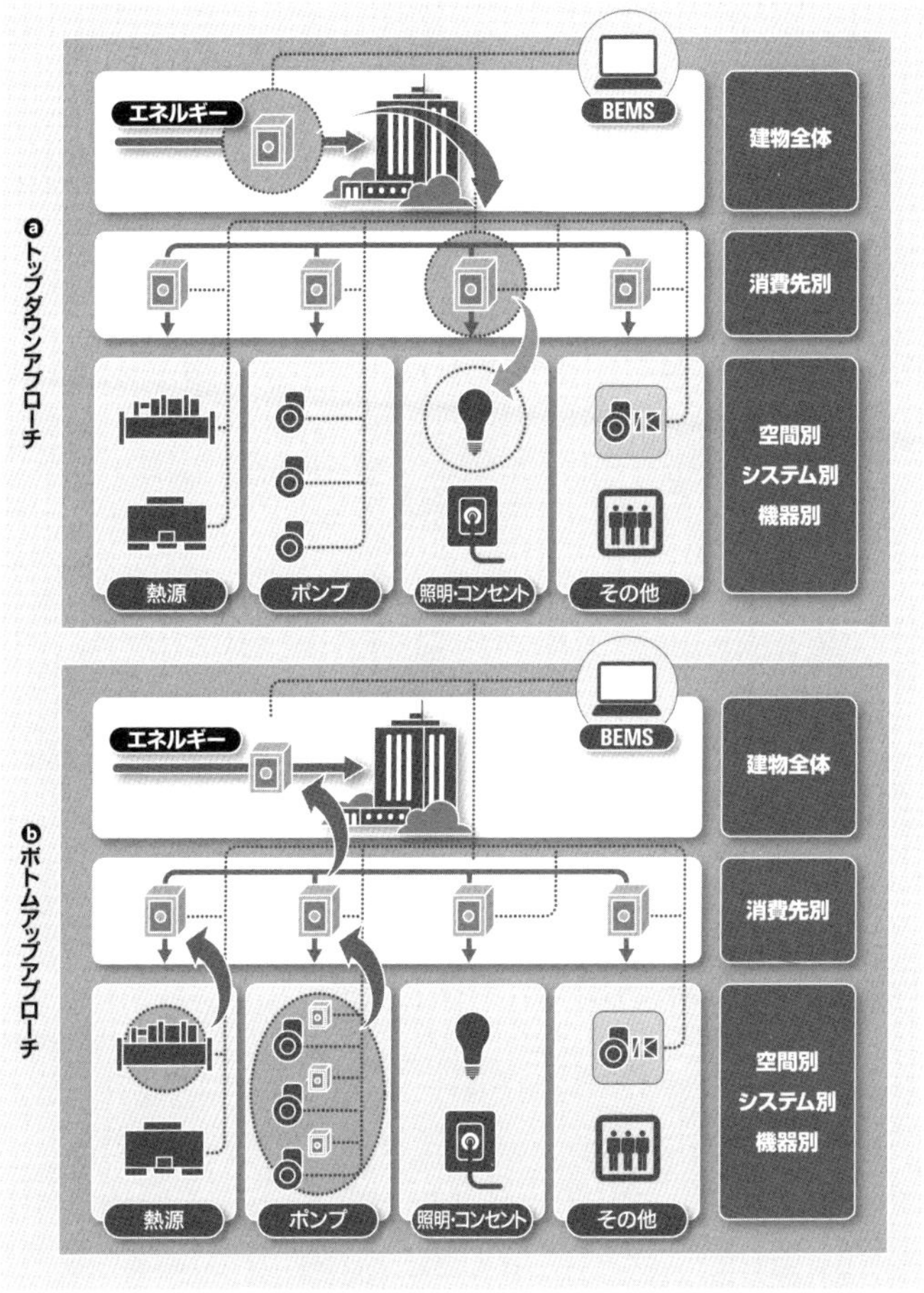

[**図2-15**] 分析のシナリオイメージ

【ポイント2】――わかりやすい管理画面を作る

トップダウンアプローチは、建物全体のエネルギー消費量を確認することから始まります。年間エネルギー消費量の内訳を示す円グラフや、月別エネルギー消費量の棒グラフを前年実績と比較して表示する管理画面が作られているなら、問題点の確認が円滑に行えます［図2-16］。

省エネルギー手法を導入したなら、期待する性能を発揮して効果が上がっているかどうかを確認することも重要です。たとえば、駐車場の換気ファンをCO濃度制御とした場合、駐車場のCO濃度と換気ファンの発停状態を表示する管理画面が作られていれば、CO濃度が目標設定値を満たし、かつCO濃度が低い時間帯は換気ファンが停止していることを確認できます［図2-17］。

分析目的に応じたわかりやすい管理画面を作ることが二つ目のポイントです。

【ポイント3】――管理基準値を定める

エネルギー性能の良否を判断するためには、目標とする管理基準値を定める必要があります。建物全体のエネルギー性能を評価する場合には、年間一次エネルギー消費量や最大電力が管理基準値となります。主要機器のエネルギー性能を評価する場合には、冷凍機のエネルギー効率や冷水や温水の往還温度差などが管理基準値となります。多くの建物では、管理基準値をBE

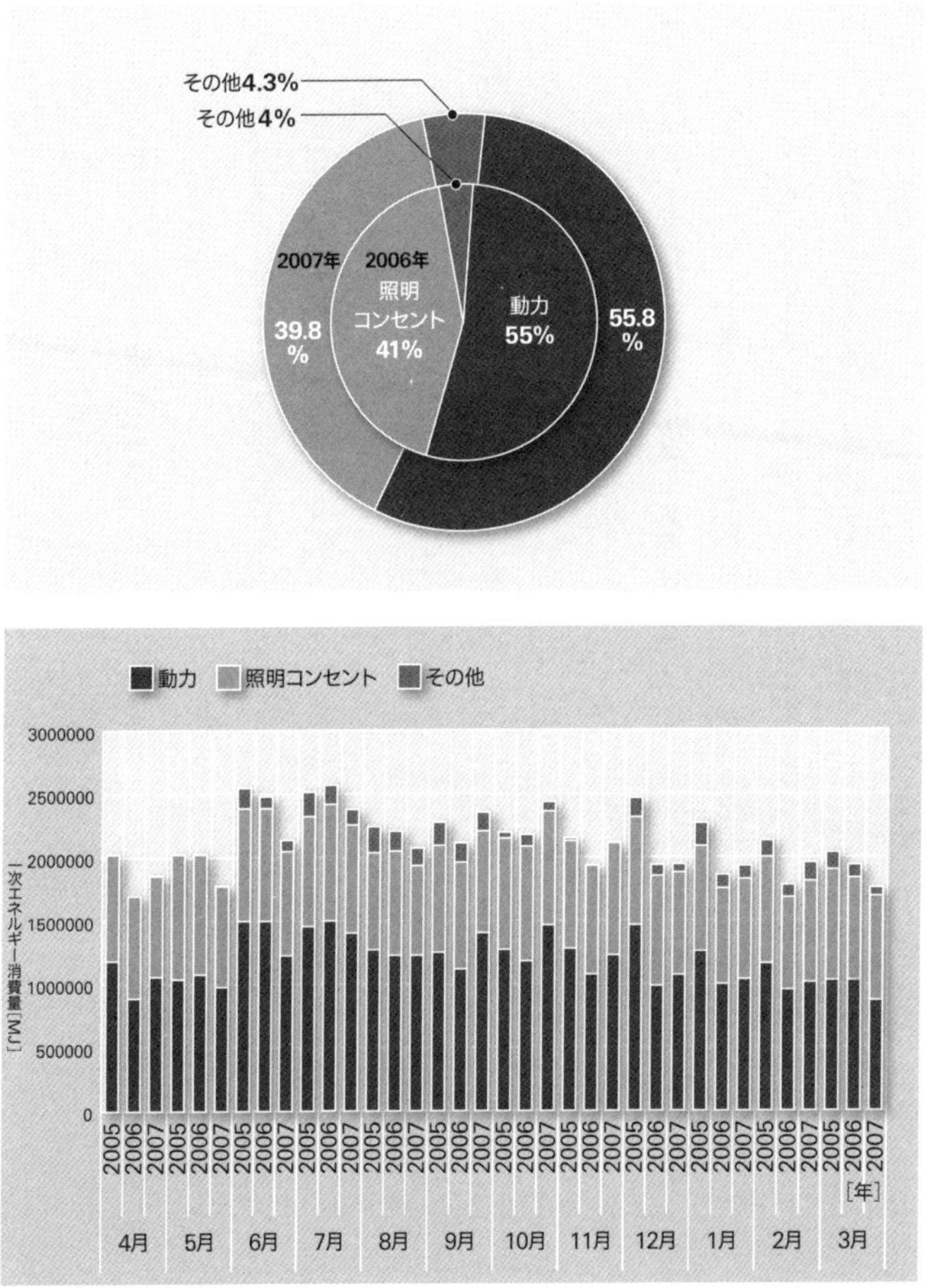

［**図2-16**］建物全体のエネルギー性能の管理画面例
出典：住宅・建築物高効率エネルギーシステム導入促進事業（BEMS導入支援事業）
平成15〜18年度補助事業者の実施状況に関する調査（（独）新エネルギー・産業技術総合開発機構）

MSの管理画面に表示せず、画面を見る人の裁量次第となっています。しかし、エネルギー性能の良否を定める管理基準値は、見る人の裁量ではなく、建物やシステムに応じて定まるものにほかなりません。可能であれば、シミュレーションなどで設定根拠を明確にしておきたいものです。

建築設備の設計者やエネルギー分析の専門家と連携して、適正な管理基準値を定めることが三つ目のポイントです。

［ポイント4］——合理的なエネルギー管理体制を作る

建物の省エネルギーを徹底するためには、PDCAサイクルを運用する管理体制の構築が必要です。PDCAサイクルとは、Plan（計画立案）、Do（実施）、Check（確認）、Action（改善）を継続

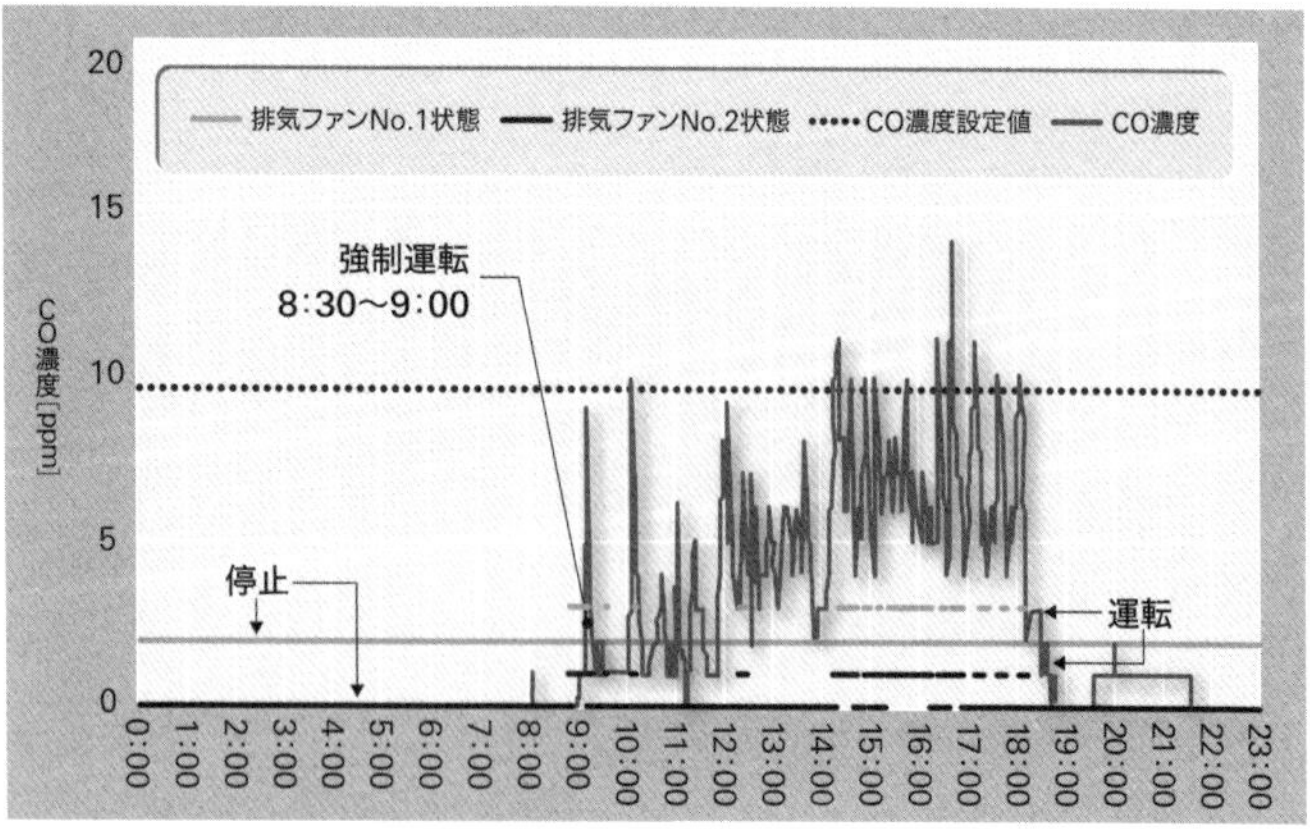

［**図2-17**］駐車場換気ファンCO制御管理画面例
出典：［図2-16］と同じ

的に実施することを表しています［図2-18］。建物のエネルギー性能には、建物を利用している建物利用者、建物を日常管理している保守運転管理者、建物の設計者と施工者および建物を所有している建物オーナーが関与します。すべてのステークホルダーの代表者が集まり、建物の省エネルギーや節電について話し合う場を設けることが有効です。このとき、Checkを行うための判断材料を提供するツールとして、BEMSの活用が望まれます。

一般的に建物の運用フェーズでは、設計者や施工者は関与しません。しかし、建物利用者、保守運転管理者および建物オーナーだけでは、BEMSデータの分析に限界があります。また、実際の運用条件が設計条件から変更されることもよくあります。実際の運用条件を把握し

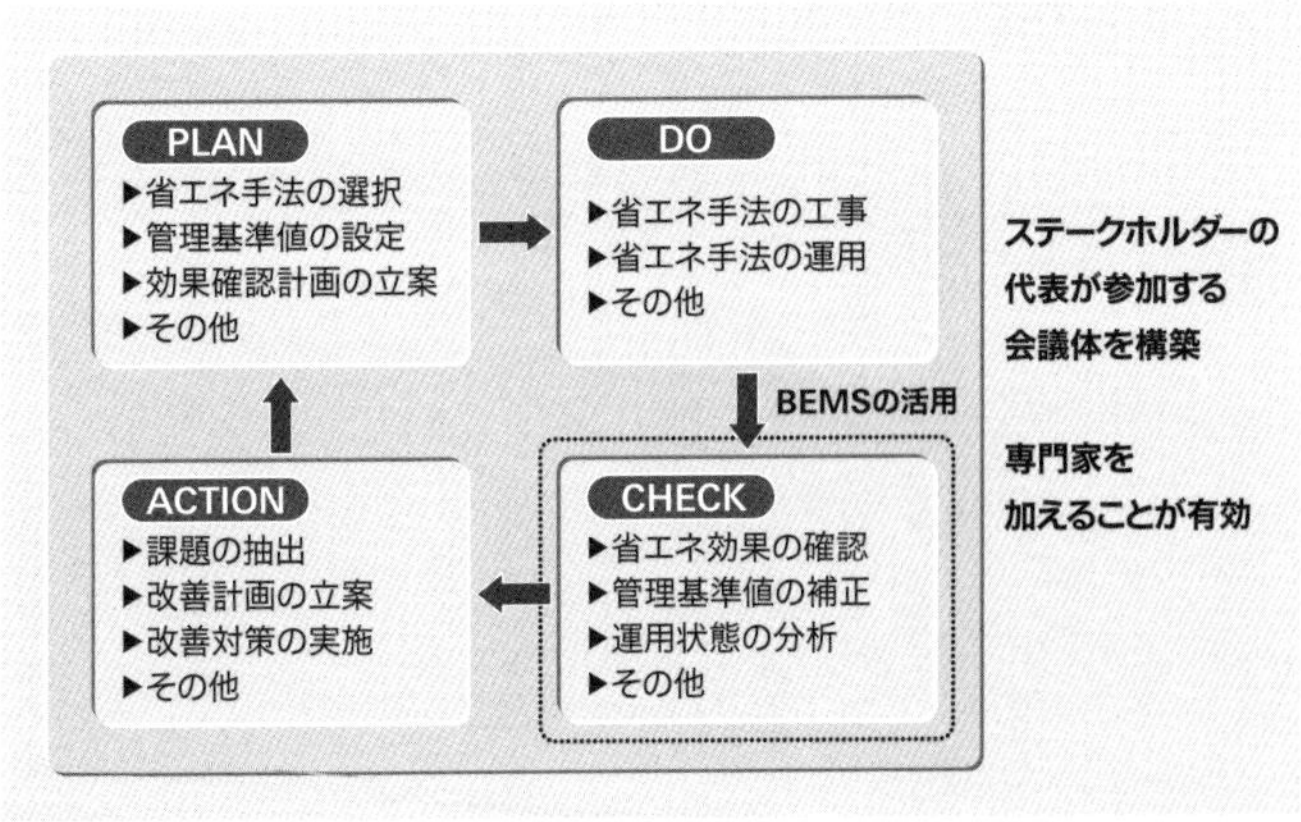

［**図2-18**］合理的なエネルギー管理体制におけるPDCAサイクル

たうえで、エネルギーデータを分析し、分析結果に基づく改善提案ができる専門家を会議に加えることも有効です。

効果的なエネルギー管理体制を作ることが四つ目のポイントです。

［ポイント5］──BEMSデータの見える化

これからの省エネルギーの鍵は、建物利用者の行動にあるとされています。省エネルギーの基本は建物利用者が必要な空間に、必要な時間だけエネルギーを使うことです。そのためには、従来は保守運転管理者だけが見ていたBEMSデータを、建物利用者にも見せて省エネルギーに対する意識を高めるべきでしょう。昨今、クールビズや節電を建物利用者に呼びかけるケースが多くなっています。建物利用者の協力による効果を見せることが、省エネ行動を継続し、また更なる省エネ行動を引き起こすことにつながるはずです。企業として省エネルギーに配慮していることを示すことが企業の社会性を高め、ブランディングに寄与する時代でもあります。

建物利用者および社会に対するBEMSデータの見える化が、五つ目のポイントです。

2.4——建物の無駄なエネルギー消費をなくす

私たちは、体温が平熱よりも高いときや、体調に異変を感じるなどの場合は、病院へ行き医師の診断を受けます。建物も同じように、一次エネルギー消費量原単位が他の建物よりも大きいとか、BEMSで管理基準値を満足しないときには、専門家の診断を仰ぐべきです。どのようにして建物の無駄なエネルギー消費をなくすのかを五つのSTEPで説明します。

●［STEP-1］——現地調査による現状把握

最初に、建物全体の運用方針や省エネルギーへの取組み体制を確認します。建物所有者やビル管理者に対してヒアリングを行い、建物用途構成、建物利用時間および温湿度設定値などの建物運用状況を確認します。エネルギー使用設備の管理要領（運転管理、計測・記録、保守・点検）を定めた管理標準の整備状況など建物の運用管理体制を確認します。

つぎに竣工図、設備台帳および納入仕様書などから冷凍機や照明設備などの機器の容量や効率を確認します。そして、エネルギー消費量の確認を行います。エネルギー購買記録やBEMSデータを収集し、建物全体の電気・ガスの使われ方を確認します。対前年度比などの経年比較や他の建物との比較で大きな無駄がないかを確認します。入居している企業の業種と貸室面積およびエネルギー消費量が得られると、より判断の精度を高めることができます。BEMSがある場合には、熱源、空調、照明、給排水といった消費先別のエネルギー消費の状況などを分析できることもあります。

これらの作業から、建物の省エネルギーの余地の大きさや注目すべきターゲットが見えてきます。

●［STEP-2］――不具合の発見

次に注目すべきターゲットを中心に、どのような不具合が生じているのかを発見します。

不具合を発見するためには、各機器類の詳細な稼働状況やエネルギー消費の詳細データをBEMSデータから抽出し、グラフ化をしていきます。通常、BEMSデータは機器別の設定値や計測値を時刻別に記録していますが、これは単に数字の羅列となっているため、これらの計測ポイント同士を関連づけてデータを整理し、グラフ化する「状況の見える化」が非常に重要です。これらのグラフを見ることで、関連する機器どうしの連動状況やさまざまな条件における制御状況を把握し、運用方法は適正か、無駄はないか、もっと効率的な運転方法はないかなどの不具合を見つけることができます。

さらに、シミュレーションプログラムを活用することで複雑な機器類の制御を再現でき、不具合の要因をパラメータとした検討を含めて、より正確で多くのケースを検討できるようになります。

●〔STEP-3〕――省エネルギー手法の立案

省エネルギー手法の適用先は、次のようにさまざまなものがあります。

▼建築の対策：断熱、自然採光 等
▼電気の対策：照明、ＯＡ機器、受変電設備 等
▼空調の対策：冷凍機、ポンプ、空調ファン 等
▼衛生の対策：トイレ、水栓、雨水利用 等
▼その他：建物の運用方法 等

では、省エネルギー手法を検討する際の着眼点はどこでしょう。熱源システムでは、運転開始・終了時間、冷温水供給温度、冷却水の設定温度、電気熱源とガス熱源の優先運転順位、空調ポンプの台数制御増段ポイント、負荷率、機器効率（ＣＯＰ）、外気温、保守点検時の管理基

準などを評価することで効率の高い運用手法を検討します。

空調システムでは、運転開始・終了時間、吹出し温度、ファン風量、外気導入量、ダンパー・バルブの開度、ペリメータ／インテリアの設定温度などを評価し、快適性・省エネルギー性の高い制御方法やパラメータの設定値を検討します。

給排水システムでは、給湯設備の利用期間、省資源型の衛生器具、ポンプ類の設定圧力、上水・中水利用量などを評価し、主に省資源効果の高い手法を検討します。電気設備では、コストを抑えるためのデマンド制御、室内設定照度、照明器具のLED化、昼光利用、制御範囲の細分化などを評価し省エネルギー化を検討します。

これら省エネルギー手法の検討は、エネルギー削減目標と、実施するための費用とランニングコスト低減効果を合わせて検討し、主に運用改善による対策と改修工事をともなう対策に分類し、優先順位をつけて提案していきます。

●［STEP−4］――省エネルギー手法の実践

［運用改善による対策の実践］
運用改善による対策は、現在の機器などの使い方を変えることが中心なので、実践するための費用が小さくて済みます。しかし、今までの使い方を変えることで、不具合が発生しても困り

ます。実施する前に、シミュレーションなどで運用改善による省エネルギー量の大きさと不具合が発生しないことを確認しておくことをお勧めします。

運用改善は、部分的または一時的に試行して、問題がないことを確認した上で、本格的に実施することが望ましいと考えます。空調システムの運用改善を行う場合には、運用改善の効果を確認するために、エネルギー消費量に加えて室内環境の計測も行います。建物利用者にアンケートを行い、満足度を確認することも有効です。

試行結果を踏まえ、実施する人の目線に立ち「5W1H」を明確にした改善方法の手順書を作成します。たとえば、建物利用者に自然換気の運用を求める場合には、(Why) なぜ自然換気を行うと省エネルギーなのかをわかりやすく解説し、(Who) 建物利用者が、(When) 自然換気が有効である時間を (How) ランプ表示などで確認し、(Where) 自分がいる階の (What) 窓の開閉をお願いする手順をまとめます。

協力していただいた結果、どの程度省エネルギーが実現できたのかをポスターやWEBでお知らせして、省エネルギーに対する啓発活動を行うことも有効です。最近では、テナントを対象とした省エネルギー協議会を開催する建物も増えています。ビル管理者に対しても、運用改善を行う対象ごとに5W1Hを明確にした手順書を作成し、誤解することなく確実に実施できるようにします。

［改修工事をともなう対策の実践］

改修工事を行うためには、大きな費用が必要になります。単年度に費用が集中しないように、改修工事を計画的に実施することが必要です。そのためには、設置されている機器類の仕様やメンテナンス履歴を一元管理することが有効です。たとえば、日建設計で開発した「NS-i2サービス」は、機器の台帳管理から設備機器等の更新計画の立案を支援するものです。

行政側においても、既存建物の省エネルギー化は重要施策とされています。エネルギー基本計画[*3]では、省エネルギー性能の低い既存建築物・住宅の改修・建て替えを推進するとともに、省エネルギー性能等も含めた総合的な環境性能に関する評価・表示制度の充実・普及などの省エネルギー対策を促進するとしています。省エネルギー改修工事に対する国や自治体の補助金を活用することも有効です。

●［STEP-5］——PDCAサイクルを有するマネジメント体制の構築

［STEP-1］から［STEP-4］を実施することで、建物の無駄なエネルギー消費はなくなります。ただし、建物の状態は時間の経過とともに変わります。無駄がない状態を維持するためには、PDCAサイクルを有するマネジメント体制を構築することが有効です。具体的には、エネルギーの専門家に定期的に相談し、中長期計画に基づく改善対策の立案（PLAN）→改善手法の実

践（DO）→改善結果の検証（CHECK）→改善手法の修正および中長期計画の修正（ACTION）を繰り返していくことです。「継続は力なり」です。

2.5——シミュレーションプログラムを活用する

●より効果的な対策のためのシミュレーション

BEMSを活用するポイントの一つに、管理基準を定めることが有効であると説明しました。ここでは、管理基準を定める方法の一つとして、シミュレーションについて紹介します。

建物を冷房するためには、冷凍機で冷水を作ります。温暖な地域では冷房利用のエネルギーを多く必要とするので、冷凍機の高効率運転は省エネルギーの鍵を握っています。では、冷凍機のエネルギー消費量が適正な状態かどうかを判断するためにはどうすればよいのでしょうか。製造メーカーは、JISで定められた条件下での運転性能をカタログに記載しています。実際の運転状態がJISで定められた条件と同じであれば、記載された性能と比較して適正な状態であるかどうかを判断することができます。しかし、カタログには、ある一つの外気条件下で百%の能力を発揮する場合の性能のみが記載されていることが一般的です。しかし、実際の運転状態では、外気状態と建物の冷房に必要な能力は時々刻々と変化しています。冷凍機のエネルギー消費量は、冷水条件（温度、流量）と冷却水条件によって変化します。したがって、カタログに記載された数値を判断基準値として利用することには限界があります。

冷凍機の運転特性をモデル化したシミュレーションプログラムを用いて、実際の冷水条件と冷却水条件と同じ条件でエネルギー消費量の理想値を計算することができます。そして、エネルギー消費量の計測値を理想値と比較して評価することができます［図2-19］。つまり、実際の運転状態に即した理想値を管理基準として定めることが一つ目のメリットです。

実際の運転状態が理想値と異なることがわかった場合、理想状態に近づけるための改善対策の検討に入ります。しかし、実際に運用している機器に手を加えることには、さまざまなリスクがともないます。そこでシミュレーションプログラムで改善策を机上で検討します。リスクがないことを確認した上で、効果的な対策を実施することができます。つまり、改善対策を

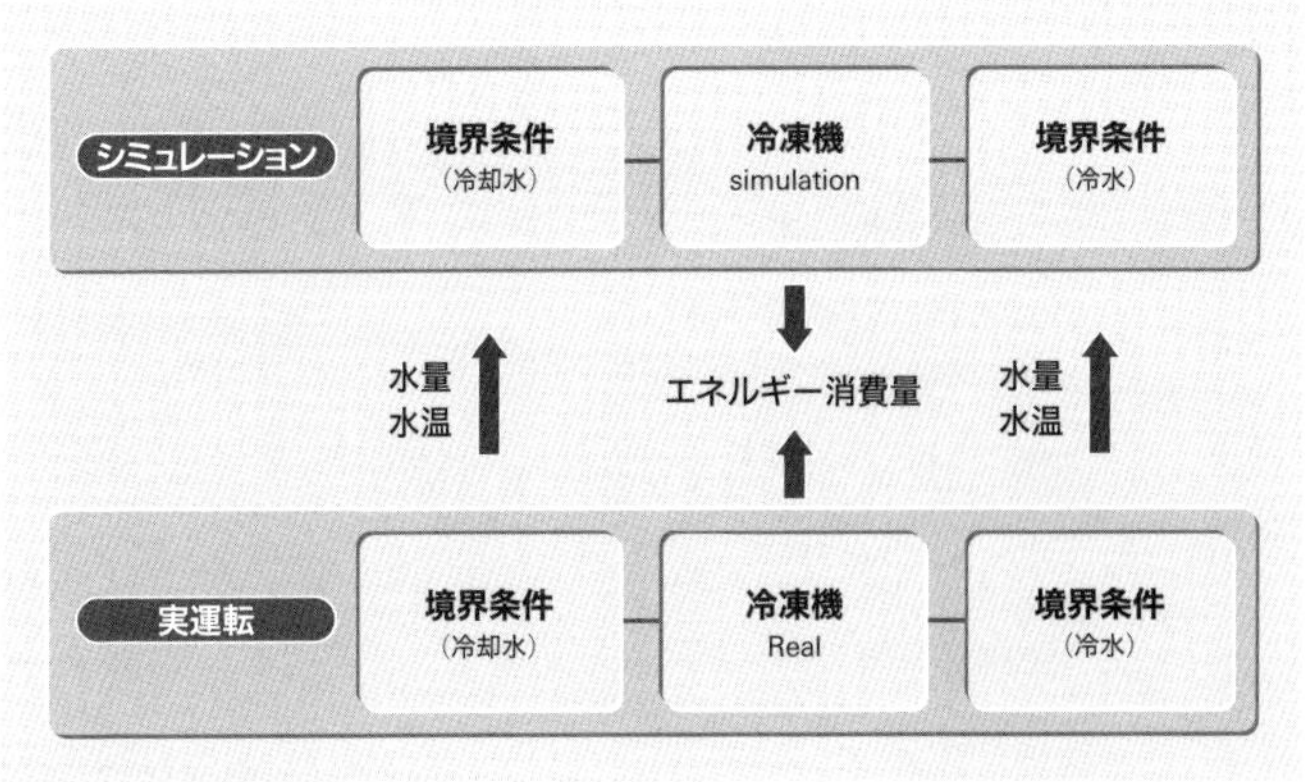

［**図2-19**］シミュレーションプログラムを活用した冷凍機のエネルギー性能確認イメージ

実施する上でのリスクを低減できることが二つ目のメリットです。

●代表的な二つのシミュレーションプログラム

シミュレーションプログラムにはさまざまなものがありますが、代表的なシミュレーションプログラムとして次の二つがあります。

[1]――空調システムのエネルギー性能を評価するシミュレーションプログラム

国土交通省営繕部から公開されているＬＣＥＭ[*4]とはLife Cycle Energy Managementの略称です。設計フェーズから運用フェーズまで利用できるツールであることを表わしています［図2-20］。空調システムのエネルギー性能を評価するツールＬＣＥＭは、冷凍機やポンプなどの機器単位でモジュールが作成されており、実際の空調システムの機器構成に合せてモジュールを連結することが比較的容易にできます。任意の期間を対象に高い精度で計算が可能なため、エネルギー管理と熱源機器の運用に関する専門家を擁する複数の地域冷暖房施設で利用されています。

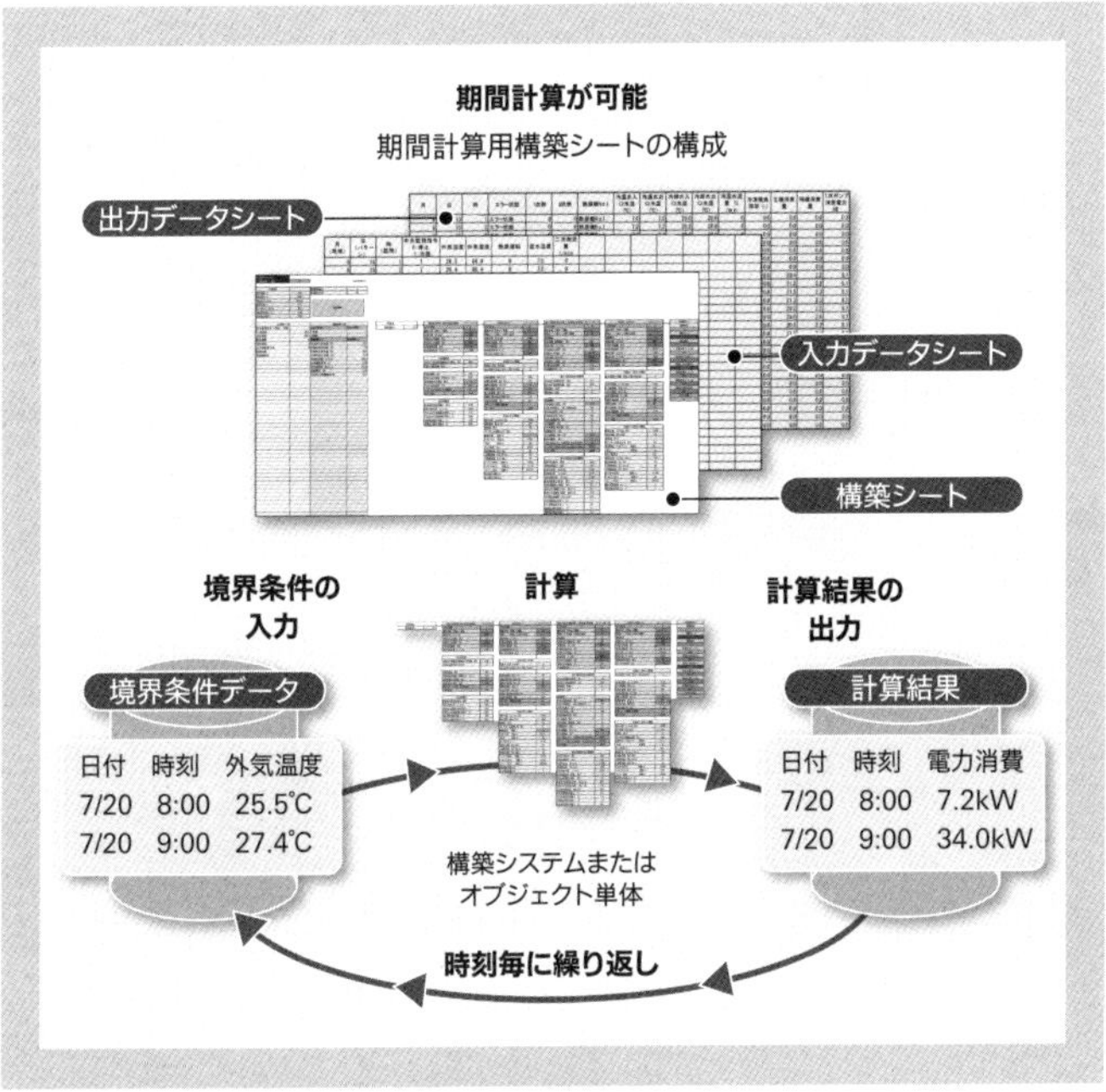

［**図2-20**］期間計算ができるLCEM、その期間計算用構築シートの構成

[2]——建物全体のエネルギー性能を評価するシミュレーションプログラム

（財）建築環境・省エネルギー機構から公開されているBEST[*5]とは、Building Energy Simulation Toolの略称です。建築シェルターと設備機器等、空調、照明、給湯、給排水、昇降機等をも含めた建物全体のエネルギー消費量を精度高くシミュレーションできるツールです。建築物だけでなく、低炭素都市やまちづくりの重要性が高まっている中で、スマート・エネルギー・インフラに欠かすことのできない太陽光発電や太陽熱利用などの再生可能エネルギーや、コージェネレーションや蓄熱などピーク負荷やピーク電力を低減可能な技術も包括的に検討できるツールでもあります。BESTは上記のニーズにすべて応えることのできるエネルギーシミュレーションツールです。拡張性に優れているため、最新の建築材料や設備機器の検討も可能で、国内八四〇地点の他、世界の気象データを使って計算することもできます。

BESTは企画段階から運用段階まで「ライフサイクルツール」としてのプログラムであり、届出申請だけではなく、企画段階から運用段階まで一連の建設プロセスの中で利用できます[図2-21]。

❶——企画段階

この段階では建築形状も決定されていないことが想定されますが、簡単な建築形状の入力により、エネルギー消費目標値の設定や省エネ効果の感度分析が可能です。また建築の外皮性能の目安を把握するため、建築形状、方位、外壁仕様などを変化させた検討ができます。

❷——基本設計段階

この段階では仕様検討やエネルギー消費量の比較検討を行い、費用対効果など導入する省エネ項目を決定するためのシミュレーションが可能となります。BESTでは建築・設備の省エネ施策を同時に実施した場合の複合効果が算出されるため、省エネ施策の導入の優先順位を検討するなど、効果的な省エネ検討ができます。

❸——実施設計段階

設計図書に合わせた建築、設備機器をプログラムに入力し、一次エネルギー消費

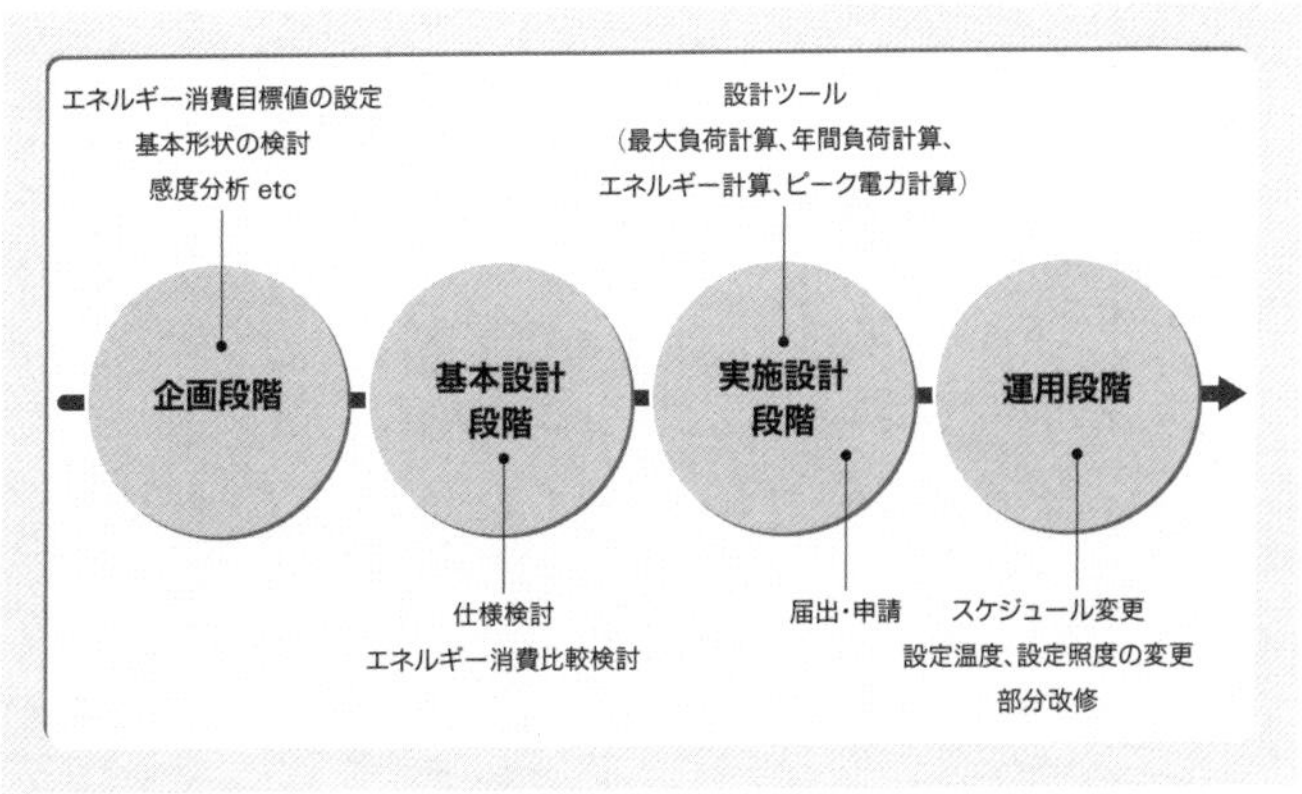

[**図2-21**] BESTの「ライフサイクルツール」としてのプログラム

量算出の精度を上げることができます［図2-22］。エネルギー計算だけでなく、最大負荷計算、年間負荷計算など設計ツールとして利用したり、熱負荷のデュレーションカーブによる熱源台数分割の検討、室温変動やPMVによる室内環境の確認にも活用できます。BESTでは、多様な建築材料や設備システムを計算できる機能を用意しています。たとえば、冷暖フリーパッケージや多種のセントラル熱源、クールヒートトレンチによる外気の予冷予熱計算が可能です。また同時にピーク電力が算出されるため、コージェネレーションシステムや蓄熱・蓄電システムによるピークカット、ピークシフト効果も把握できます。建物単体だけでなく複数建物を計算し重ね合わせることにより、街区全体での熱需要や電力負荷需要の検討などスマートシティ計画にも発展可能です。

❹ 運用段階

設計図書に基づき入力されたデータは運用段階での活用が望まれます。設計・申請段階は、建物用途・室用途別に内部発熱、運転時間、運転スケジュールが定められているため、実際に建物が竣工した後の運転実績とは異なります。BESTではこれらの条件を実運転に近い状態にカスタマイズすることで、月報データやBEMSによる用途別データと比較参照し、実際のエネルギー消費量実績を再現し、シミュレーションすることができます。

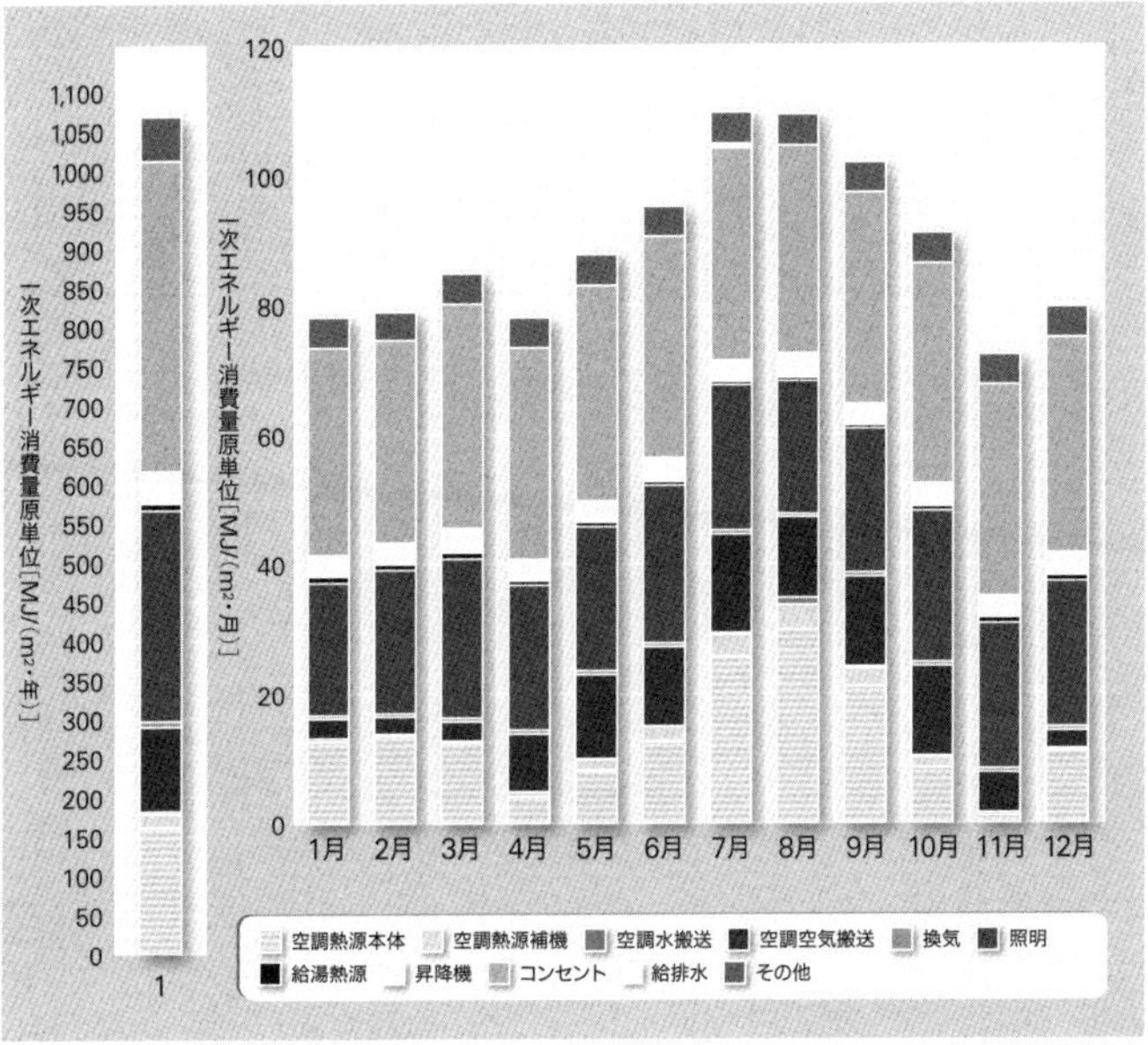

[**図2-22**]一次エネルギー消費量の計算結果

2.6——エネルギーマネジメントの事例

●エネルギーマネジメントによる大規模事務所ビルの価値向上

超高層オフィスビルで十年以上継続してエネルギーマネジメントを行い、建物の負荷価値向上方策の一つとして空調システムの改修計画に至った事例があります。

［きっかけは省エネルギー］

建築主から私たちに相談があったのは、建物が竣工してから八年目でした。エネルギー消費量が年々増え続けており、エネルギー費用を削減したいとの要望でした。

現地調査を行った結果、アトリウムやロビーでのエネルギー消費量が大きく、また、オフィスへの外気導入量が多いことがわかりました。室内環境を損なわない程度に、空調機の間引き運転や外気導入量の調整を行い、エネルギー消費量を低減することに成功しました。それ以来、毎年、エネルギー性能を確認し、テナントのみなさんに省エネルギーの推進の実施について説明しています。

［勝ち残るビルをめざした価値向上］

竣工後二〇年になると、まわりには高機能の新しいオフィスビルが建ち始めました。設備機器の劣化も懸念される中、テナントの企業から、室内環境の快適性とエネルギー費用の低減を求める声が上がっていることもあり、今後もテナント争奪競争に勝ち残れるオフィスビルにするための相談をいただきました。

室内環境を詳しく調査した結果、さまざまな問題が生じていることがわかりました。夏は、窓ガラスが日射で高温となり、窓近くの人は暑くてたまりません。冬は、空調用エネルギーに大きな無駄が生じていることがわかりました。冬は冷たい外気に面する外壁や窓近くの空間は暖房が必要です。大きな建物の窓まわり以外の空間は、照明やパソコンなどからの発熱を処理するために冷房が必要です。この建物では、窓まわりの空間を暖房する空調機（ペリメータ空調機）と室内を冷房する空調機（インテリア空調機）が設置されていました。調べてみると、ペリメータ空調機の温風をインテリア空調機の冷風が冷やすという無駄が生じていました。

問題の解決には、さまざま方法が考えられます。しかし、効果は大きいが費用も高い方法、費用は安いが効果も小さい方法では、望ましくありません。建物所有者は、費用対効果が良い方法を求めています。対策を実施することによる効果を定量的に示すことが必要です。そのために、2.5節［P.064］で紹介したLCEMを使いました。オフィス空間と空調システムをモデル化し、エネルギー消費量の計算値と実測値を照合した結果、誤差プラスマイナス二％での精度で現状を再現することができました。

このモデルを使って、さまざまな改善策を検討し、空調機の制御を行うサーモスタットの移設、日射を遮蔽する高性能ブラインドの設置および空調設備の四つ制御方法［図2-23］の追加を行うことが効果的であることがわかりました。次に四つの制御方法について紹介します。

❶——不要な空調機ファン運転の軽減

日本には四季があり、春や秋の外気温度は室内温度に近くなります。空調しなくても窓まわりの空間が快適な時は、ペリメータ空調機のファンを止めて省エネルギーを図ります。

❷——ミキシングロスの低減

冬に、ペリメータ空調機とインテリア空調機がケンカしないように、ペリメータ空調機の設定温度をインテリア空調機の設定温度より低めに設定します。

❸——冷暖房運転時の過冷却過加熱抑制

室温が、暖房設定温度二三℃と冷房設定温度二六℃の間にある時は、冷房も暖房もしないようにすることで、快適性と省エネルギーの両立ができます。ちなみに、冷房も暖房もしない温度バンドをゼロエナジーバンドと呼びます。

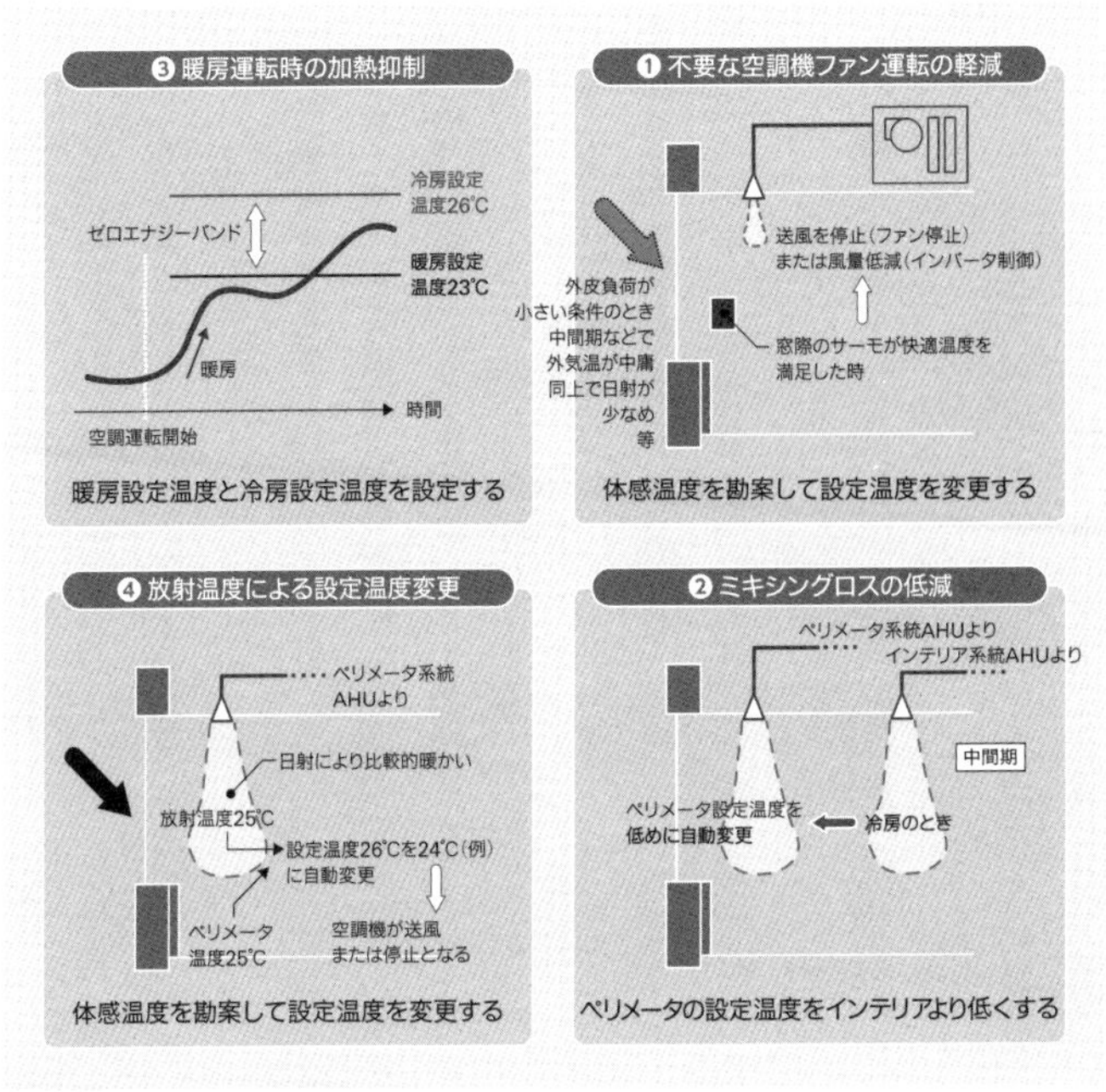

[**図2-23**] 提案を行った空調設備の4つの制御方法

❹——放射温度による設定温度変更

窓面の温度が高いときには、ペリメータ空調機の設定温度を下げ、逆に低いときには上げることにより、窓近くの人を快適にします。

代表階で、想定している効果が得られるのかを確認しました。年間エネルギー消費量の計算値と実測値の偏差はわずか八%で、空調用エネルギーを三〇%以上低減できることが証明されました〔図2-24〕。エネルギーの専門家が建物のエネルギーマネジメントを行うことで価値向上を実現した事例です。

●病院のエネルギーマネジメントの要点

病院のエネルギー消費量については、次の四つの特徴があります。

❶——他の建築用途に比較して、延床面積当たりの年間一次エネルギー消費量が多い〔図2-25〕。

❷——❶の理由として、厨房用や浴室用の給湯負荷があるため温熱需要が多い。

❸——加湿用、厨房用、浴室用の温熱負荷を蒸気ボイラーで処理することが多いため蒸

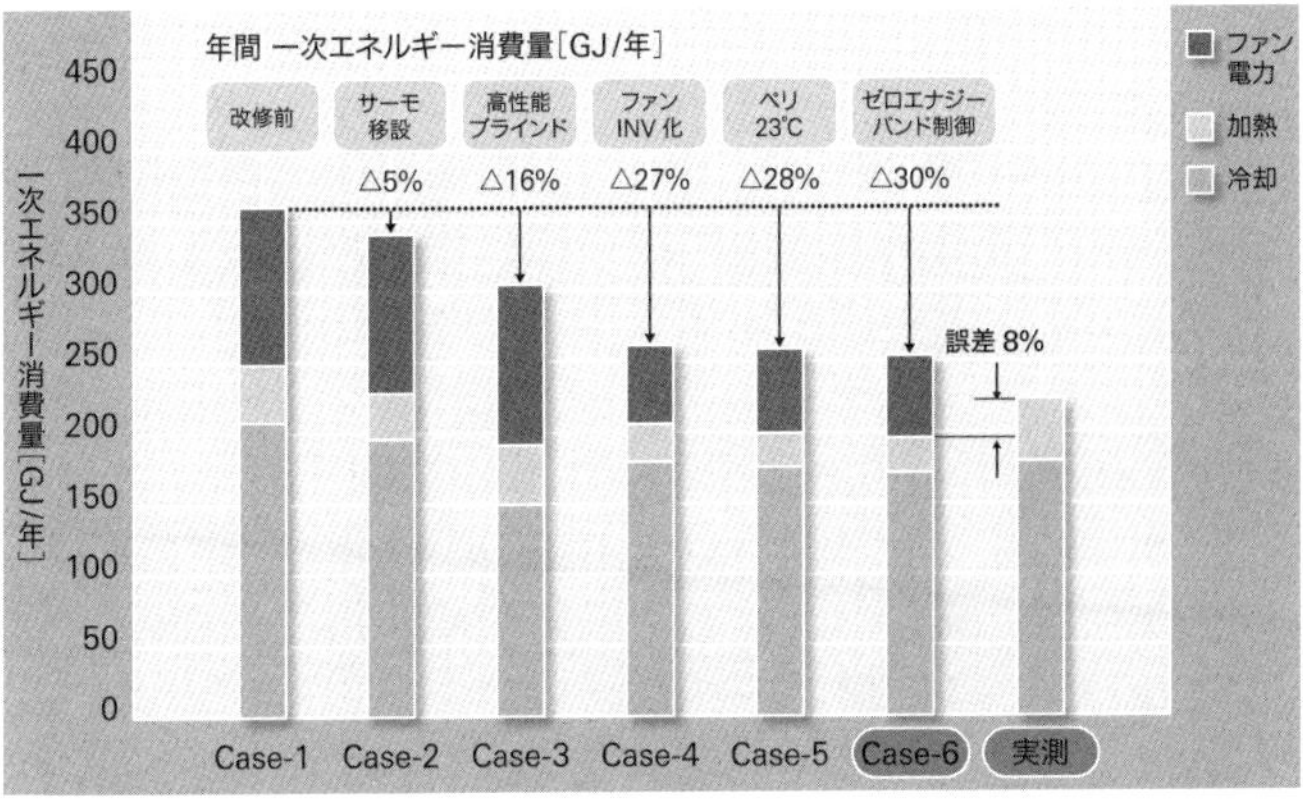

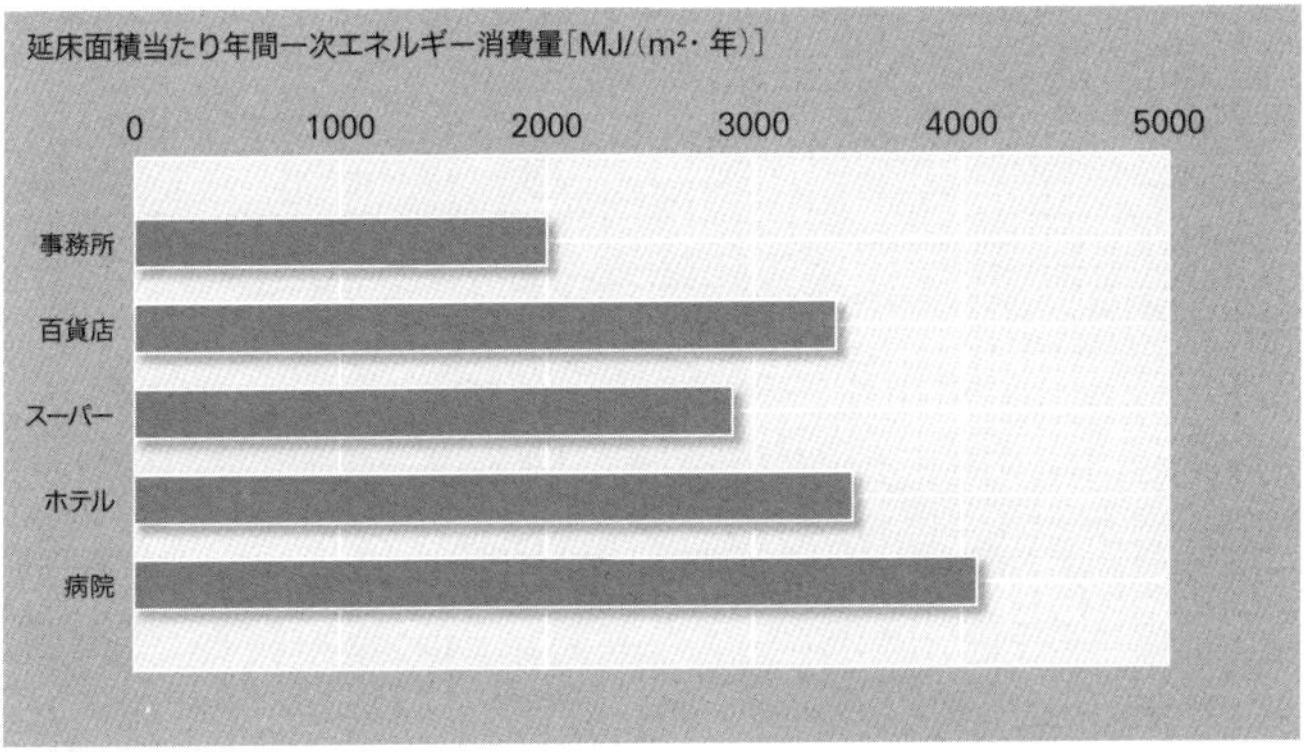

[**図2-24**] 代表階の改修工事による年間エネルギー消費量の計算結果と実測値の比較

[**図2-25**] 延床面積当たり年間一次エネルギー消費量（省エネルギーセンター資料を編集）

気消費量、つまり燃料消費量が多い。

❹――病室が年間二四時間使用されているため、夜間の照明や空調用エネルギー消費量が多い。

右記の特徴から、通常の事務所ビルのエネルギーマネジメントである運用におけるこまめな照明の点滅、空調のON／OFFなどと、改修工事を伴うファンインバータ制御の導入などに加えて、病院では、省エネルギー化に向けた次のような基本方針を立てることができます。

❶――自然エネルギーの利用

❷――損失の抑制

❸――トップランナー機器への更新

❹――インバータとセンサーの活用

❺――制御の見直し

これらの省エネルギー手法の単純償却年数と効果割合の例を［図2-26］に示します。これは、ある病院での試算結果です。効果が大きいものの多額の工事費となるトップランナー機器への

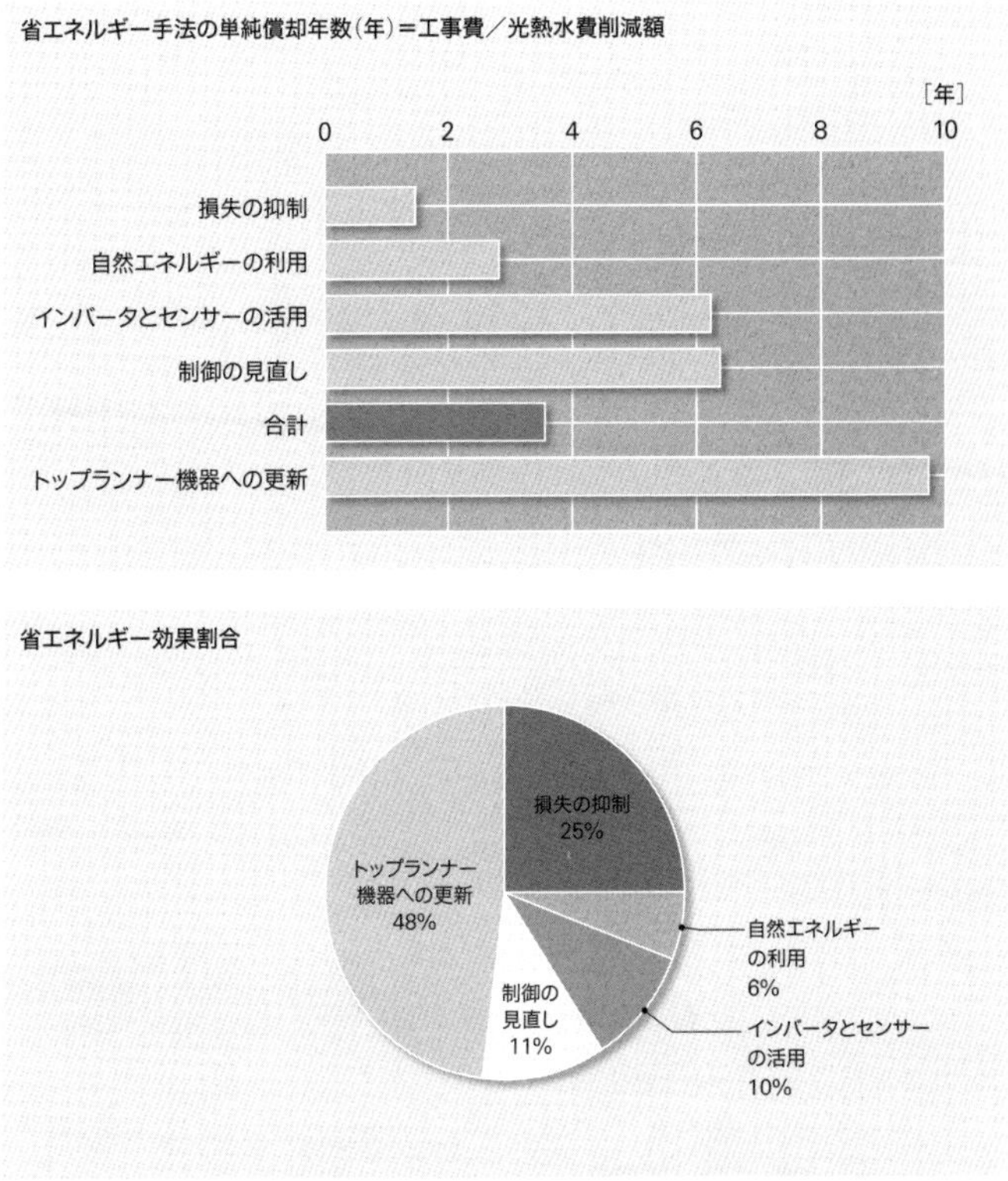

[**図2-26**] 省エネルギー手法の単純償却年数と効果割合の例

更新の単純償却年数は十年近くになり、他の手法は短期間で償却可能であることがわかります。次は、省エネルギーのための具体案です。

[1]——自然エネルギーの利用：外気冷房とナイトパージ

外気冷房は、室温より外気温度が低い時間帯に外気を多く取り入れることで、冷凍機の負荷を軽減あるいはなくすことができる手法です。ナイトパージは、夜間の外気温度が設定室温より低い時期に、夜間の外気を取り入れて冷房しておくことにより昼間の冷房負荷を減らす手法です。[図2-27]は、札幌、東京、大阪の五月と九月の外気温度です。五月には三都市とも、九月には札幌でも昼間の外気冷房が可能なことがわかります。病室のような夜間使用室では、三都市とも九月の夜間外気温度は設定室温よりも低

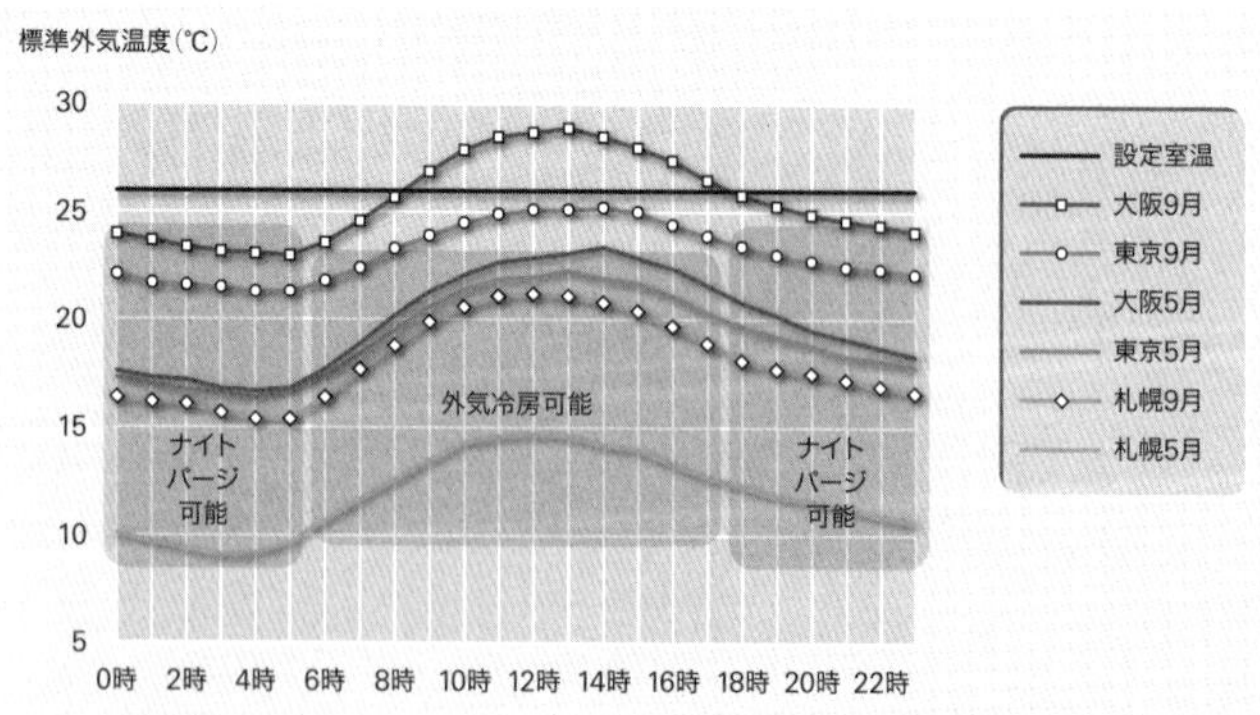

[**図2-27**] 札幌・東京・大阪の5月と9月の外気温度
5月の外気冷房可能・9月でもナイトパージ可能

いので外気冷房が可能です。

[2]——損失の抑制：蒸気熱損失の抑制

蒸気が使用される病院では蒸気の熱損失がかなりの割合に達します。[図2-28]は、ある病院の蒸気消費先の分析結果です。消費先が不明つまり熱損失の割合が年間十二%にもなっています。生蒸気も二一%あり、このうちのかなりの割合で漏れ分が含まれていると考えられます。蒸気熱損失は二〇~三〇%あるとも言われています。そこで、蒸気熱損失の抑制として、次のような対策が考えられています。

❶——蒸気使用箇所を減らす
❷——蒸気配管の保温強化と吊り部の保温(ローラ吊りからチェーン吊りへ)
❸——蒸気トラップの漏れ量の点検あるいは低損失蒸気トラップへの更新
❹——蒸気供給が不要な箇所、時期、時間帯の蒸気供給停止
❺——中間期・冬期の蒸気圧力(温度)の見返し~蒸気吸収式冷凍機に必要な高圧蒸気供給の不要な時期
❻——蒸気バルブ等の共通仕様で保温不要とされる部分の保温施工

[3]――トップランナー機器への更新

ボイラーや冷凍機は経年劣化により効率が徐々に低下していきます。現在、どういう効率で運転されているかを把握することが重要です。最新の最高効率機器に更新すると効率差により償却できてしまう事例も多くあります。蒸気が使用されている病院では、高効率蒸気ボイラーや高効率蒸気吸収式冷凍機に更新することが省エネルギーにつながります。

[4]――インバータとセンサーの活用

冷暖房負荷が最大に近い時間帯はかなり短く、大半が部分負荷となっています。その中でも低負荷時間帯が長時間あります。ポンプを定速で運転するよりもインバータ制御をかけて運転することで、大きい省エネルギー効果が得られます。[図2-29]は、定速運転の場合と負荷率に応じたインバータ運転の場合の動力比（負荷率が1の時の電力消費量を1とした時の比率）を示しています。病室用に夜間にも運転され低負荷運転となる病院では特に有効な手法です。冷水ポンプ、温水ポンプ、冷却水ポンプが対象となります。給湯配管内の温度を下げないための給湯循環ポンプは二四時間三六五日運転されます。この水量は冬期の周囲温度により決められます。中間期や夏期の放熱ロスは冬期よりも少ないので、インバータで循環水量を絞って省エネルギーをはかることもできます。

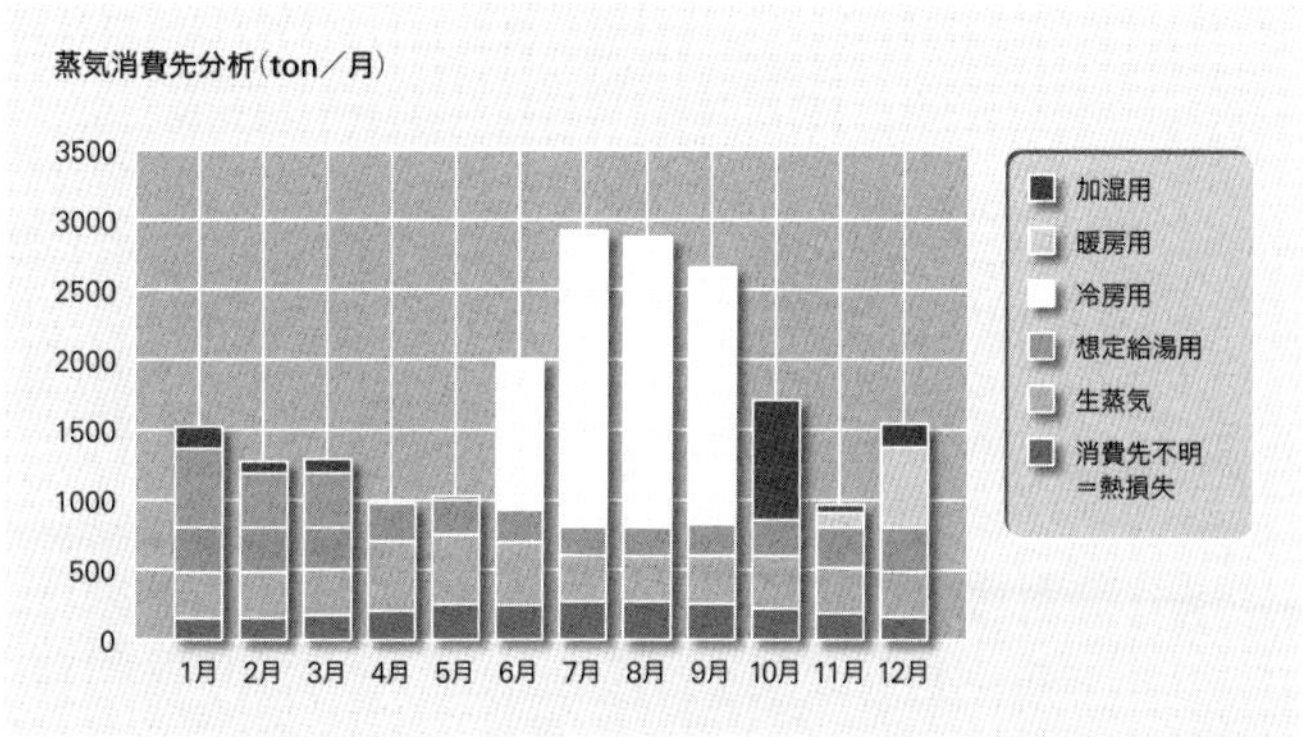

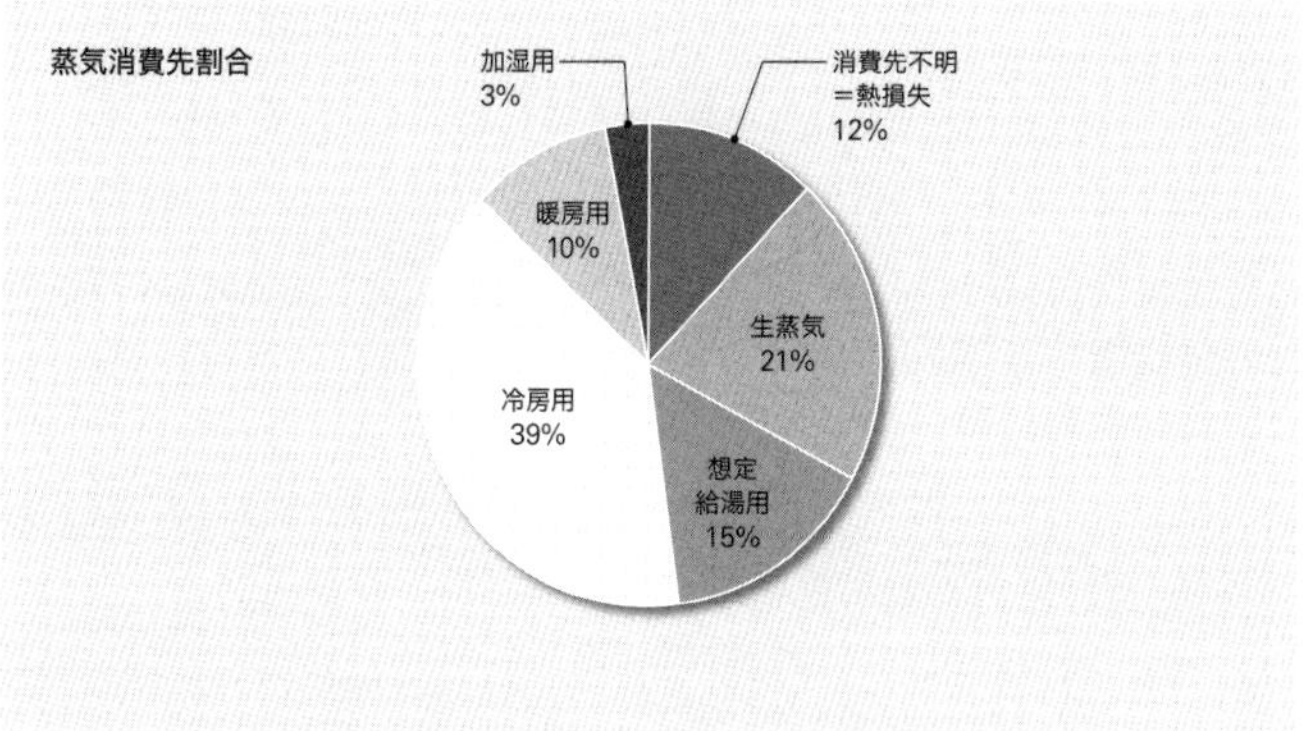

［**図2-28**］ある病院の蒸気消費先の分析例と割合

[5]――制御の見直し

各建物により空調機器の運転制御方法は千差万別、具体的なことには言及できませんが、熱源運転の台数制御の増減段率の設定があります。通常は、安全を見て八〇~八五%で設定されますが、冷暖房負荷が十五%も一気に変動することは考えられません。設定値を九〇%にするだけで数%の省エネルギー効果が得られます。

[6]――省エネルギー効果試算例

規模の異なる四つの病院に対して[1]~[5]で説明した手法を適用した場合の省エネルギー効果の試算結果を[図2-30]に示します。病院によって差異がありますが、いずれも大きい省エネルギー効果があることが分かります。

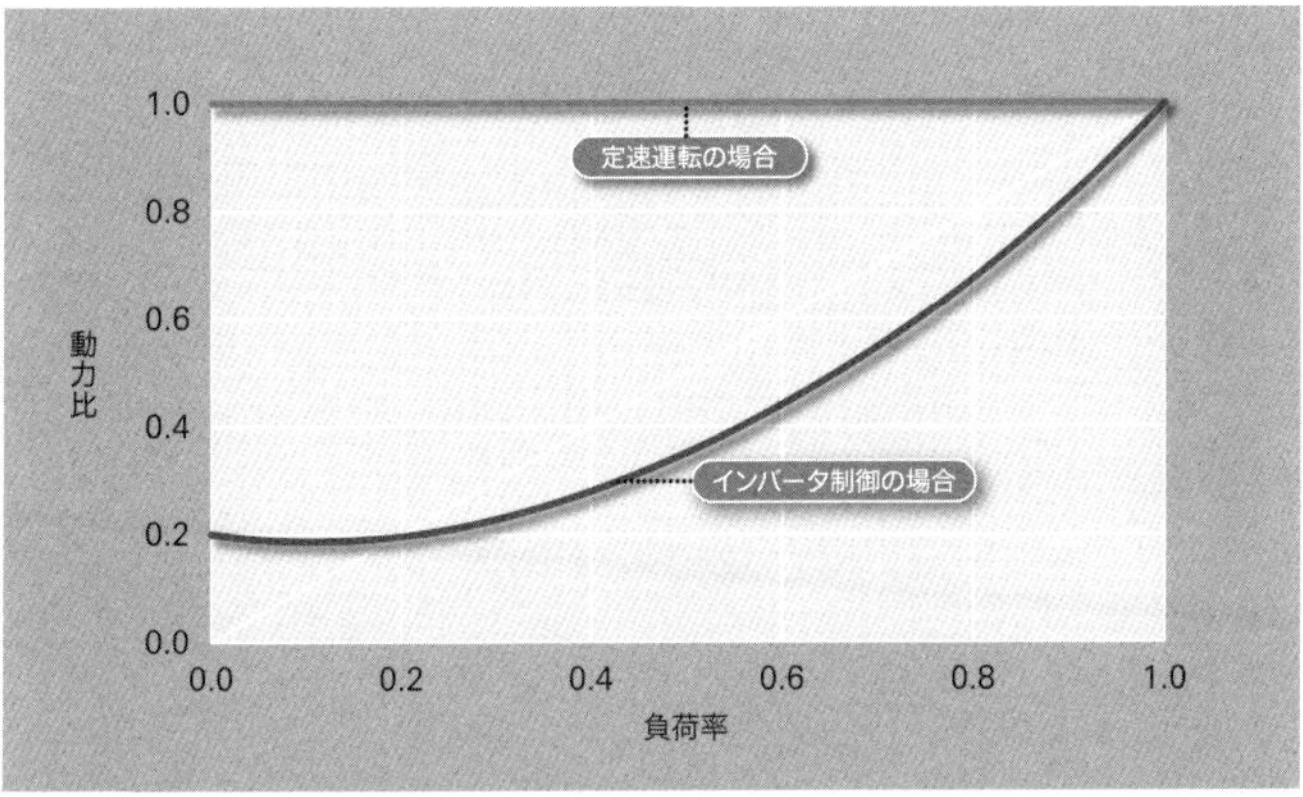

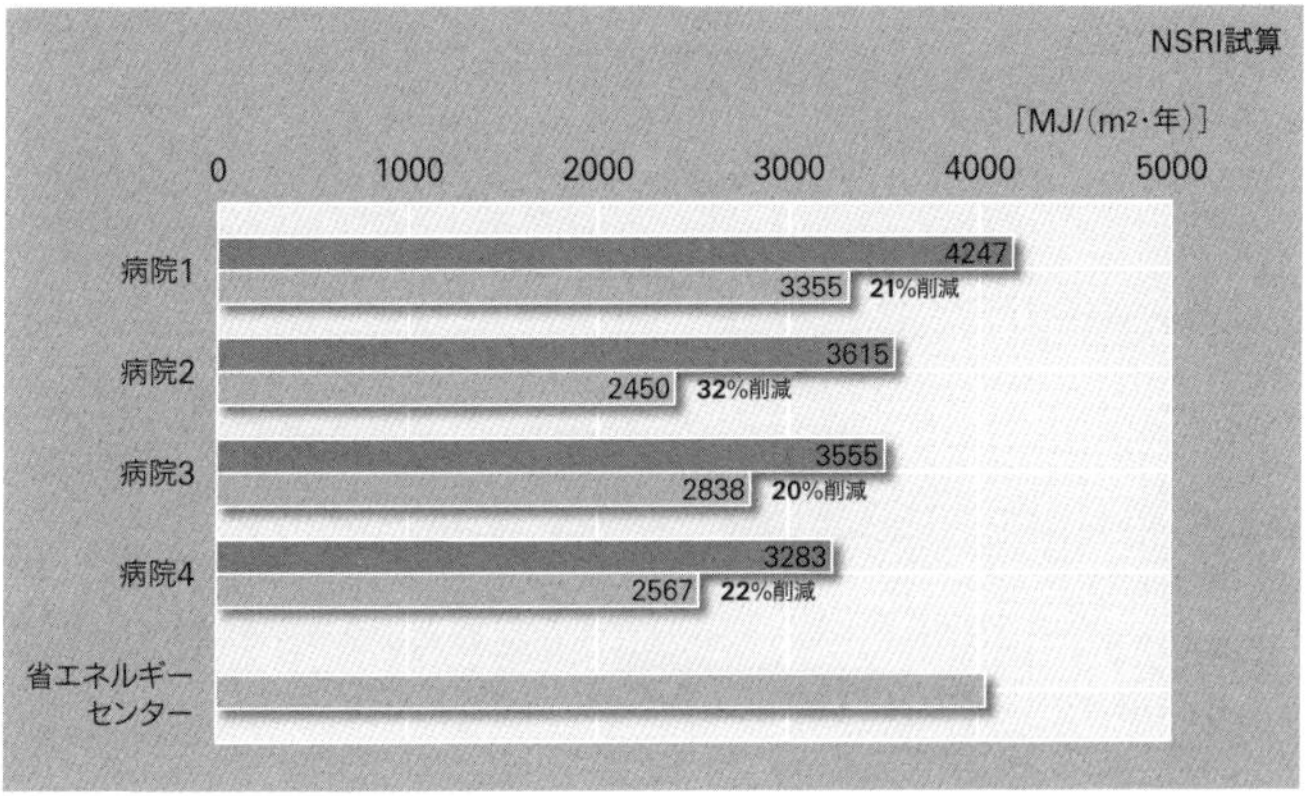

［**図2-29**］インバータ効果による省エネルギー
［**図2-30**］省エネルギー改修実施前後の
延床面積当たり年間一次エネルギー消費量［MJ/（m²・年）］の試算例

第3章

成功例にならう街区のエネルギーマネジメント

3.1――街区のエネルギーマネジメントとは

●まちぐるみで健全性を追求

複数の建物が集まる街区単位でのエネルギーマネジメントについて触れていきます。

街区のエネルギーマネジメントについても、建物単体の場合と同じく健康診断にたとえて考えてみましょう。建物単体の場合は、一人ひとりがべつべつに健康診断を受けるようなものと見なしました。街区の場合は、いわば会社ぐるみで健康診断を受けるようなものです。一人ひとりに任せておくと、面倒だからと受けない人もいるでしょうし、病院などによって診断のレベルも異なります。会社ぐるみの行事の一環としての健康診断となれば、有無を言わせず半ば強制的にほぼ全社員が受けることになります。また診断内容も統一されているので、チェックもしやすくなります。

ではなぜ、会社は社員の健康診断を行うのでしょう。本人や家族のためというのはもちろんのこと、社員一人ひとりが健康であることが、会社全体の健全性やコスト削減につながるからです。社員の具合が悪かったり病気になったりすると、仕事の効率が低下したり健康保険のコストが膨らんだりして、結果的に会社の収益を圧迫することになります。会社だけでなく、自治体が住民の定期健康診断を行うのも、住民が健康であることが結果的に地域の社会保障コストの削減につながるからです。

街区のエネルギーマネジメントも同様に考えられます。それぞれの建物の自主性に任せず、まとめて管理することで、街区全体の建物の健全性が保たれ、より大きなエネルギー削減が可能になります。それ以外にも、複数の建物がまとまることによってエネルギー診断コストを削減できるというメリットがあります。

● CO_2排出量削減とBCPを目指して

街区のエネルギーマネジメントは、再開発などによって街区ごとに建物を建て替える時期に併せて実施されるケースが多く見られます。つまり、ある程度関連性のある建物群が対象です。こうした地域はもともと組合を設立していたり、まちづくりの協定を結んだりしていて、街区ぐるみのエネルギーマネジメントを議論し、建て替えを実施するか否かを判断する場が整備されています。

実施に踏み切るきっかけはさまざまですが、大規模開発の場合は、開発の条件としてCO_2排出量など環境負荷の削減が求められ、達成手法の一つとしてエネルギーマネジメントを採用するというケースが多いようです。とくに東京都では、二〇一〇年度から大規模事業所に対し

CO_2排出量の総量削減義務制度が課せられるようになり、それを契機にエネルギーマネジメントを実施するケースが増えてきました［P.172参照］。

また東日本大震災以降は、災害時にも業務を継続できるようにする、いわゆるBCP（Business Continuity Plan）が注目され、災害対策として街区全体の電気や空調などのエネルギーを管理する開発が増えてきました。

さらに震災後の電力需給のひっ迫から、ピーク電力をいかに下げるかが大きな課題となりました。その解決策として、夏のピーク時に建物の電力需要をコントロールする、デマンドレスポンス（DR：Demand Response）という手法が注目を集めるようになりました。このDRをエネルギーマネジメントの一環として採用する建物も、今後は増えてくるものと予想されます［P.105参照］。

3.2——街ぐるみのエネルギーマネジメントの事例

●晴海アイランドトリトンスクエアに見る管理会社相互の連携

晴海アイランドトリトンスクエアは、東京都中央区にある延床面積約七〇万平米の大規模再開発です［写真3-1］。十数年に及び、住宅を除いた部分で街区の一体的なマネジメントを行い、使用エネルギーを継続して削減しています。

四つの超高層オフィス棟、商業施設などの低層棟、およびこれらの建物に空調用の熱を供給する地域冷暖房(DHC:District Heating and Cooling)棟で構成されています。各棟内はそれぞれの管理会社が管理し、共用部と全体は街区の統一管理者である（株）晴海コーポレーションが管理

［**写真3-1**］晴海アイランドトリトンスクエアの概観

するという、二層構成になっています［図3-1］。晴海コーポレーションと各棟管理会社は連携しながら、防災・防犯・設備管理・清掃・駐車場管理・広報活動など街区の日常管理を行っています。

こうした日常管理のほかに、街区のエネルギーマネジメントを行っている点が特徴です。二か月に一回、晴海コーポレーションと各棟管理会社が環境マネジメント検討会を開いて、街区全体のエネルギー使用状況やエネルギー削減策について話し合います。またエネルギーだけでなく、上水の使用量やごみ排出量など、環境負荷全般の削減についても話し合います。その結果を、毎年環境パフォーマンスレポートとしてまとめ、公表しています。

オープンした二〇〇一年から二〇一三年までのCO_2排出原単位の推移を［図3-2］に示します。オープン以来、エネルギーマネジメント活動を継続してきたことによって、二〇〇五年以降はほぼ毎年CO_2排出量を減らしています。とくに二〇一〇年には東京都の排出量取引制度が始まり、二〇一一年には東日本大震災後の深刻な電力不足に対処するため街区全体で節電に取り組み、その結果この二年間だけで二〇〇九年度比十八%ものCO_2削減を達成しました。

もともと高い省エネ性能をめざして設計され、竣工直後から他の建物に比べてCO_2排出量の少ない街区としてスタートした晴海アイランドトリトンスクエアでしたが、運用段階でさらにCO_2排出量を削減できたというのは特筆すべきことです。いわば、乾いた雑巾でも努力と工夫

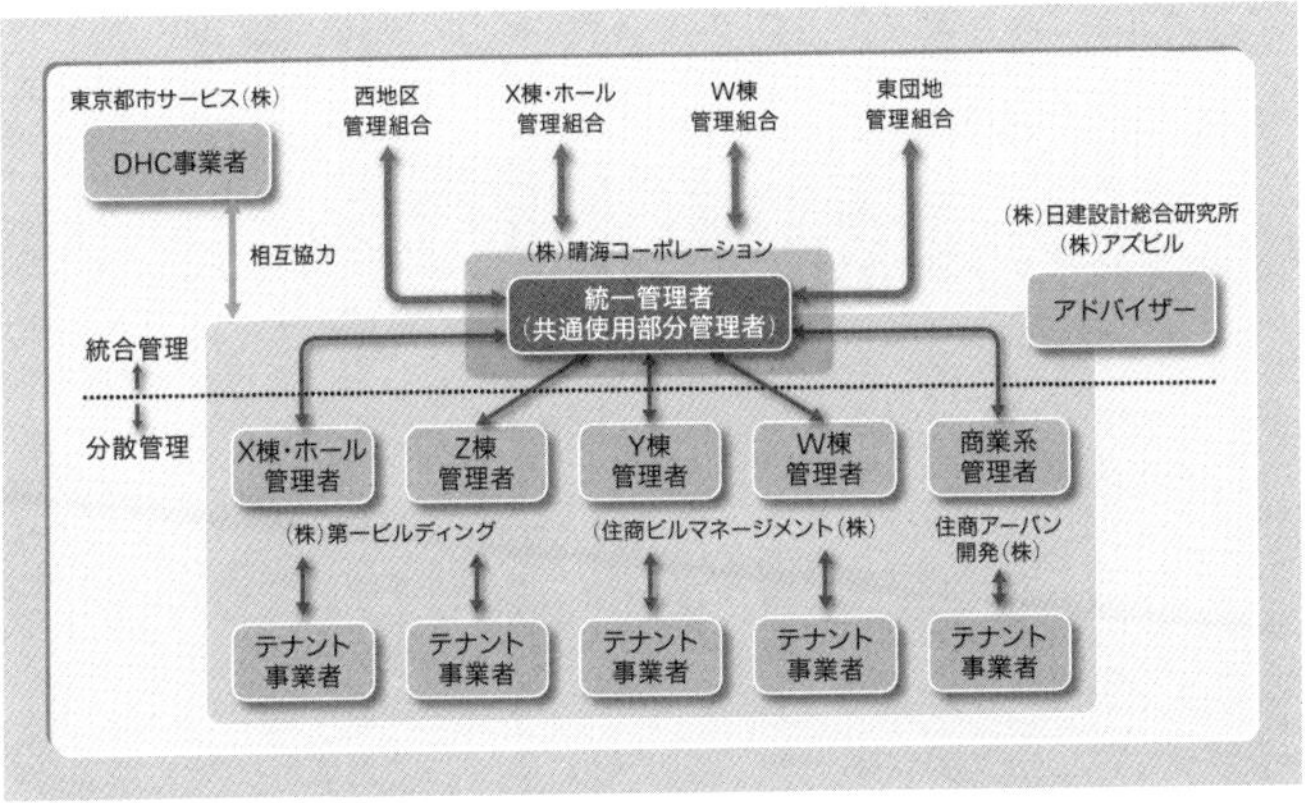

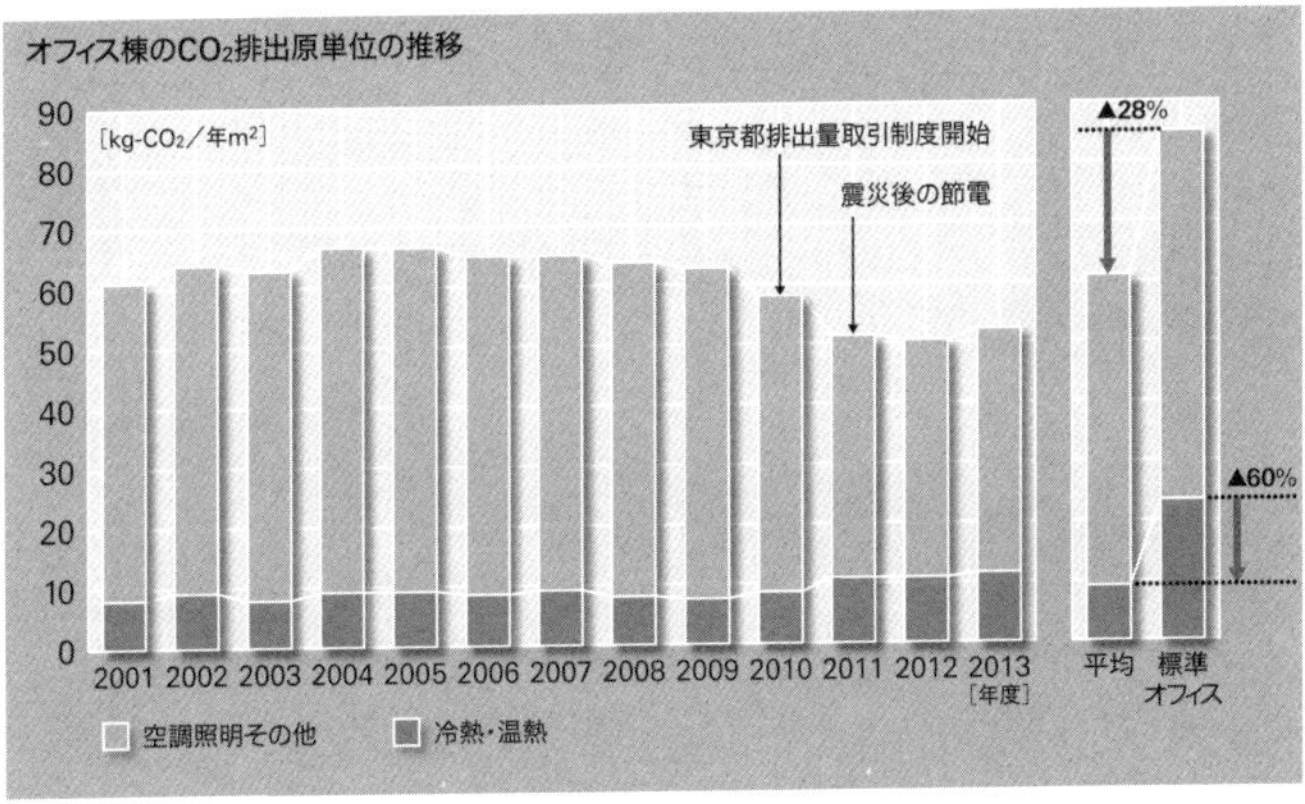

[**図3-1**] 晴海アイランドトリトンスクエアの管理体制
[**図3-2**] 晴海アイランドトリトンスクエア街区全体のCO_2排出量の推移

によってさらに水を絞り出すことができるという好例です。

晴海アイランドトリトンスクエアには大手商社の本社が入居していますが、全体としては一般的なテナントビルであり、入居者に無理を強いるような省エネルギーはできません。にもかかわらず、これだけの省エネルギーを達成しているのは、やはり管理会社を中心とした街区全体での努力の成果にほかなりません。

●DHCとBEMSで省エネも無理なく継続

晴海アイランドトリトンスクエアではさまざまな省エネ手法を採り入れていますが、最も効果が大きいのが地域冷暖房（DHC）の導入による冷熱・温熱の削減効果です。もう一度［図3-2］を見ていただくと、冷熱・温熱部分のCO_2排出量は、標準的なオフィスビルに比べ約六〇％も少ないことがわかります。これは、冷熱・温熱を製造・供給するDHCで、高効率の電動冷凍機や蓄熱槽など省エネ性能の高いシステムを導入しているからです。

DHCのエネルギー効率は、一般的に一次エネルギーで計算します。ここでは一次エネルギー効率と呼びます。これは以下の式で表されます。

一次エネルギー効率＝（冷熱販売熱量＋温熱販売熱量）／（電力一次エネルギー消費量＋ガス一次エ

ネルギー消費量）

一次エネルギー効率を用いるのは、さまざまな燃料を用いている熱源を公平に評価するためです。たとえば、ターボ冷凍機の駆動源は電気ですが、発電所で電気を作る際に燃料を用いています。ターボ冷凍機のエネルギー効率を発電所の発電効率を含めて評価することにより、ガスや油などの燃料を用いる熱源機器と公平な評価を行うことができます。全国にある一〇九箇所のDHCの一次エネルギー効率を［図3-3］に示します。晴海アイランドトリトンスクエアのDHCの一次エネルギー効率は、トップ5です。

また設計段階では、街区全体のエネルギーの計量計画を立て、数多くのメータ（電力量計、熱量計）を設置し、BEMSを通じて詳しいエネ

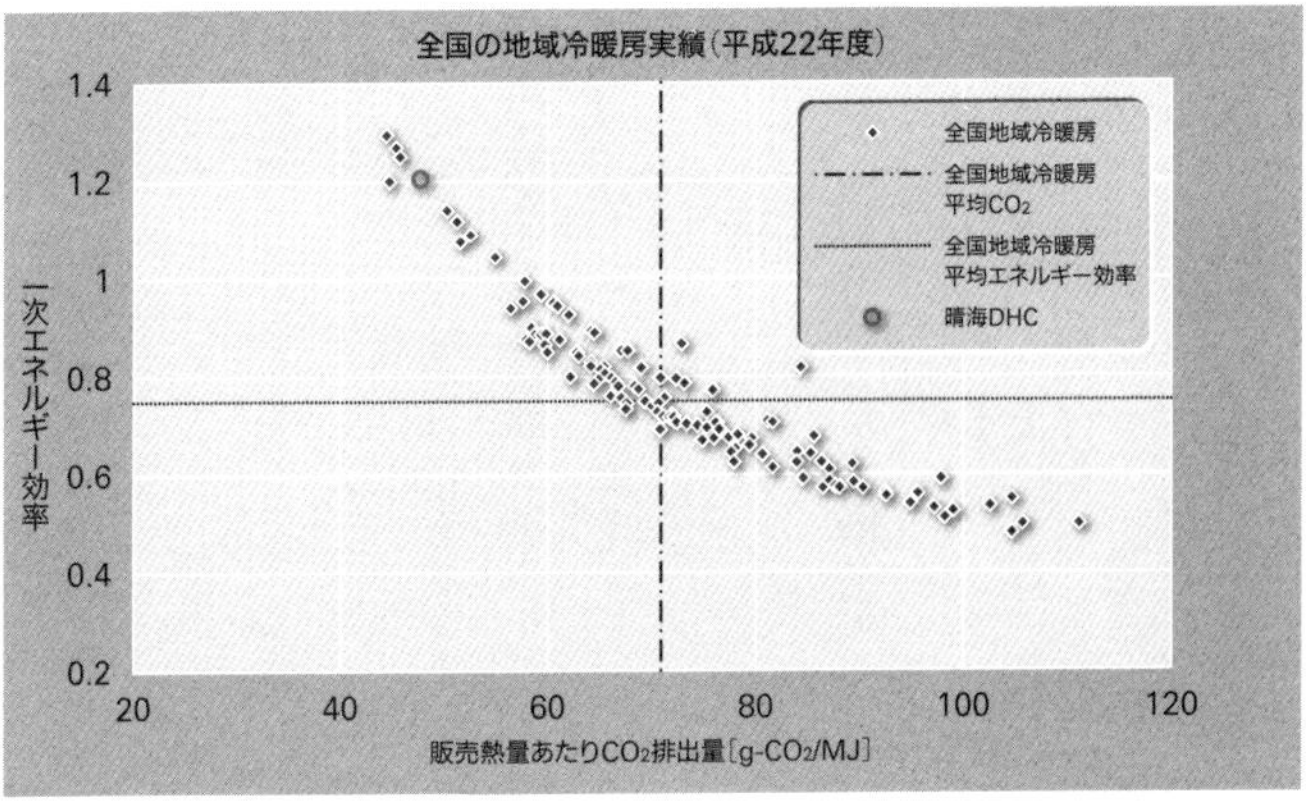

［**図3-3**］晴海アイランドトリトンスクエアのDHCのエネルギー効率

ルギー分析ができるようにしました。こうして収集したエネルギーデータを用いて、運用段階では運転上の不具合の発見や改善に役立てることができました。

たとえば、空調用ポンプが無駄な運転を行っていることを見つけたなら、空調用ポンプのインバータ回転数の下限設定値を下げて、ポンプをより低速で運転できるように改善しました。また東日本大震災以降は、冷房の設定温度を上げ、照明の照度を下げることによって、さらなる省エネルギー策を実施しました。こうした工夫は、十四年間で百項目にも及びます。

このように晴海アイランドトリトンスクエアでは、街区全体で継続的なエネルギーマネジメントを行うことによって、竣工後十四年たった現在でも進化し続けています。

●東京スカイツリータウンのDHC

DHCのエネルギーマネジメントによって街区のエネルギーを削減した事例として、東京スカイツリーDHCが上げられます［写真3-2］［図3-4］。DHC事業は電気やガスを用いて冷熱・温熱を製造し、需要家に販売する事業で、エネルギーの利用効率をいかに上げるかが採算性に直結します。

全国のDHCの平均一次エネルギー効率が〇・八程度なのに対し、スカイツリーDHCは一・三以上という高い実績を上げています。これは、全国のDHCの中でもトップクラスの値で

[**写真3-2**] 東京スカイツリータウンの概観
[**図3-4**] 東京スカイツリータウンの配置図

す。なぜこのような高いパフォーマンスを生み出しているのか、その理由について説明します。

一つ目の理由は、高効率の熱源を設置している点です。ターボ冷凍機、インバータターボ冷凍機、ヒーティングタワーヒートポンプなど、当時の最も効率の高い機器を採用しています。また、大容量の水蓄熱槽を設置し、電気料金の安い夜間にターボ冷凍機など電動の熱源を運転して蓄熱槽に冷水・温水を製造し、ためた熱を昼間の空調に使用しています。蓄熱槽を用いることで、熱源は建物の熱負荷の変動に影響されず、つねに一定の負荷で運転することができ、その結果、高い効率を維持できるのです。

二つ目の理由は、ビルの設備やDHCの運転データを数多く集めて継続的にシミュレーションを行い、省エネルギーに役立てている点です。時々刻々のエネルギーデータを収集し分析に利用する仕組みとして、インターネットを介したデータ遠隔収集システムを構築し、ビル関係者がいつでもそのデータを取り出して分析できるようにしました［図3-5］。また、LCEM［P.064参照］という空調用エネルギーシミュレーションツールを導入し、エネルギーの使用状況を分析できるようにしています。LCEMは、冷熱や温熱の使用量をもとに熱源の運転をコンピュータ上に再現し、エネルギー使用量を算出、実際のエネルギー使用量が計算通りになっているかどうかを検証するというものです。計算値と実際の値の間に乖離がある場合は、どこに

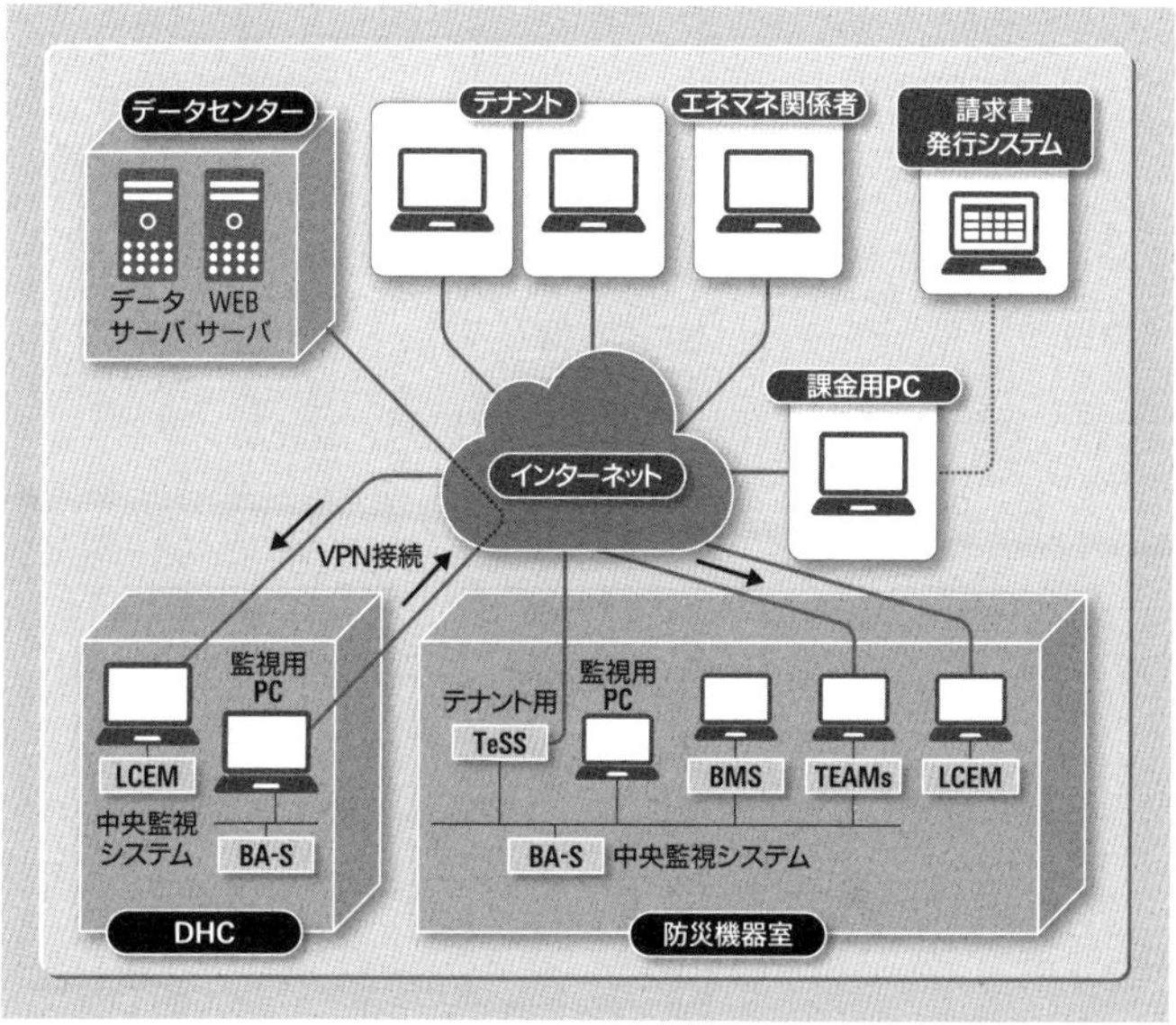

［**図3-5**］インターネットを介したエネルギー管理

原因があるのかを見つけ出し、改善することができます。

ＬＣＥＭを利用すると、最もエネルギー使用量の少ない運転パターンを見出すこともできます。たとえば、冷凍機の冷却水温度や冷水温度を何度にすれば、年間で最も省エネルギーになるかといった計算を行うこともできます。

こうした分析と運転改善を繰り返すことによって、東京スカイツリーＤＨＣは一次エネルギー効率を徐々にではありますが向上させています。

東京スカイツリーＤＨＣを含むスカイツリータウン全体でも、晴海トリトンクスエアと同様に、街区のビルオーナー、運営会社、ビル管理者とＤＨＣ事業者、エネルギーコンサルが毎月会議を開き、タウン全体のCO_2排出量を下げる対策について話し合い、さまざまな省エネ運用策を実施してきました［図3-6］。その結果、二〇一四年度は前年比五％のCO_2削減を達成しました。

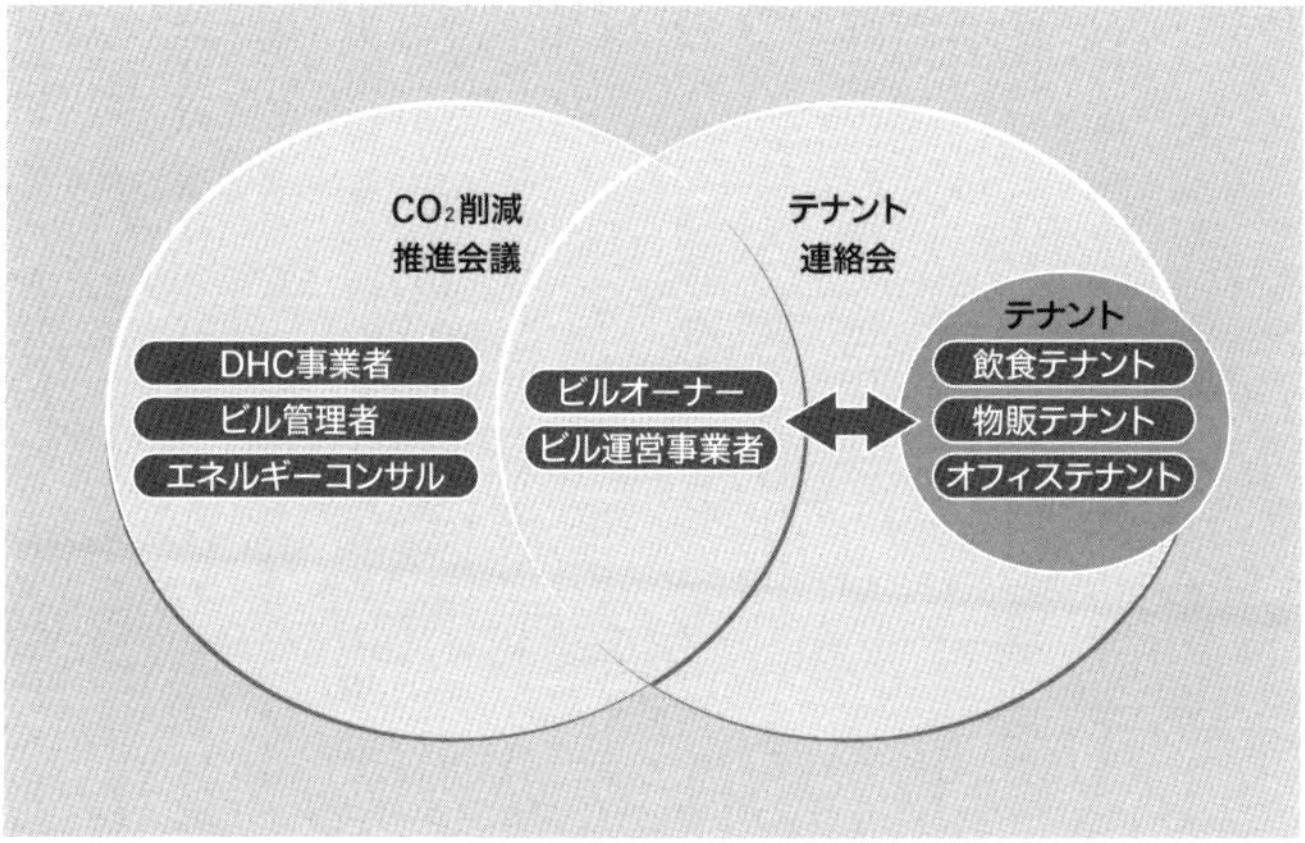

[**図3-6**] 東京スカイツリータウンの管理体制

●田町駅東口北地区とSENEMSの将来計画

田町駅東口北地区は、東京都港区が策定した「田町駅東口北地区まちづくりビジョン」のもと開発が進められ、大きく二つの街区に分けられています。東京ガスの研究施設跡地に、港区が中心となり先行開発した公共街区は、港区の公共公益施設（みなとパーク芝浦）、病院（愛育病院）、児童福祉施設およびこれらの施設にエネルギー供給を行うDHC（第一スマートエネルギーセンター）で構成されています［図3-7］。二〇一四年十一月にオープンしました。また、隣接する街区には複数のオフィス棟とホテルが建設される予定で、この街区に建設される第二スマートエネルギーセンターと、第一スマートエネルギーセンターとを連携することにより、二つの街区間で熱の連携を行う計画となっています［図3-8］。

ここでは、従来のDHCが行っていた業務を拡大して、DHCが需要家である建物負荷に踏み込んだ形で街区全体のエネルギーをコントロールし、最小化することを計画しています。そのために、エネルギーセンターを中心に熱だけでなく、電力・情報のネットワークを構築し、供給側だけなく、需要家である建物側も含めて全体のエネルギーマネジメントを行います。

具体的には、スマートエネルギーセンターにコージェネレーションシステム（CGS）を設置し、発電した電力は公共公益施設で利用、同時に出る排熱は街区内で利用しています。また、地域に賦存する再生可能エネルギー（太陽熱）や未利用エネルギー（地下トンネル水）も街区内で有

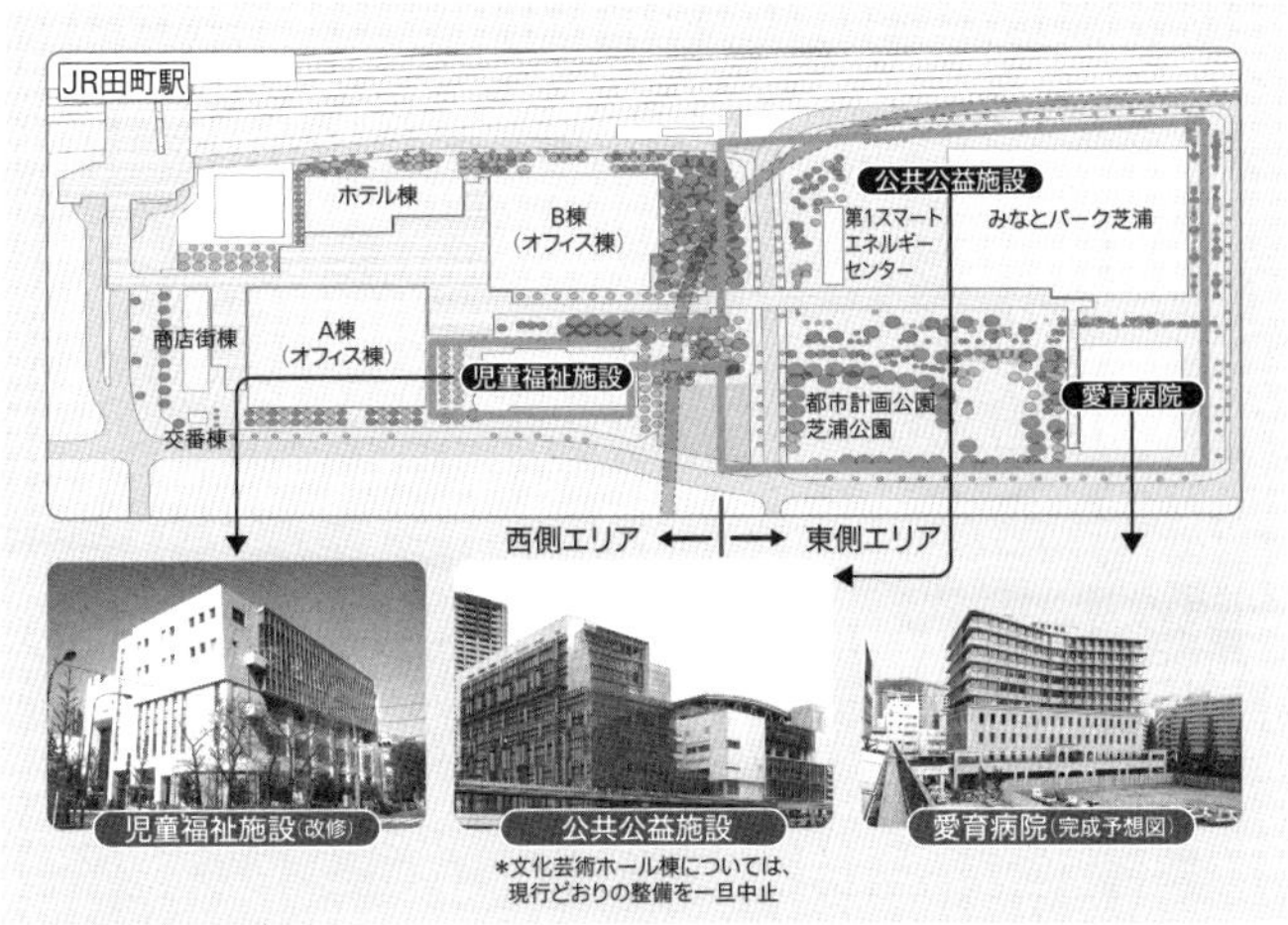

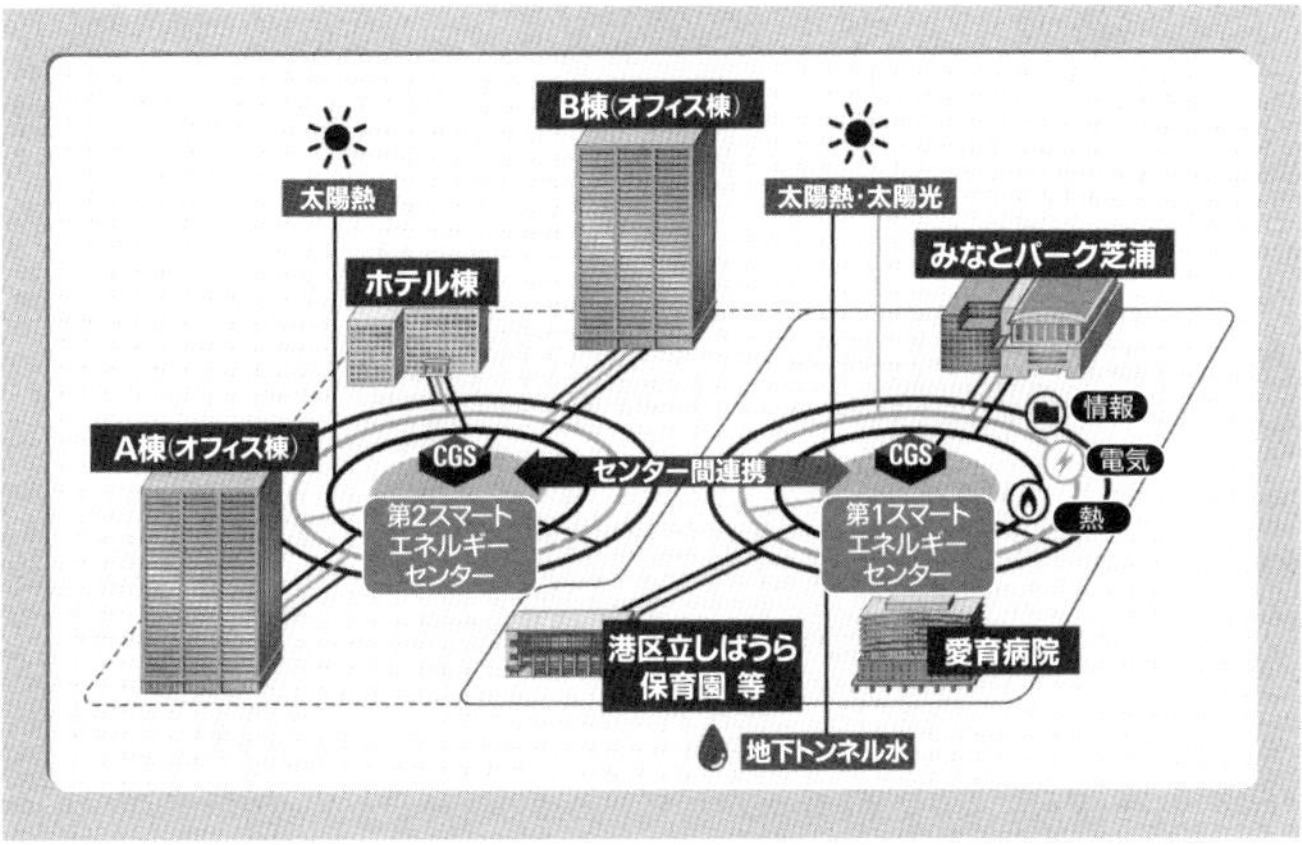

［**図3-7**］「田町駅東口北地区まちづくりビジョン」の概要

［**図3-8**］二つの街区のエネルギーセンターが連携するスマートエネルギーネットワーク構想

効活用しています。さらに、情報のネットワークを活用し、外気温、建物側空調機等のエネルギー利用状況、エネルギーセンターの運転状況を常時把握、収集したデータをリアルタイムに分析処理し、供給側だけでなく、需要側の制御も行います。

こうした電気と熱の融通をＩＣＴ技術によって制御することにより、街区全体でエネルギーとCO_2を大幅に削減する計画としています。

このような需要側とスマートエネルギーセンターをＩＣＴで連携して制御、分析を行うネットワークシステムを、ＳＥＮＥＭＳ（Smart Energy Network・Energy Management System）と呼んでいます。

次に、ＳＥＮＥＭＳの特徴をあげます。

❶――収集データや外部データをもとに、スマートエネルギーセンターの最適運転計画・自動制御の実施

▼熱負荷予測や当日のリアルタイム補正

▼熱負荷予測を基にした最適運転計画

▼熱源機特性等を考慮した熱源機等の自動制御

❷――スマートエネルギーセンターと建物側とを連携して制御することによる街区全

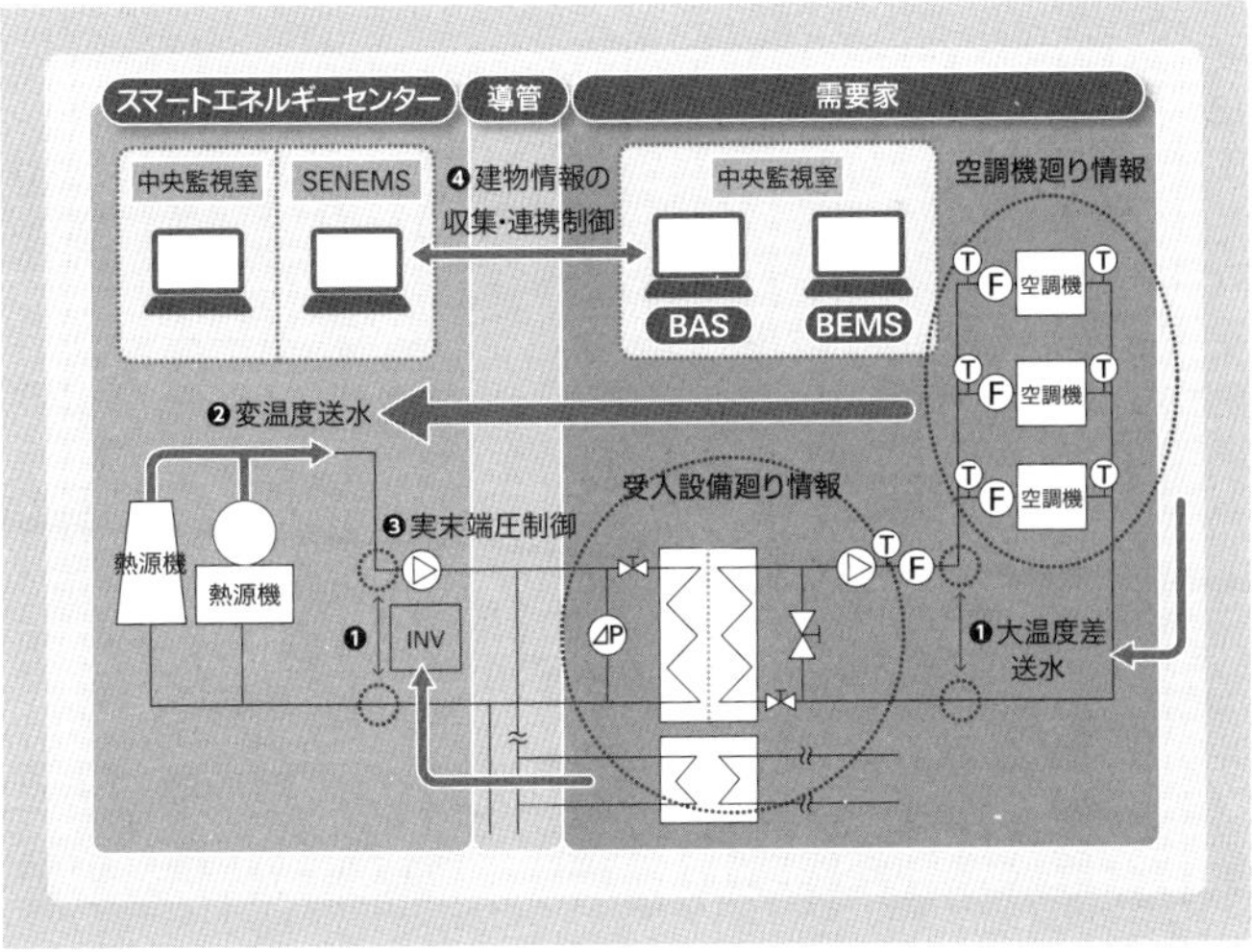

［**図3-9**］SENEMSによる需要家とスマートエネルギーセンターとの連携

体のCO_2排出量の最小化等エリアエネルギーの最適化
▼お客様に最適な送水圧力制御の実施
▼大温度差および変温度送水制御
▼スマートエネルギーセンターが需要家側の空調機まわりのデータを取得し、街区全体でCO_2排出量が最小となるよう空調機温度や発停スケジュールを制御

❸――収集データの分析による街区の管理とCO_2削減への継続的な取組みに向けた支援
▼街区全体の省CO_2評価
▼省CO_2への継続的な取組みに向けた支援（省エネ診断、改善提案）
▼各種法対応支援

❹――非常時においても需要家側とあらかじめ決定した供給優先度をもとに、必要な箇所にできるだけ長くエネルギー供給を行うための制御の実施
▼街区のエネルギーセキュリティ向上に向けた取組み（BCP対応）

本街区では官民が連携し、一九九〇年比でCO_2排出量を四五％削減することを目標とし、目標を達成するために、計画段階からエネルギーの効率的かつ効果的な利用にむけて確認、合意する場として、建物需要側とスマートエネルギー事業者、設計者、ビル管理者など街区の関係

全事業者で構成されるスマートエネルギー部会を立ち上げています。この部会は、計画から運用の各段階に合わせ、毎月一回から二回程度の頻度で開催され、省エネやCO_2削減等エネルギーに関するさまざまな事項を適切な時期に確認・合意をする場として運営されています。

田町駅東口北地区はまだオープンしたばかりであり、実際のエネルギー分析はこれからですが、SENEMSを活用した需給最適制御など、スマートエネルギーネットワークを活用した新たなまちづくりのモデルとして、その成果を公表していく予定です。

●大阪ビジネスパーク(OBP)の新たな取組み

大阪ビジネスパーク(OBP)は大阪を代表する業務・商業地区で、地区内(総面積約二六ヘクタ一

地区総面積	約26ha
宅地面積	約18ha
建築施設延床面積	約854,000m²
用途地域	商業地域400%
就業者人口	約34,000人
昼間人口	約100,000人

ビルの棟数	13棟+仮設1棟
受電方式	特高　13棟 高圧　1棟
年間電力消費量	約1億8,000万kWh (13棟合計)
最大電力 夏期	約35,000kW (13棟合計)

[**表3-1**] 大阪ビジネスパーク(OBP)の概要

ル）には豊かな緑と水に囲まれた美しい街並みの中に超高層オフィスビル群（十三棟、延床面積約八五万四千平米）が建ち並び、ホテルやホール・劇場などの集客施設も立地しています［表3-1］［写真3-3］。ビルのほとんどは特高受電であり、地区全体の年間電力消費量は約一億八千万kWh、夏季の最大電力は約三万五千kWです。地区内の駐車場台数は約二六〇〇台で、うち約一七〇〇台を社有車が占めています。

OBPでは本格的な街開き（一九八六年）から四半世紀が経過し、今後一〇年～二〇年の間に大規模改修、機能更新の時期を一斉に迎えます。グランフロント大阪やあべのハルカス等の新規開発地区とのエリア間競争を背景として、既存の都市ストックを活用した新たな魅力と価値の創造、防災面での対策強化が大きな課題で

［**写真3-3**］スマートシティ化を目指すOBP

す。ＯＢＰは、日本の成熟した既成市街地のリノベーションを先導しうる環境性能と防災機能を兼ね備えたスマートシティ化をめざし、まちのリ・ブランディング戦略としてのリノベーション事業を推進しています。

ここでは、その一環として実験的に取り組んでいる電気自動車（ＥＶ・ＰＨＶ）を活用した電力供給システムの開発とエリア単位の面的なデマンドレスポンス（需要応答）について紹介します。

●OBPV2Xプロジェクト開発

「ＯＢＰＶ２Ｘプロジェクト」は、経済産業省の補助事業に採択されたプロジェクト（次世代エネルギー技術実証）です。ＯＢＰ内の企業が所有する自動車に着目し、低炭素社会の実現に向けたＥＶ（Electric Vehicle）・ＰＨＶ（Plug-in Hybrid Vehicle）への転換を想定して、平常時のＥＶ・ＰＨＶの充電負荷の平準化（ピークシフト）、ＥＶ・ＰＨＶのバッテリー（蓄電池）を活用した電力ピークカットや、地域単位でのデマンドレスポンス（ＤＲ）、災害時のエネルギー供給が可能なシステムを開発し、その技術実証を行っています。

開発した技術の一つは、複数（五台）のＥＶ・ＰＨＶを同時に充放電でき、かつ多種の車両が利用できるマルチプロトコル機能を備えた充放電システム（特許出願中）です。くわえて、ビルの電力デマンドや、ＥＶ・ＰＨＶの位置情報、車両バッテリーの電池残量などを監視し、ＥＶ・

ＰＨＶの充放電のタイミングやビルの電力ピークカット指令などが行えるスモールＥＭＳ（Energy Management System）の開発も行っています。災害等によるビルの停電時には、ＥＶ・ＰＨＶによる自立電力供給が行えます［図3-10］。併せてＰＣやスマートフォンから充放電器を予約できるシステムおよび利用時の充放電量と料金単価によって課金するシステムを開発しています。また、価格インセンティブ（ＤＰ＝ダイナミックプライシング）により、ビルの電力ピークカットやＥＶ充電抑制、ＤＲ（デマンドレスポンス）を実施しています［図3-11］。

ＤＲ資源としてＥＶ・ＰＨＶを活用する最大のメリットは、従来型の施設負荷の削減といった「我慢のＤＲ」から、「快適性を犠牲にしないＤＲの実現」への可能性が広がることです。また、大規模ビルなどの施設負荷に比較すればＥＶ放電量は限定的であるため、ＥＶ・ＰＨＶ単独のＤＲではなく、従来型の施設ＤＲにＥＶ・ＰＨＶのＤＲポテンシャルを上乗せする形態となります。その場合、ＥＶ放電量は施設の自家消費の枠内に収まるため、電力会社の系統へ送電（逆潮）しない範囲での運用が可能です。

ビルのテナント企業へ貸し出したＥＶ七台を対象とした実証実験の結果、ＥＶ放電量はビルの施設負荷と比較すると限定的であるものの、ビルの電力ピークカットに着実に寄与することが確認できました［図3-12］。今回は単体のビルを実験サイトとしていますが、現在、［図3-12］に示すようなＢＥＭＳアグリゲーター制度を準用したエリアＤＲアグリゲーターの仕組みによ

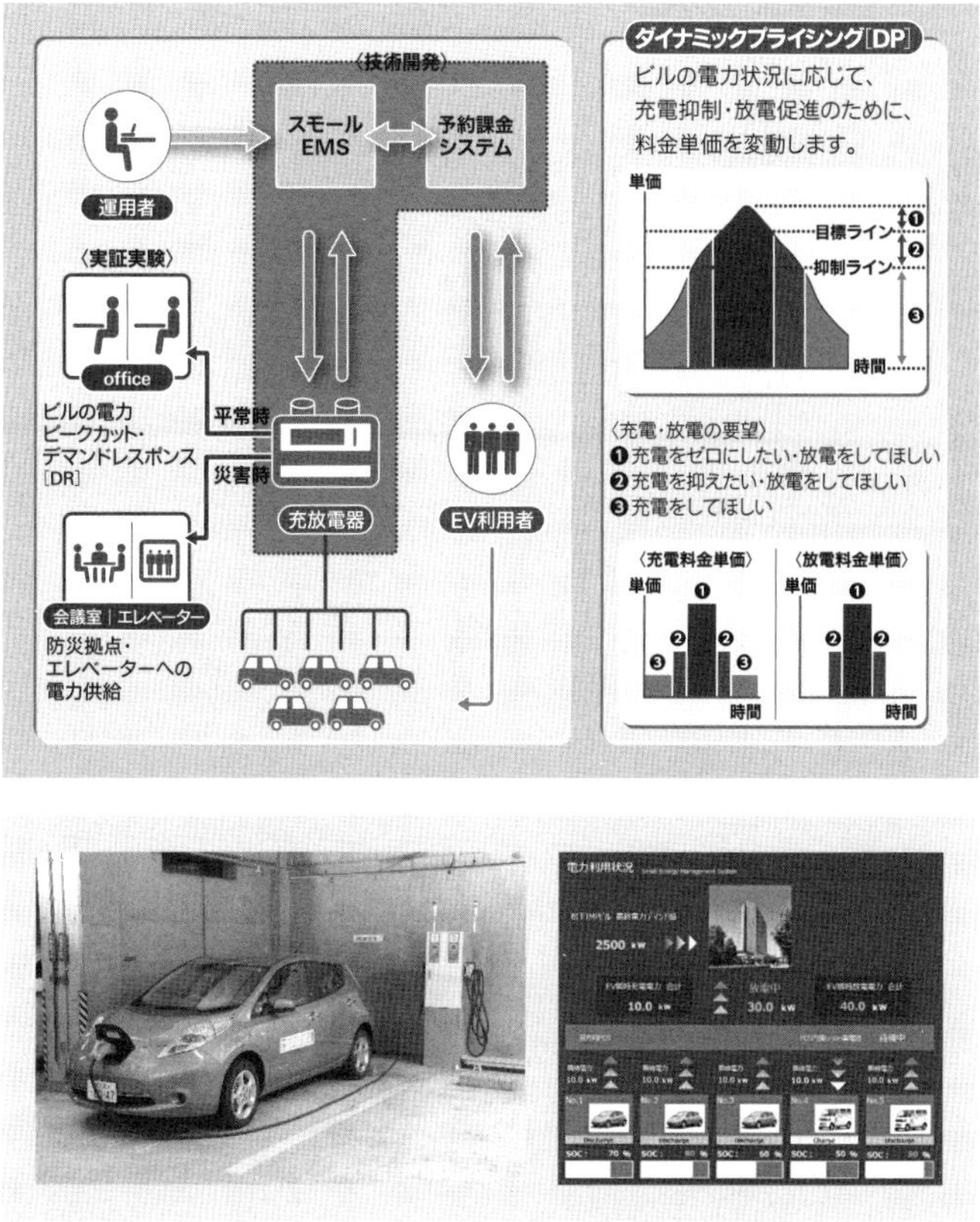

［**図3-10**］OBPV2Xプロジェクトにおける実証実験

り、複数のビルを束ねたエリア全体でのDR運用を検討しています。複数のビル（相応のEV・PHV台数）をエリアで束ねることにより、ピークの異なる建物間でEV・PHVの融通活用も可能となることから、DR資源としてのEV放電の確実性向上が見込まれ、更なるエネルギーマネジメント効果が期待されます。

OBPでは、OBPリノベーション事業の中核システムとして地域統合型EMS（エネルギーマネジメントシステム）を構築し、OBP全体のエネルギーマネジメントのみならず、スマートコミュニティの形成や、将来的にはエリアマネジメントによる地域の活性化へつなげていくことを目指しています［図3-13］。OBPの就業者数は約三万四千人で、平日の来場者は十万人規模です。現在進展している建物の建て替えや用途

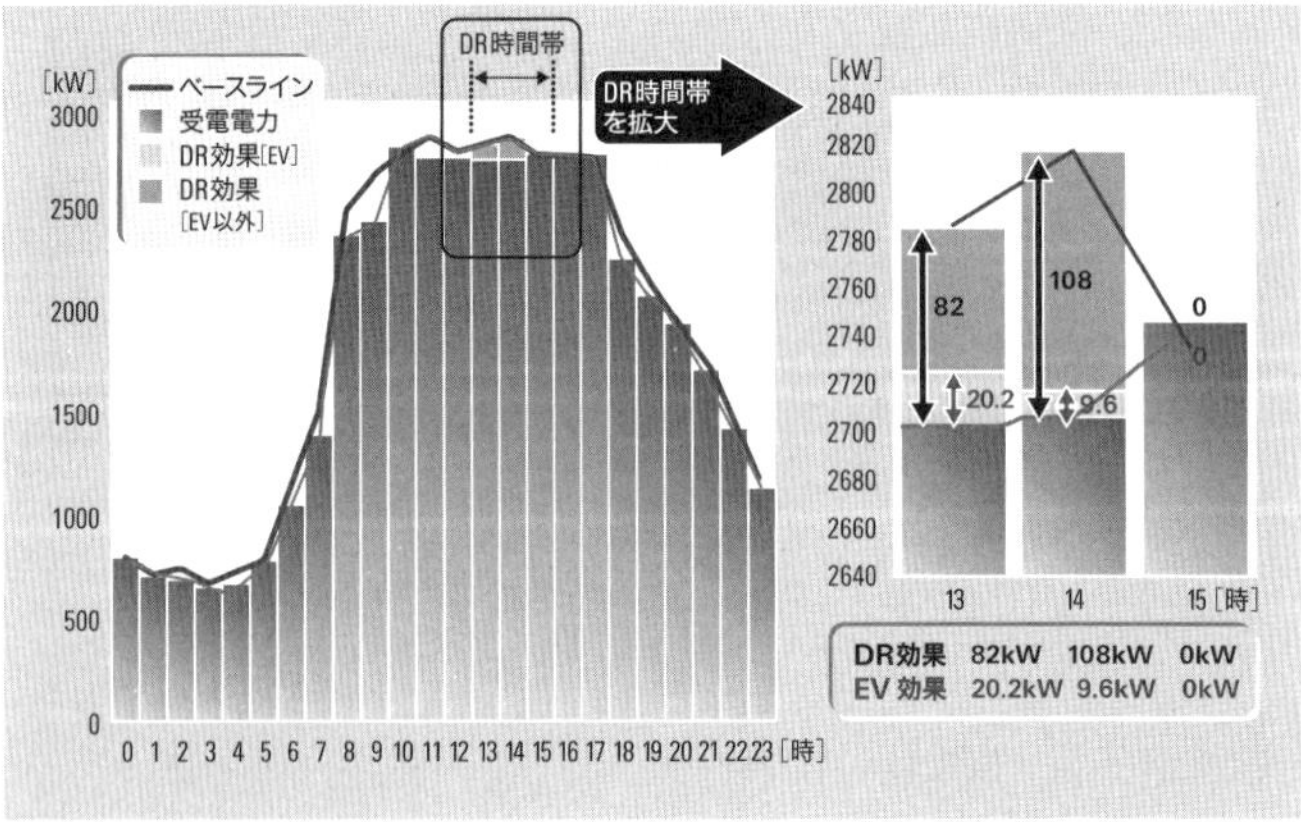

［**図3-11**］デマンドレスポンスによる効果

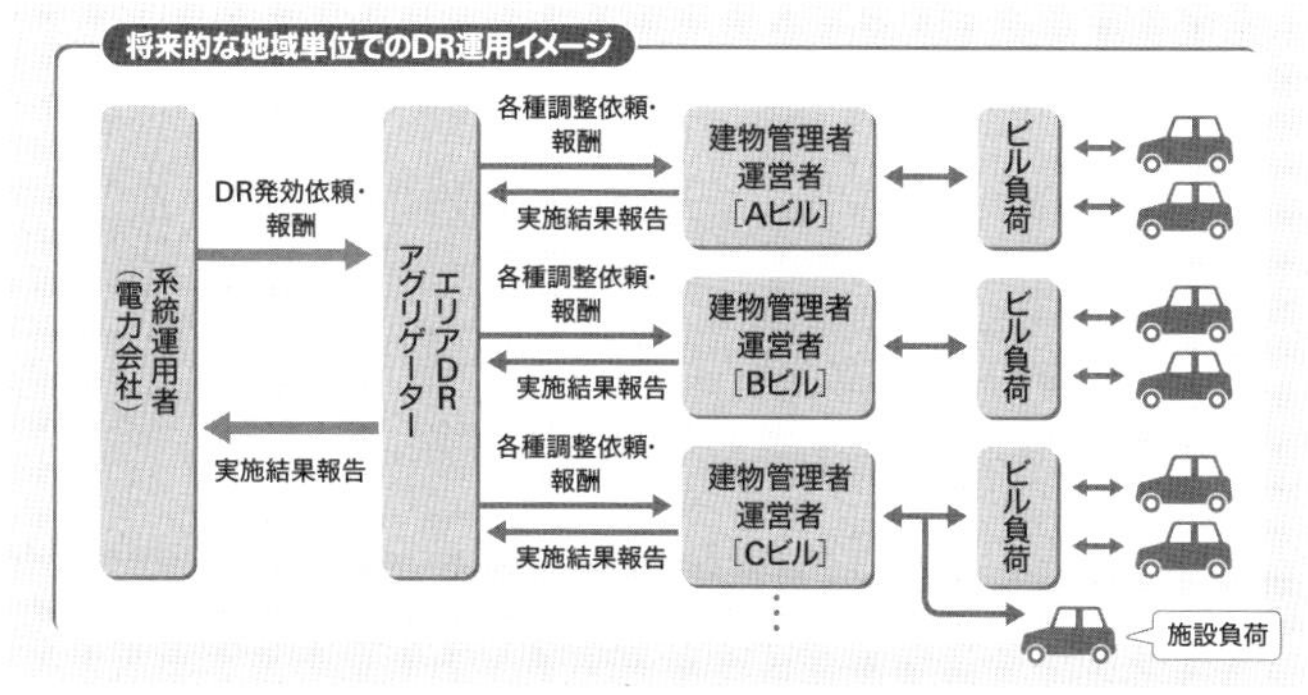

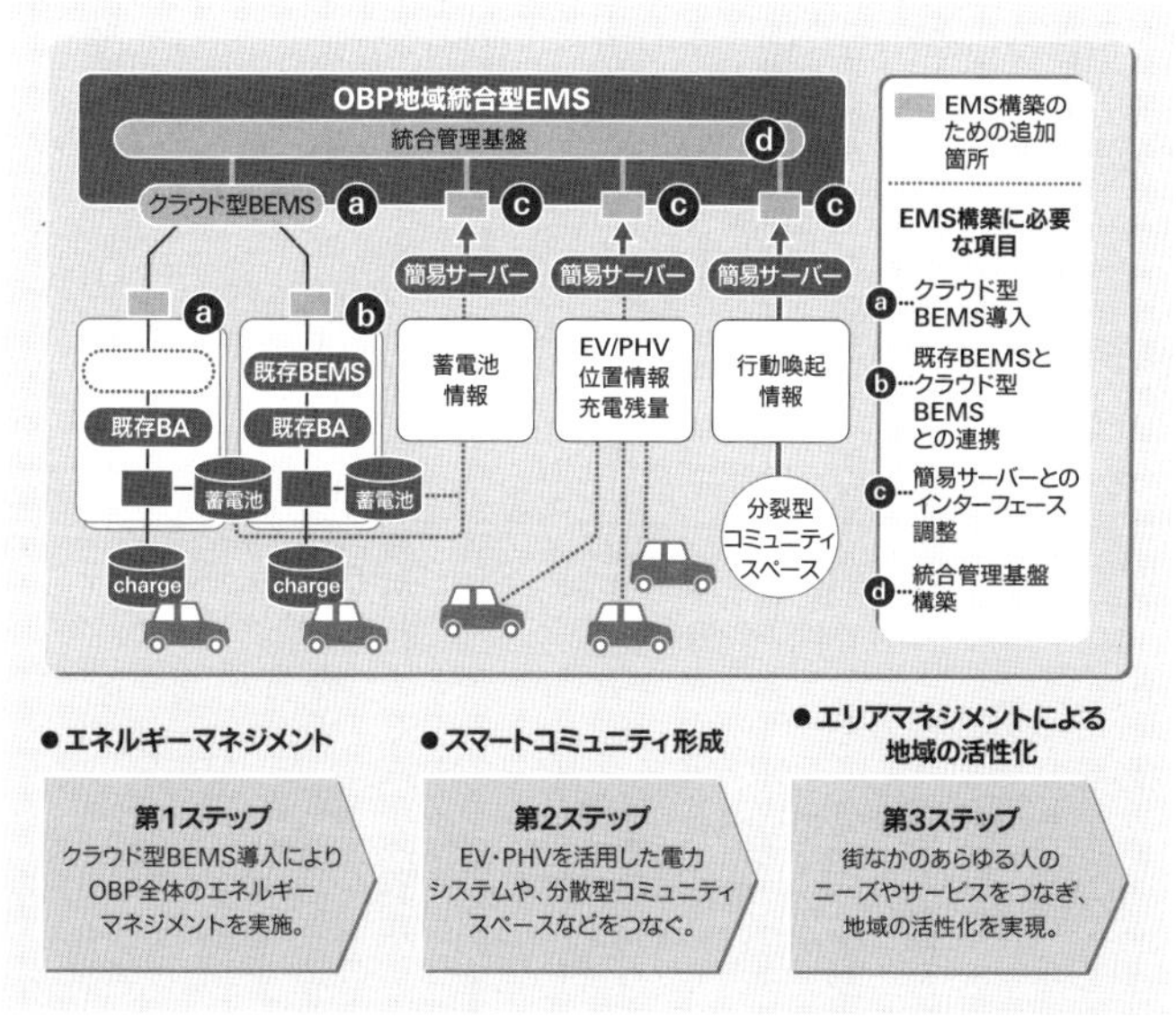

［**図3-12**］OBPの将来的な地域単位でのDR運用イメージ
［**図3-13**］OBP地域統合型EMS

拡大による人口増が見込まれており、街なかのあらゆるニーズやサービスをつなぐ情報プラットフォームとして機能することが期待されています。

●大阪大学の省エネルギー対策

大阪府北部に位置する大阪大学は、主要三キャンパス（吹田、豊中、箕面）で敷地面積約一六五万平米、延床面積約百万平米の規模を有し、学生・教職員約三万人が活動する集合体です。二〇一一年、学内の本部事務機構に「環境・エネルギー管理部」という専門の部署を創設し、全学の省エネルギー対策を強化しています［図3-14］。

総合大学である大阪大学には、病院、研究施設、講義棟、図書館など、実際の都市のようにさまざまな用途の施設が混在します。学内のエネルギーマネジメントの実施にあたり、最初のステップは巨視的な分析により、大学の施設群を分類することでした。［図3-15］は、学部や研究所など施設ごとの延床面積と一次エネルギー消費量の関係を示したものです。大学の施設を「文科系施設」、「理科系施設」、「大規模施設」の三つに分類すると、エネルギーの使用実態に明確な差異があることがわかります。大規模施設とは、医学部附属病院や加速器、高出力レーザー、大型計算機など特殊な設備を扱う施設です。

また、エネルギー使用実態をより詳細に把握するため、二〇一一年六月より主要キャンパス

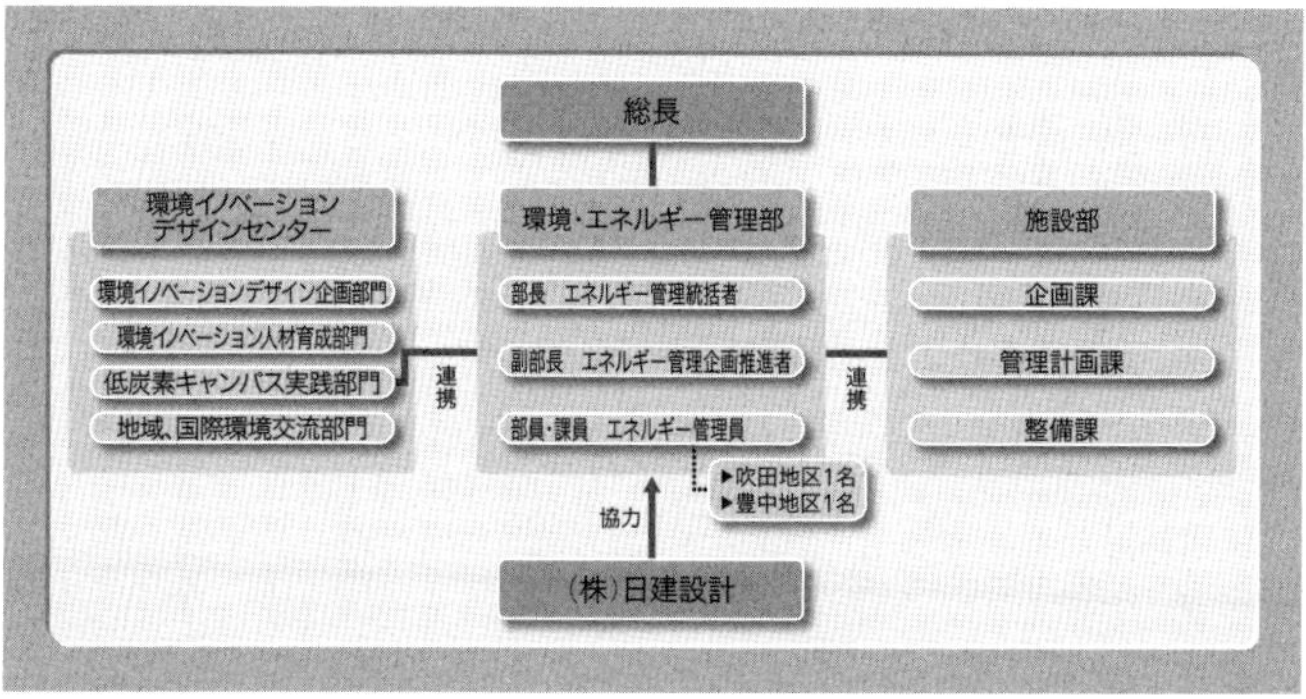

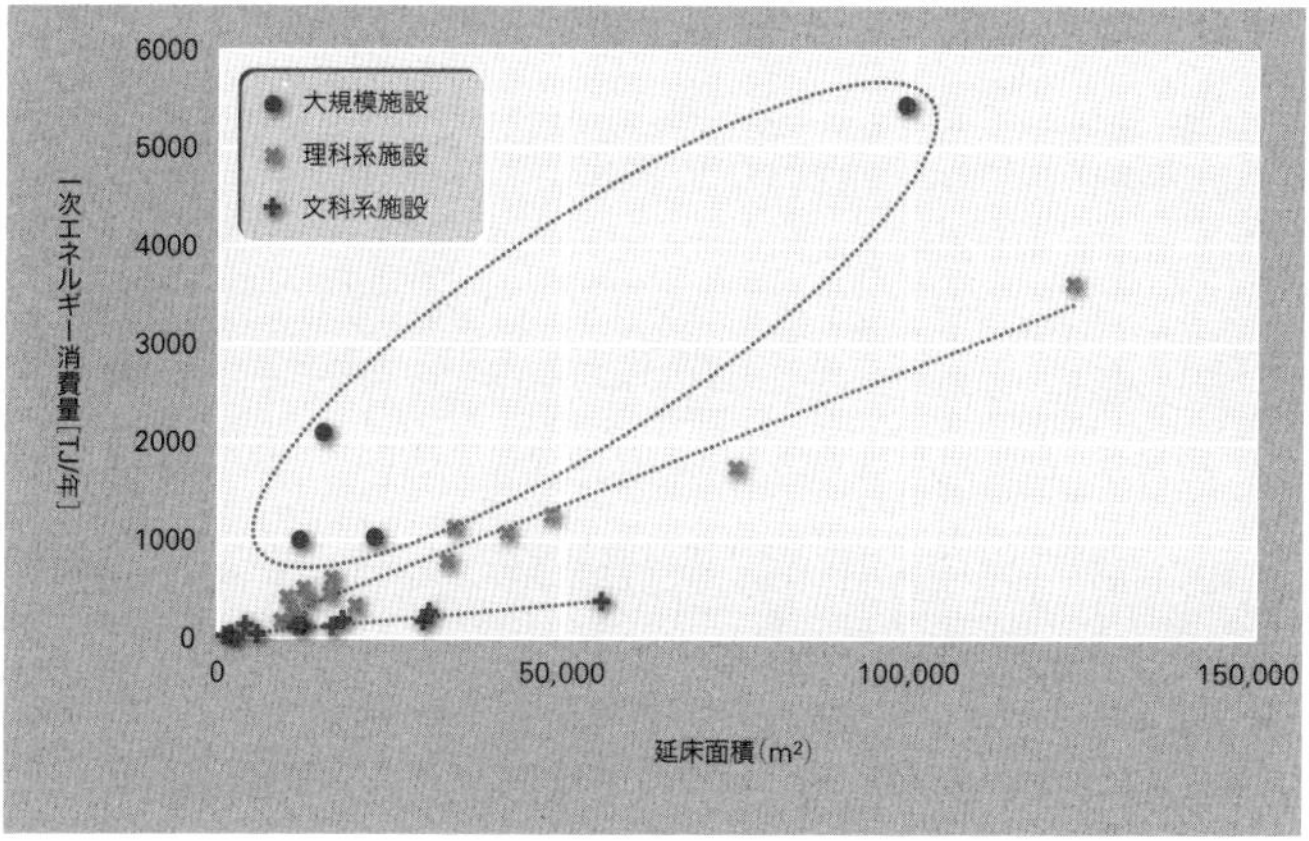

[**図3-14**] 大阪大学全体で省エネルギー対策に取り組むための体制づくり
[**図3-15**] 大阪大学の施設ごとの延床面積と一次エネルギー消費量

において建物ごとに三〇分単位で電力消費量を計測・集約し、学内構成員向けポータルサイトにてリアルタイムに情報を閲覧できるサービス（電力可視化システム）が導入されています。［図3-16］は、その表示画面例ですが、目的に応じ、学部別、学科別、建物別などの電力量を表示させることができ、デマンド抑制対策やさまざまな分析にも役立てられています。

たとえば、［図3-17］は理科系施設群の各月の電力ロードカーブを示しますが、一月一日でも相当な電力量が消費されていることが見て取れます。人の活動に関わらず必要な電力（以下、ベース電力）が、年間を通して終日一定量存在するものと推察できます。この視点で年間電力消費量のうちベース電力が占める割合を算出すると、文科系施設：四五％、理科系施設：七七％、大規模施設：八八％となり、理科系施設や大規模施設でのベース電力の多さがわかります。ベース電力は二四時間稼働が必要な実験機器、サーバー、付随する空調などによるものと推察できますが、この結果からも施設の違いによりエネルギー消費実態が大きく異なるため、省エネルギーを目指す上で求められる対策も当然違ってきます。大阪大学ではこの視点を重視し、具体的な対策が立案・実行されました。

文科系施設は電力ロードカーブの実績からも一般的なオフィスビルのエネルギー消費実態に近いため、最新のオフィスビルなどで導入されている建築設備の省エネルギー技術の活用が効果的と言えます。また、エネルギー消費密度が比較的低いという特徴から、太陽光発電などの

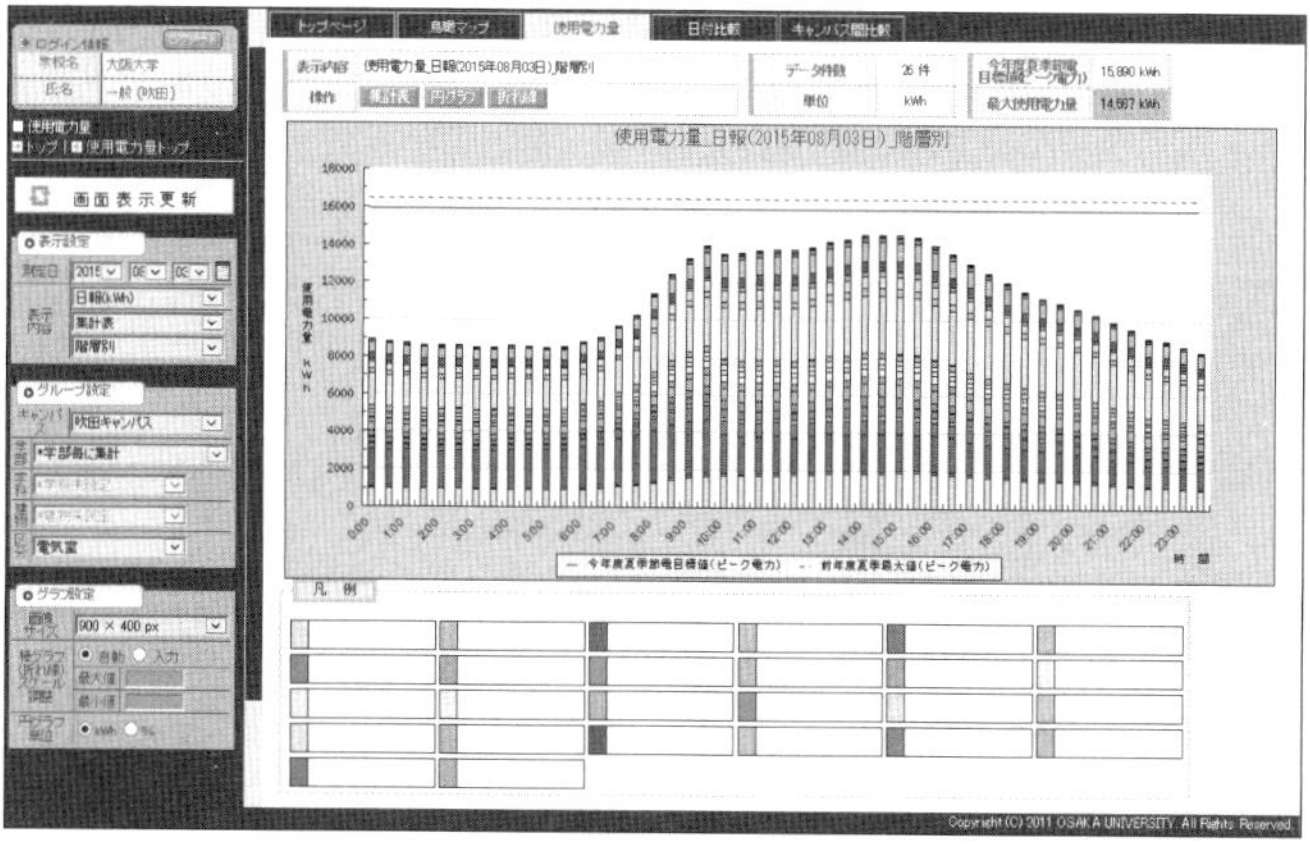

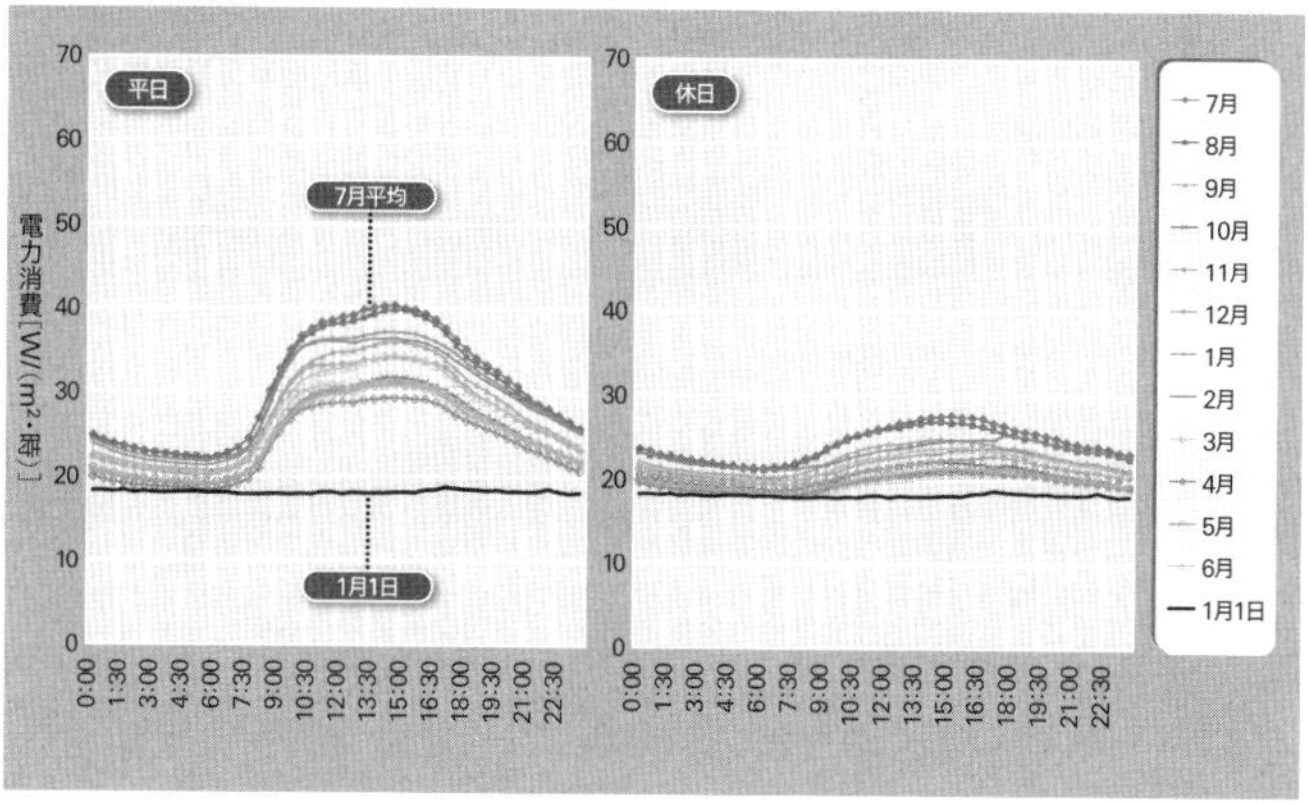

［**図3-16**］電力可視化システムの閲覧画面

［**図3-17**］理科系施設の電力ロードカーブ

「創エネルギー技術」を積極的に取り入れれば、建物のＺＥＢ（ゼロ・エネルギー・ビル）化も視野に入ってきます。

理科系施設では実験機器のエネルギー消費量が大きいことが課題です。これらの機器をどう動かすかはユーザーである学生や研究者の判断によるため、理科系施設での省エネルギー推進は、ユーザーの直接的な行動こそが要です。一方でユーザーにとっては、どのような対策によりどれくらいの効果が得られるのか、把握できていないのが実情です。［図3-18］は、ある研究室を対象として、各種の運用改善対策を行ったとき研究室全体に対しどの程度の削減効果があるかを、実測データやシミュレーションを基に算出した結果です。このように効果を知ることで、ユーザー側は各手法を天秤にかけ、自身の許容度と照らし合わせながら実際に行う対策を練ることができます。

大阪大学では本部主催の学内セミナーや教授会での説明、ポスターによる啓蒙などにより、効果的な省エネ対策の周知活動が行われています。さらなる省エネルギーの推進には、行動科学的な知見の活用、ユーザーにインセンティブが働くような制度的な仕組み等も有効であろうと考えられます。

大規模施設では二四時間稼働する実験機器や医療機器のエネルギー消費が非常に大きく、これらの対策が必要不可欠です。一方で大阪大学の大規模施設では、大半の施設において中央熱

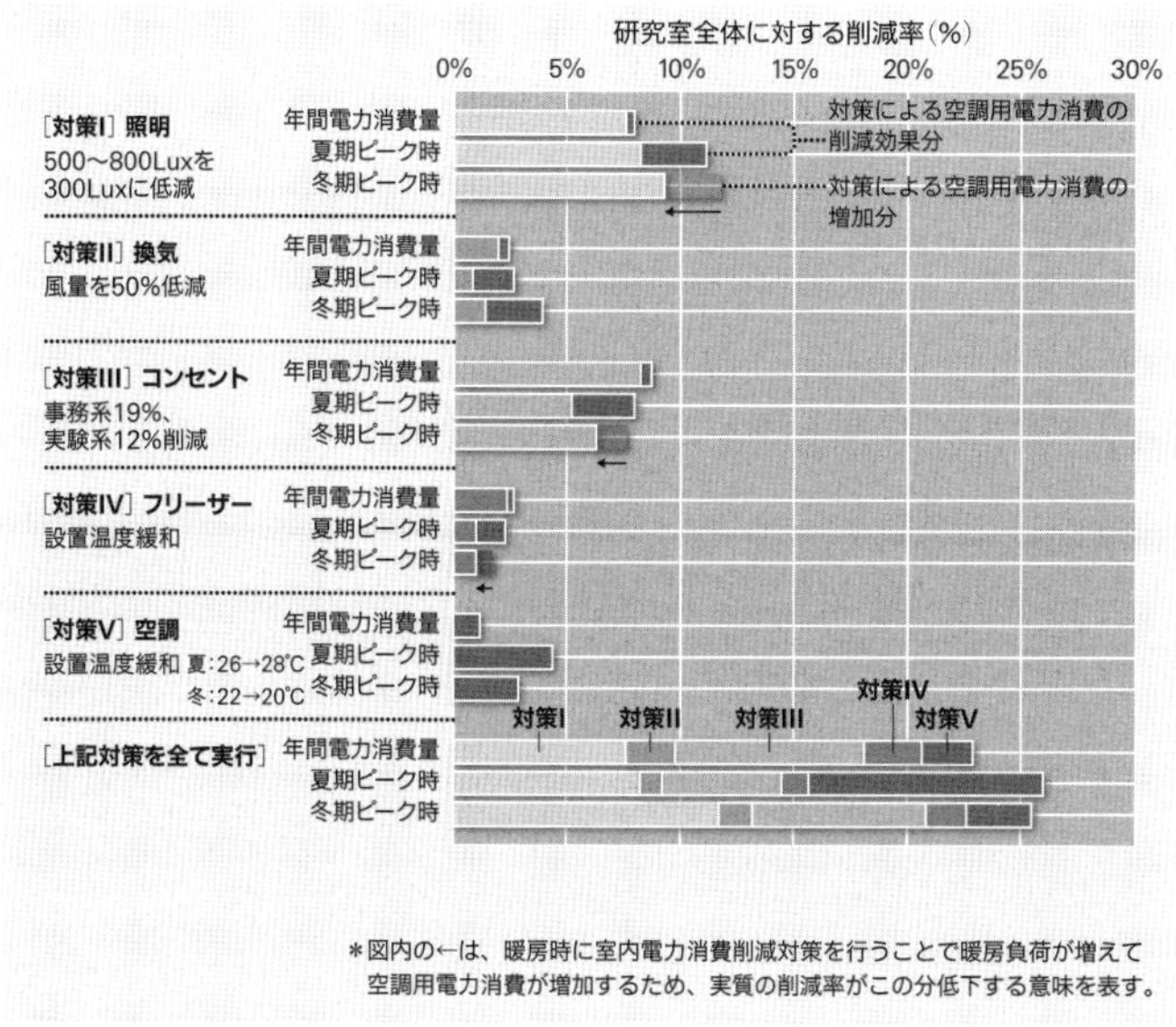

[**図3-18**] 某研究室での運用改善対策による省エネルギー効果試算

源方式という空調システムが採用され、いずれの施設でも設置後二〇～三〇年が経過していました。最新の技術と比べると大きな無駄を抱えながら運用されているものと思われます。そのため、これら中央熱源設備の省エネルギー化を目的としたＥＳＣＯ事業が実施されました。

ＥＳＣＯ事業とは、省エネルギー改修に必要な費用を光熱水費の削減分で賄うもので、環境保全と経費節減が両立できる仕組みです。公募により省エネルギーに寄与する改修提案を募集し、もっとも優れた案を提示した事業者に計画・設計段階から施工、運転・維持管理に至るまで省エネルギーに関する包括的なサービスを委託し、事業者は提示した削減額を保証します。

大阪大学では三つの施設でＥＳＣＯ事業が行われましたが、保証された一次エネルギーの削減量は、対象施設の二三％、大学全体でも八％減に相当する非常に大きな成果を上げています。

このような施設にあった省エネルギー戦略の実行により、対策を強化した二〇一一年度以降は着実にエネルギー消費を減らし、二〇一四年度実績では一次エネルギー消費量原単位約一九％削減を実現しています［図3-19］。

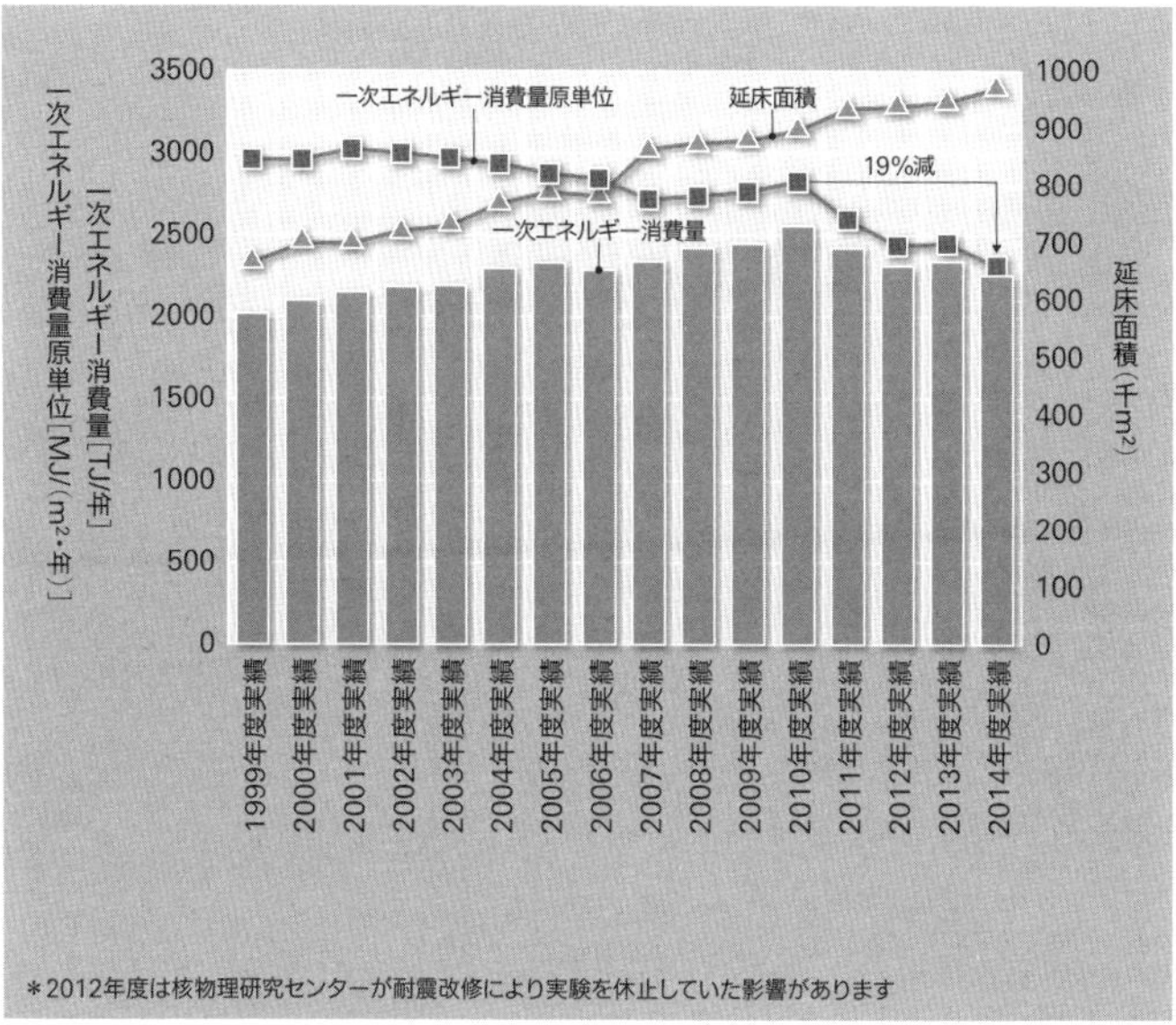

［**図3-19**］大阪大学のエネルギー消費量推移

第4章

都市のエネルギー管理、その課題と取組み

4.1——都市をエネルギーの視点からみる

●未利用エネルギーが存在する

都市にはさまざまな建物が立ち並び、その中を人々が地下鉄や自動車等で行き交い、さまざまな営みを繰り広げています。本書の口絵として日本列島の夜景をとらえた衛星写真を掲載しています。大都市に光が集中しており、都市部ほどエネルギー消費量が大きいことがうかがえます［写真4-1］。

二〇一四年七月に発表された「世界都市化予測2014」*6によれば、世界的に、都市部の人口が農村部に比べて増加しており、二〇一四年現在、世界人口の五四%が都市部に居住しています。一九五〇年にはその割合は三〇%であり、二〇五〇年には六六%まで増加するものと予測されています。現在、世界最大の都市は人口三八〇〇万人の東京。東京の次に、デリー、上海、メキシコシティ、ムンバイ、サンパウロが続きます。このまま都市化が無秩序に進むと、エネルギー問題はますます深刻化するものと予測されます。

わが国の都市は、海外から見るとエネルギー効率が高いと言われています。国土的に平野が少ないことが、集約型の都市構造を生みだし、公共交通の整備が進んでいるからだと考えられま

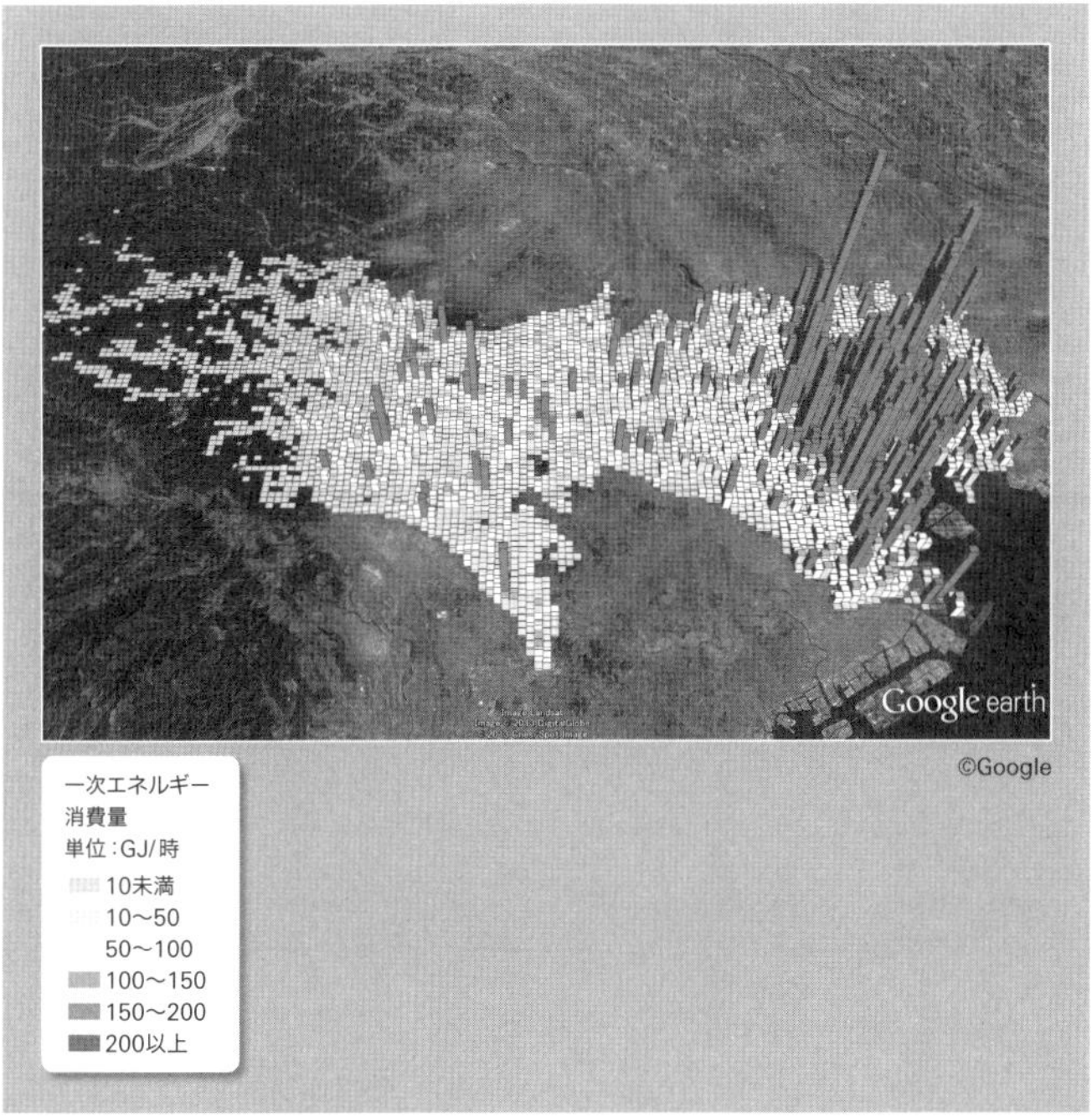

［**図4-1**］時刻別の一次エネルギー消費量推計値
（東京都8月代表日：民生部門建物起因）14：00
出典：建物ポイントデータ2013（株式会社ゼンリン）を基にNSRIで作成

す。しかし、これまでの都市づくりは、エネルギー的な視点で考えられてはきませんでした。もしかすると、現状よりエネルギー効率を高める余地が多く残されているのかもしれません。

エネルギーがどのように供給され、どのように消費されているのかを示す情報としてエネルギーバランス・フローというものが、経済産業省からの『エネルギー白書』[*7]の中に毎年公開されています。それによると二〇一二年度は、20,819×10³TJの一次エネルギーが供給され、14,347×10³TJのエネルギーが最終的に消費されています。供給量と消費量の差6,472×10³TJは、発電所で燃料を燃焼させて電力を作る際の損失分などで、エネルギー転換損失などと呼ばれています。ちなみに、最終消費量の内、約三四%の4,917×10³TJが建物で消費されています。

一方、都市には、外気と温度差がある河川水や下水、工場等の排熱といった有効に活用できるにもかかわらず、これまで使われていなかったいわゆる「未利用エネルギー」が存在します。平成二二年度の経済産業省の調査によれば、その活用可能量は、6,058×10³TJと試算されています[表4-1]。活用可能量がどのように試算されているかは不明ですが、なんと、建物で消費されているエネルギー量よりも多いのです。

なぜ、「未利用エネルギー」は利用されていないのか、都市のどこで、どの程度のエネルギーが消費されているのか、そして、未利用エネルギーはどこで得ることができるのかを確認してみましょう。最近は、建物の位置、規模、建物用途などの情報がＧＩＳデータで整理されています。

未利用エネルギー	賦存量		活用可能量		備考
	TJ/年	[%]	TJ/年	[%]	
❶ごみ焼却排熱	323,245	2.70	91,357	1.51	一般廃棄物処理清掃工場を対象 全国を対象
❷下水汚泥焼却炉排熱	11,066	0.09	3,625	0.06	全国を対象
❸下水汚泥消化ガス	7,444	0.06	2,285	0.04	全国を対象
❹工場排熱	1,286,971	10.74	1,029,509	16.99	エネルギー多消費6業種の1種管理指定工場を対象 全国を対象
❺火力発電所排熱	2,829,097	23.60	2,546,187	42.03	一般＋共同 全国を対象
❻変電所排熱	4,256	0.04	4,256	0.07	5万KVA未満対象 首都圏、近畿圏のい
❼下水熱					
a. 下水処理場処理水	451,666	3.77	314,271	5.19	全国を対象
b. ポンプ場未処理水	134,236		8,902		全国を対象
❽海水	743,434	6.20	743,434	12.27	首都圏、近畿圏のみ
❾河川水	6,297,806	52.54	1,299,484	21.45	一級河川を対象 全国を対象
❿地下水	32,199	0.27	24,310	0.40	首都圏、近畿圏のみ
計 *1	11,987,184	100.00	6,058,718	100.00	

*1 下水処理場処理水とポンプ場未処理水の温度差エネルギー利用は、利用場所の違いによるもので、賦存量や活用可能量は重複するため、ここでは下水熱としては下水処理場処理水のみを集計対象とする。

［**表4-1**］主要な未利用エネルギーの賦存量並びに活用可能量の推計結果
出典：平成22年度経済産業省委託調査 「平成22年度省エネルギー設備導入促進事業指導事業（エネルギーの面的利用・未利用エネルギーの有効活用と普及方策のための調査事業）」平成23年2月、日本環境技研株式会社

GISデータとは、Geographic Information Systemの略称で、地理情報システムのことです。

また、建物で消費されるエネルギー量に関する調査も進んでいます。一般社団法人　日本サステナブル建築協会が公開している全国の業務用建築物のエネルギー消費量の調査結果を利用して、都市におけるエネルギー消費量の分布を地図上に示した「環境・エネルギーマップ」を作ることができます。日本の首都であり、経済活動の拠点である東京二三区、寒冷地の地方中核都市として札幌、および温暖地の地方中核都市として名古屋の特徴を見てみましょう。

●東京二三区のエネルギー消費量の特徴

東京二三区の環境・エネルギーマップを〔図4-2〕に示します。色が濃いほど単位土地面積あたりのエネルギー消費量が大きいことを示しています。皇居の周辺部とその外側の部分が濃くなっています。また、よく見ると、新宿や渋谷などの山の手線の主要駅付近で濃くなっていることがわかります。公共交通の駅周辺に高密度で建物が建っているためです。一般的に、建物を冷房するときには、排熱を建物の外に捨てています。多くの建物から一斉に熱が捨てられると外気温度が上昇します。東京では、過去百年の間に平均気温が二℃も上昇しました。

一方、多くの人が生活する都市からは、大量のごみと下水が発生します。これらを処理するためにごみ焼却場や下水処理場といった都市施設が必要となります。ごみ焼却場では、ごみの減容

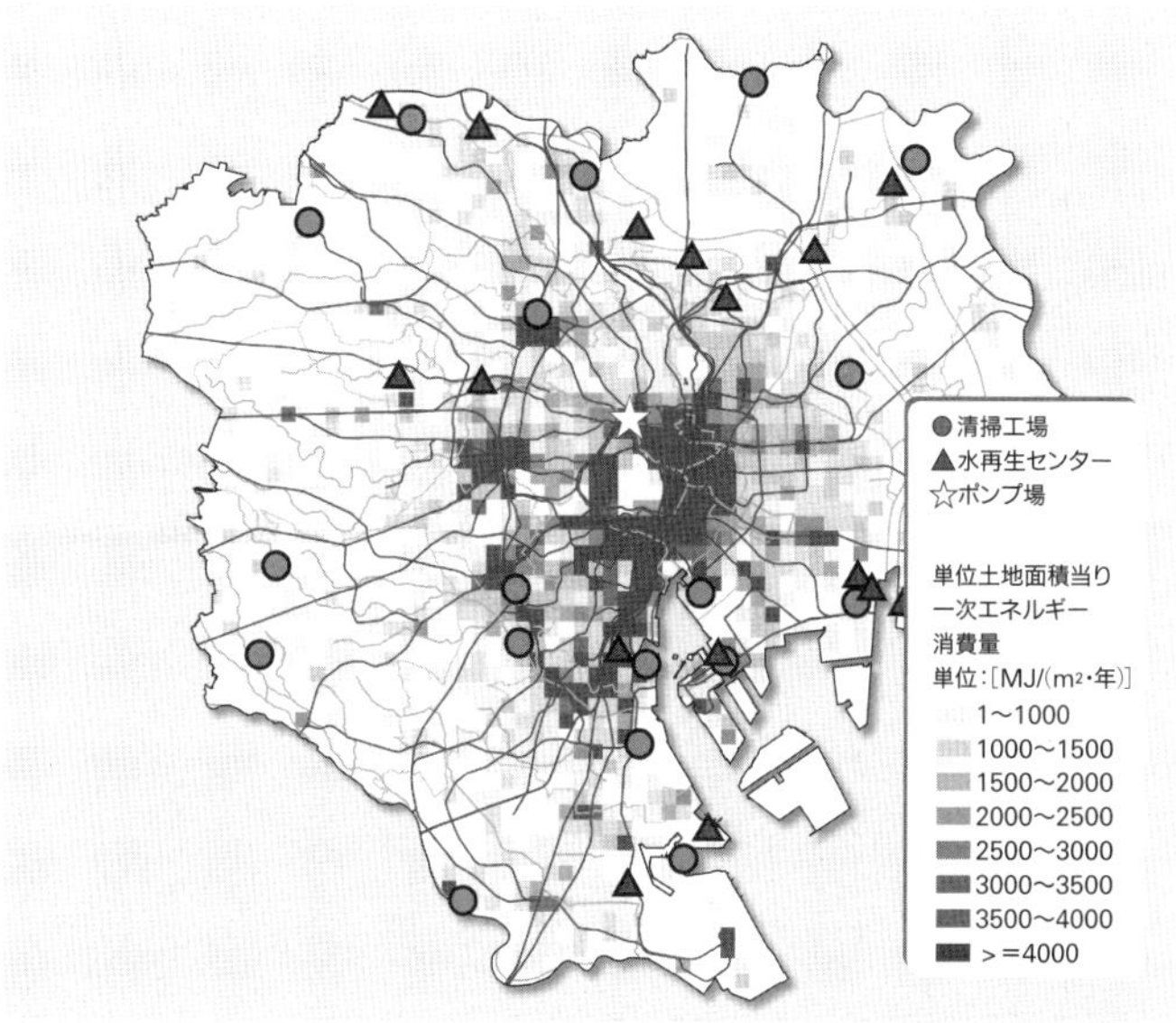

［**図4-2**］東京23区の環境・エネルギーマップ
出典：建物ポイントデータ2013（ゼンリン）を基にNSRIで作成

化を図るために焼却を行います。焼却によって高温の熱が発生します。この高温の熱は、発電用のエネルギーや冷房や暖房用のエネルギーとして活用できます。下水処理場の下水も、冬期には外気温度より高いので暖房用エネルギーとして活用できます。都市施設の近くにエネルギーを利用する建物があれば、これらのエネルギーを有効利用できるのです。

［図4-1］の中の●は清掃工場、▲は下水処理場の位置を示しています。東京の都市施設の多くは、色の薄いエリアに多く立地していますが、濃いエリアにも数箇所あります。色の濃いエリアに立地している都市施設は、近くの建物にエネルギーを供給できる可能性があり、いくつかの施設ではすでに実践されています。しかし、色の薄いエリアに立地している都市施設のうち複数の清掃工場で発電はしていますが、遠方の建物まで熱を供給することは、残念ながら困難です。

［図4-1］には、河川や海の位置も示されています。河川や海に隣接している色の濃いエリアでは、河川水や海水を利用できる可能性があります。しかし、多くの河川や海は色の薄いエリアにあるため、有効利用することは困難であると言わざるを得ません。

以上のことから、未利用エネルギーを有効活用することを意識して建物や都市施設の立地を誘導することにより、東京のエネルギー消費量はまだ削減可能であることがわかります。たとえば、大量の冷房排熱を排出するデータセンターを河川のそばに立地誘導することによって、冷房熱源用電力消費量を削減できます。

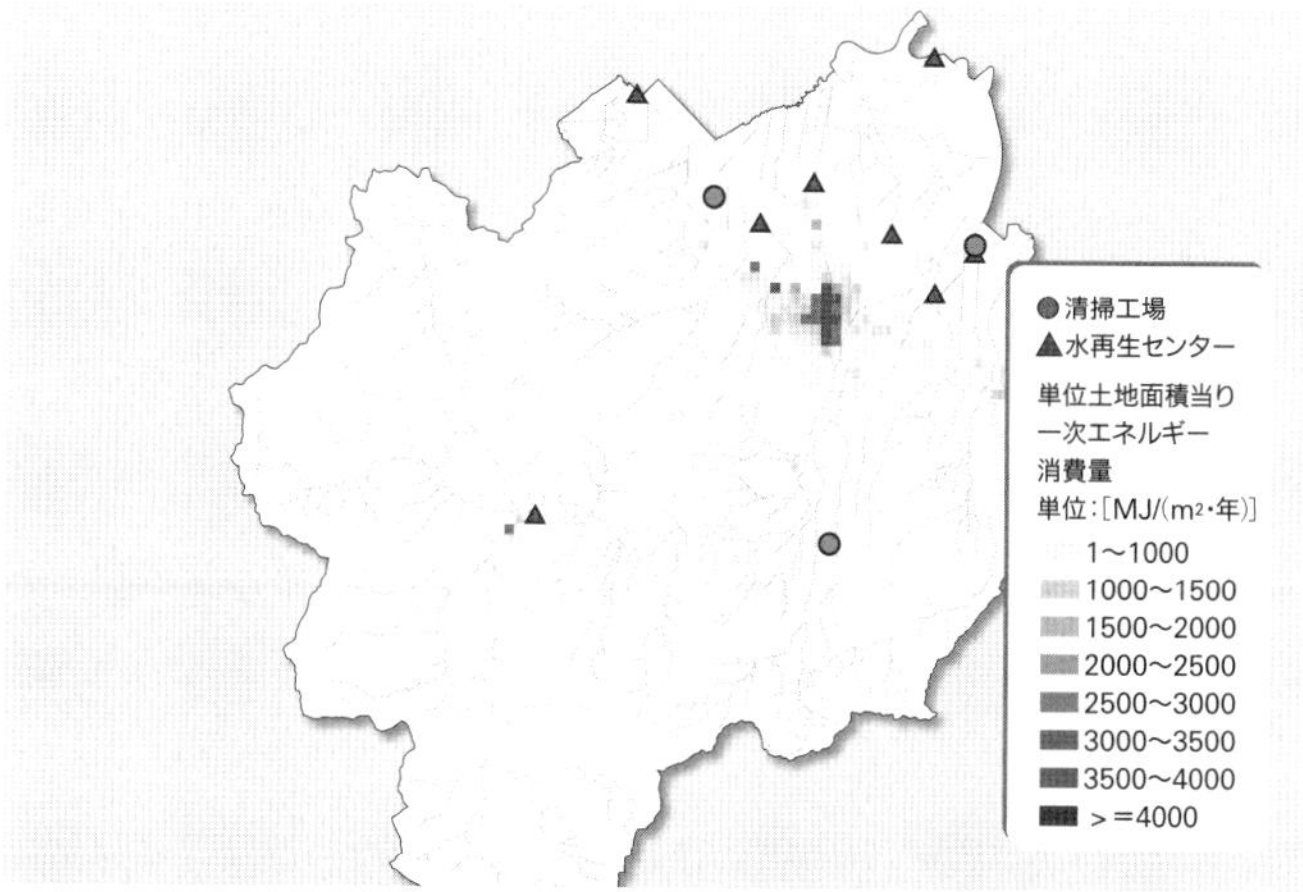

[**図4-3**] 札幌市の環境・エネルギーマップ

[**図4-4**] 札幌の中心市街地を拡大した環境・エネルギーマップ

出典：建物ポイントデータ2013（ゼンリン）を基にNSRIで作成

●札幌市のエネルギー消費量の特徴

〔図4-3〕は札幌市の環境・エネルギーマップです。北西部の平野部を除くとほとんどが山地です。北西部の平野の中央部分に色が濃いエリアがあります。ここは、札幌駅からすすきのあたりまでの都心部です。建物のエネルギー需要は、ほぼ都心部に集約されています。図の中の▲は下水処理場、●は清掃工場の位置を示しています。すべての都市施設が、色の薄いエリアにあって、色の濃い都心部から離れています。河川の数は多いのですが、都心部に近いのは豊平川に限られています。〔図4-3〕からは未利用エネルギーの有効活用は困難と考えらます。

札幌の中心市街地を拡大した環境・エネルギーマップを〔図4-4〕に示します。この図には、地域冷暖房の導管も記載されています。都心部には、札幌オリンピック（一九七二年二月開催、第十一回冬季競技大会）の際に地域冷暖房施設のネットワークが構築されています。このネットワークに接続している地域冷暖房施設には、多くはありませんがバイオマスを活用した温熱を供給する施設と分散電源を有する施設があります。札幌は、地域冷暖房施設を核として、他の都市では未利用となっているエネルギーを活用している都市であることがわかります。

●名古屋市のエネルギー消費量の特徴

名古屋市の環境・エネルギーマップを〔図4-5〕に示します。図の中央あたりに色の濃いエリアが

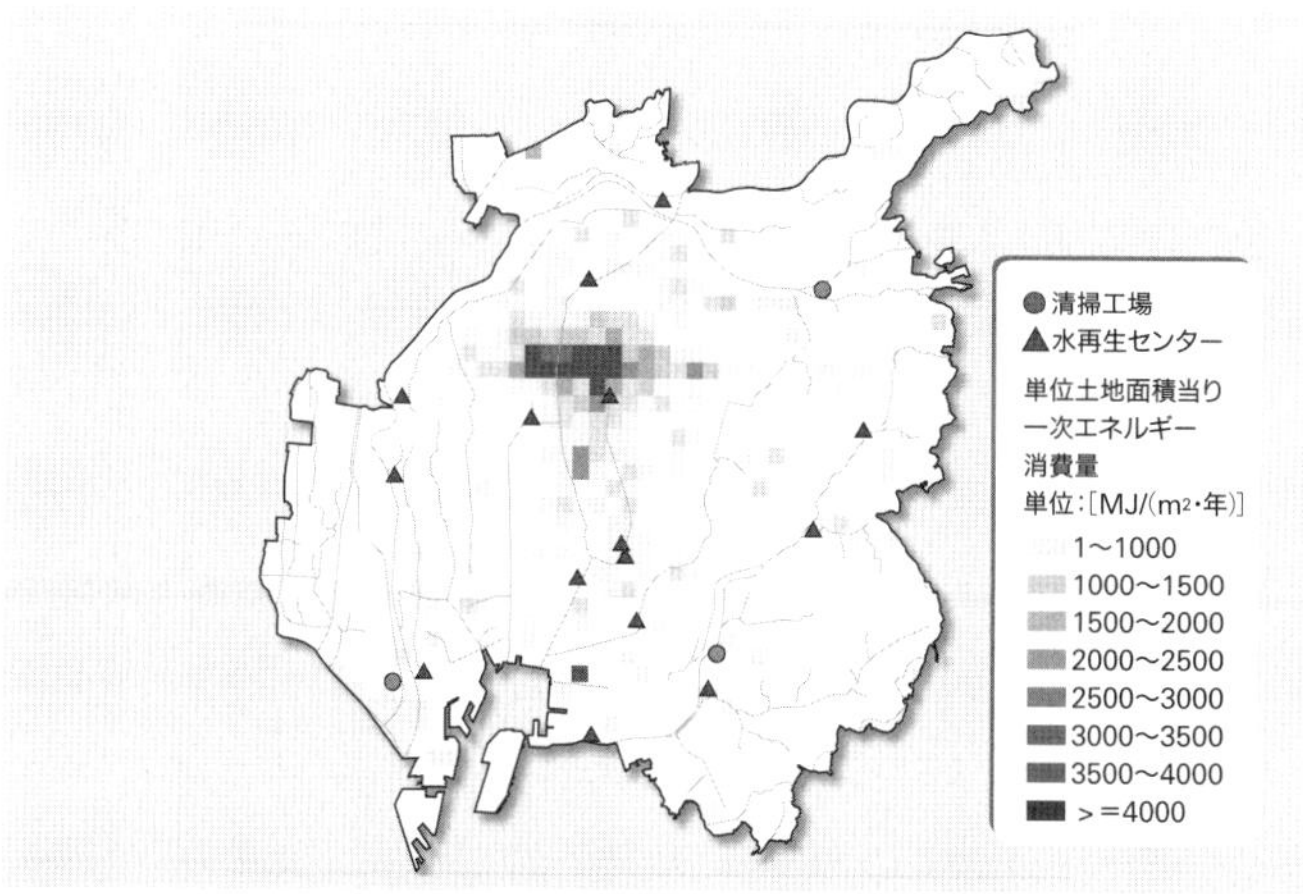

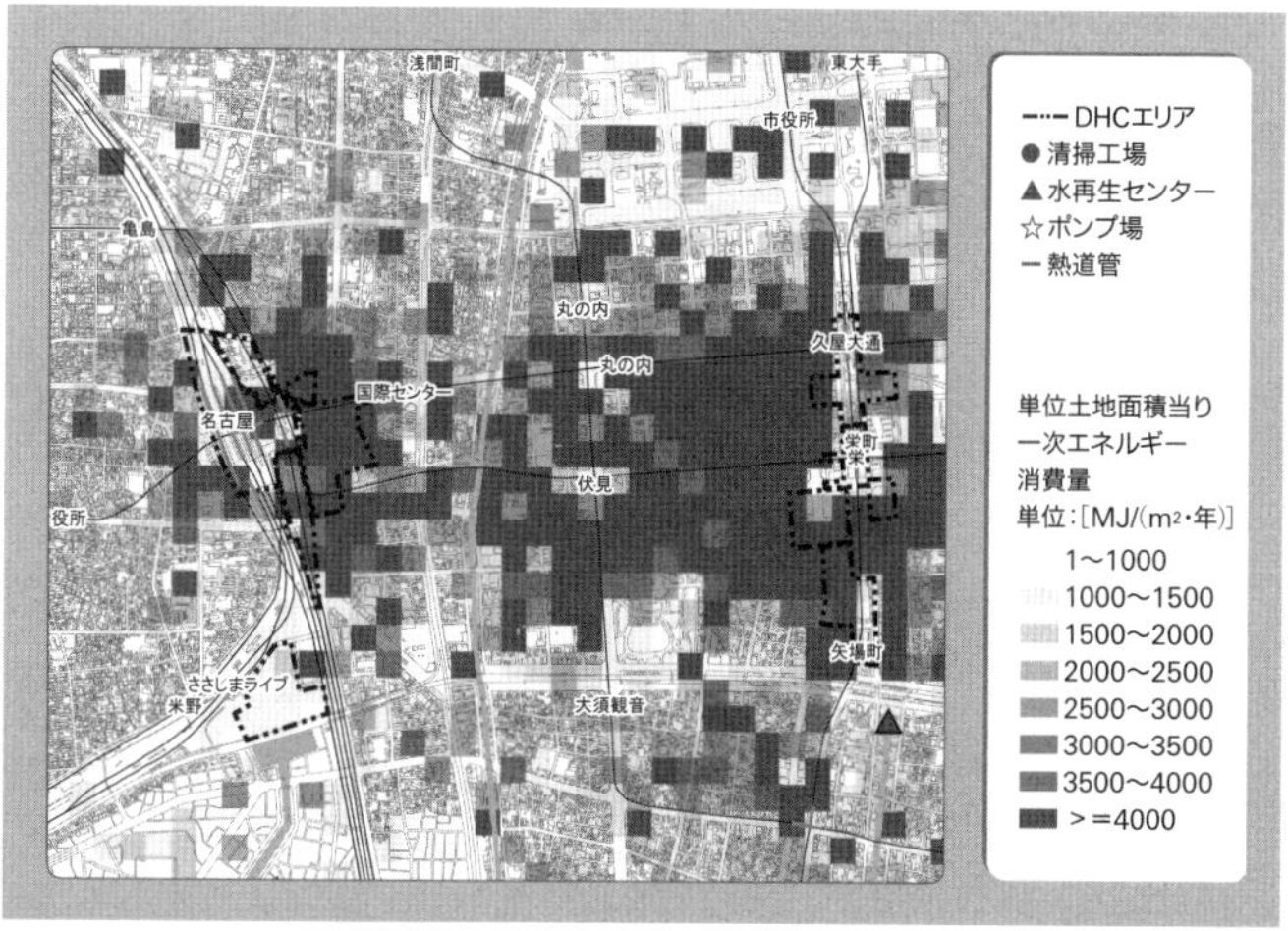

[**図4-5**] 名古屋市の環境・エネルギーマップ
[**図4-6**] 名古屋の中心市街地を拡大した環境・エネルギーマップ
出典：建物ポイントデータ2013（ゼンリン）を基にNSRIで作成

あります。ここは、名古屋駅から栄駅あたりまでの都心部です。図の中の▲は下水処理場、●は清掃工場の位置を示しています。ほとんどが、色の薄いエリアで、かつ、色の濃い都心部から離れた場所に分布しています。河川の数は多いのですが、都心部に近いのは堀川だけです。この図からは、未利用エネルギーの有効活用は困難と考えられます。

[図4-6]は名古屋市の都心部を拡大した環境・エネルギーマップです。この図には、地域冷暖房の導管も記載されています。都心部には、複数の地域冷暖房施設のネットワークが構築されています。一部の地域冷暖房施設は、下水処理水からのエネルギーの活用や分散電源を有していま す。都心部に限られているとはいえ、名古屋も、札幌と同様に地域冷暖房施設を核として未利用エネルギーを活用している都市であることがわかります。

このように現在の都市を環境・エネルギーマップで見てみると、都市によって未利用エネルギーの活用の仕方はさまざまであることがわかります。そして、共通しているのは、未利用エネルギーをより有効活用するためには、工夫が必要ということです。

4.2 ―― 都市のエネルギー消費量を低減するためのヒント

●社会ニーズから都市構造の工夫へ

都市の構造は、歴史的背景も含めて、さまざまな要因を加味して形成され、都市に住む人々のニーズを反映しながら現在に至っています。東日本大震災以降、都市のレジリエンスに対する社会ニーズが高まっていることも事実です。都市構造に工夫を加えることで、都市の生活を支えるエネルギー消費量を低減することが、その解決方法の一つです。では、都市のエネルギー消費量を低減するためのヒントを探ってみましょう。

〔図4-7〕は、環境・エネルギーマップを基に、都市のエネルギー消費量を低減する政策誘導イメージを示しています。横軸が都市の広さ、縦軸はエネルギーの需要密度です。現在は、比較的なだらかな状態にある都市が多いと考えます。駅の結節点などの利便性の高いエリアに建物や都市施設を集約させ、未利用エネルギーや建物間のエネルギー融通などが可能な高効率なエネルギーシステムを構築する一方、低密度のエリアでは、n-ZEB化やn-ZEH化を進めることがエネルギーの面では効果的であると考えます。「n-」はnearlyの略称です。現段階でZEB（ゼロ・エネルギービル）やZEH（ゼロ・エネルギーハウス）の実現はかなり困難ですが、それらに近い建物は実現できます。

●都市施設を中心とした未利用エネルギーの活用

前述のように、ごみ焼却場や下水処理場などの都市施設の近くに、エネルギー需要の大きい建物がないことが、未利用エネルギーを有効活用できない原因の一つです。都市施設の近くに建物を建てることに抵抗感を持つ方も多いと思います。しかし、都市施設で処理するごみや下水が建物から発生していることを考えると、エネルギーの有効利用の点からみると互いが近接しているほうが効率的です。

具体的に、都市施設と近くの建物が連携してエネルギー効率を高めた事例を紹介しましょう。

東京都文京区の後楽一丁目地区では、東京都下水道局後楽ポンプ所の未処理水の温度差エネルギーを利用した地域冷暖房事業を行っています。下水の温度は、外気温度と比較すると夏は低く、冬は高いときがあります。ヒートポンプを利用すると、下水から効率的に冷熱や温熱を作ることができます。後楽一丁目地区では、ポンプ所周囲の娯楽施設、業務施設、ホテルなどに冷水と温水を供給して、省エネルギーを実現しています。

東京都武蔵野市の武蔵野クリーンセンターは、清掃工場を改修する機会に、周辺住民の方々の理解と市民参加による議論と検討を重ねた結果、周囲の複数の公共施設に対して電力と蒸気を供

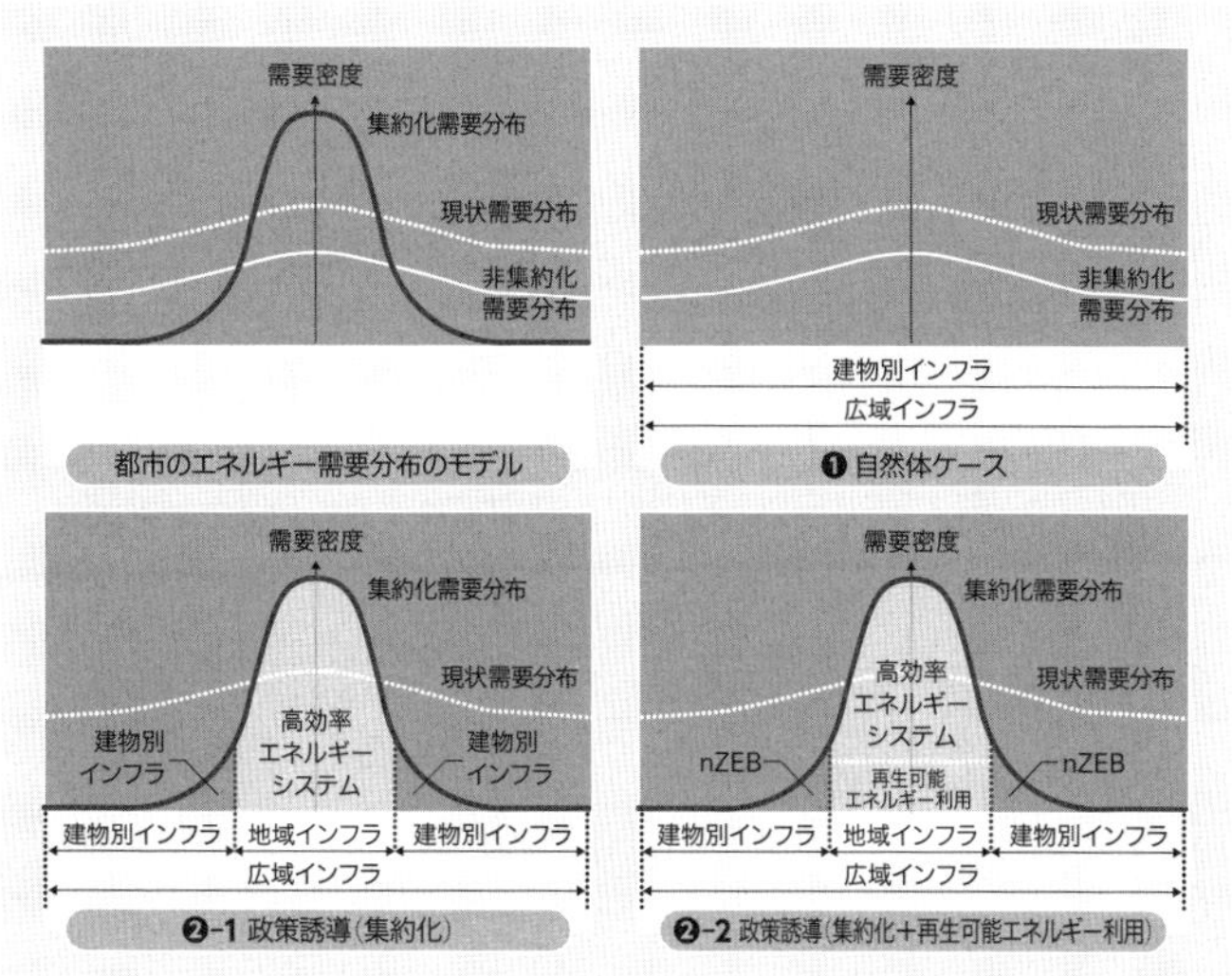

［**図4-7**］都市開発エネルギー消費量低減に向けた政策誘導イメージ

給できるようにしました。災害時においても、ごみを燃料としてエネルギー供給が可能です。資源循環や地球温暖化対策などの環境配慮方策に加えて、平常時・災害時のレジリエンスを高めることに成功しています。

このように、住民の理解により、都市施設と近くの建物が連携することで、未利用エネルギーを有効活用し、省エネルギーとレジリエンスの向上を図ることができます。

●地域冷暖房施設を中心とした未利用エネルギーの活用

河川水や海水の温度は、外気温度と比較すると夏は低く、冬は高いときがあります。ヒートポンプを利用すると、河川水や海水から効率高く冷熱や温熱を作ることができます。また、通常の水冷式の冷凍機では、冷却塔の水利用時に上下水道料金が必要ですが、それも不要となり、経済的な運転ができます。しかし、河川水や海水の利用には法的な規制があります。たとえば、河川水を利用する場合は、河川法が適用されます。河川法では、公共の福祉の増進、実行の確実性、河川流量と取水量との関係、公益上の支障の有無が利用許可の判断基準になります。建物単独での利用は許可されませんが、熱供給事業法に基づく地域冷暖房施設であれば公益性があると判断され、環境影響度調査などの手続きを踏まえて許可されます。

大阪中之島三丁目地区では、地域冷暖房施設に土佐堀川と堂島川の河川水を利用するヒートポンプを設置し、効率的に冷水と温水を製造して建物に供給しています。

このように、地域冷房施設を利用すると未利用エネルギーを有効活用できる可能性が高まり、都市の省エネルギーとレジリエンスの向上につながります。熱供給事業者は、平成二七年時点で八四社、許可事業地区は一四五地区あり、そのうち、三七の事業地区で未利用エネルギーが活かされています。今後も、未利用エネルギーを活かし、効率的なエネルギー供給を行う事業地区が増えることが期待されています。

●建物間でのエネルギー融通の促進

データセンターのように年間冷房が必要な建物がある一方で、病院、ホテル、住宅のように給湯などで年間温熱が必要な建物があります。冷房を行う際には、冷却した熱を外に捨てる必要があります。夏にクーラーの室外機の近くが熱いのはそのためです。この冷房時の排熱を給湯用の温熱製造に活用するなら、言うまでもなく省エネルギーになります。

前章でも記したように、複数の大規模建物で構成される東京・晴海のトリトンスクエアでは、冬期に冷房需要と暖房需要が同時に発生します。そこで、大型蓄熱槽と熱回収ヒートポンプを利用して、冷房排熱を暖房用に利用することで、省エネルギーを実現しています。

災害時の電力確保のために、発電時の排熱を冷熱や温熱の製造に活用できるコージェネレーションシステムを導入する建物や街区が増えています。コージェネレーションシステムを安定的に運転するには、複数の建物が連携して電力需要と熱需要をバランスさせることが必要です。

医療施設とオフィスビルで構成される田町地区では、コージェネレーションシステムの発電排熱を建物の冷房および暖房・給湯に安定的に活用しています。このように、建物が高密度に立つエリアでは、エネルギー需要の異なる建物を誘導し、建物間でエネルギー融通を促進することで、高い省エネルギー効果を期待できます。

●建物のZEB化、ZEH化を推進する

環境・エネルギーマップで色の薄いエリアは、建物密度も小さいため、エネルギーネットワークを拡大することは経済的に困難です。NSRI選書❶『エネルギー自立型建築』で紹介したように、建物単体の工夫で省エネルギーを徹底し、n-ZEB化やn-ZEH化を推進することが適しています。このエリアは日影の影響を受けずに太陽光発電設備の設置が行える中小規模の建物が多いと考えます。立地条件によっては、地下水等を利用できるかもしれません。

一方、ZEB化、ZEH化にはマネジメントも重要ですが、中小規模の建物では、建物単独でエネルギーマネジメントの専門家と契約することは困難です。複数の建物、可能であればエリアでエネルギーマネジメントを行う「エリアエネルギーマネジメント」を目指すべきでしょう。わ

が国でも、複数のスマートコミュニティ事業で、デマンドレスポンスを含めたエリアエネルギーマネジメントの効果が実証されています。

第5章

エネルギーマネジメントビジネスの要

5.1——ESCO[Energy Service Company]事業

●新ビジネスが立ち上がる

これまで、ビル単体や街区レベル、都市レベルでのエネルギーマネジメントについて述べてきました。事例としてあげたビルなどは、ある程度規模が大きく、ビル管理者が常駐しているものがほとんどですが、中小規模のビルにはビル管理者がいません。ビル管理者が常駐していてもエネルギー管理まで手が回らないことがほとんどです。

ビルオーナーがビル管理者に求めていることは、設備機器に故障が起こらず、常に順調な運転がなされることです。入居者からのクレームがないことが第一であって、省エネルギーに関心を持つビルオーナーは多いとは言えないのが実情です。

しかし最近は、地球温暖化問題などがクローズアップされることから、法律や条例による省エネルギーの規制が年々厳しくなってきており、ビルオーナーや管理者も無関心ではいられなくなってきています。こうした動きの中で、省エネルギーに取り組みたいのだがどうしたらよいのかわからないというビルオーナーのために、省エネサービスを提供する新たなビジネスが次々と立ち上がっています。

●期待されるESCO事業

省エネルギー改修に必要な技術、設備、人材、資金などのすべてを包括的に提供するESCO事業が、ビルやその他の施設における省エネルギー改修を促進する事業として、第一次石油危機（一九七三年）以降、省エネルギー市場を牽引する新たな民間ビジネスとしてアメリカで成長し、わが国でも省エネルギー実現の有効な手段として普及が期待されてきました。

ESCO事業は［図5-1］に示すように、省エネルギー改修工事による光熱費の削減分で、すべての投資と発注者およびESCO事業者の利益を賄うことをめざしています。省エネルギー診断、設計、施工、運転・維持管理、資金調達など事業にかかわるすべてのサービスを包括的に提供するこの事業は、従来の省エネルギー改

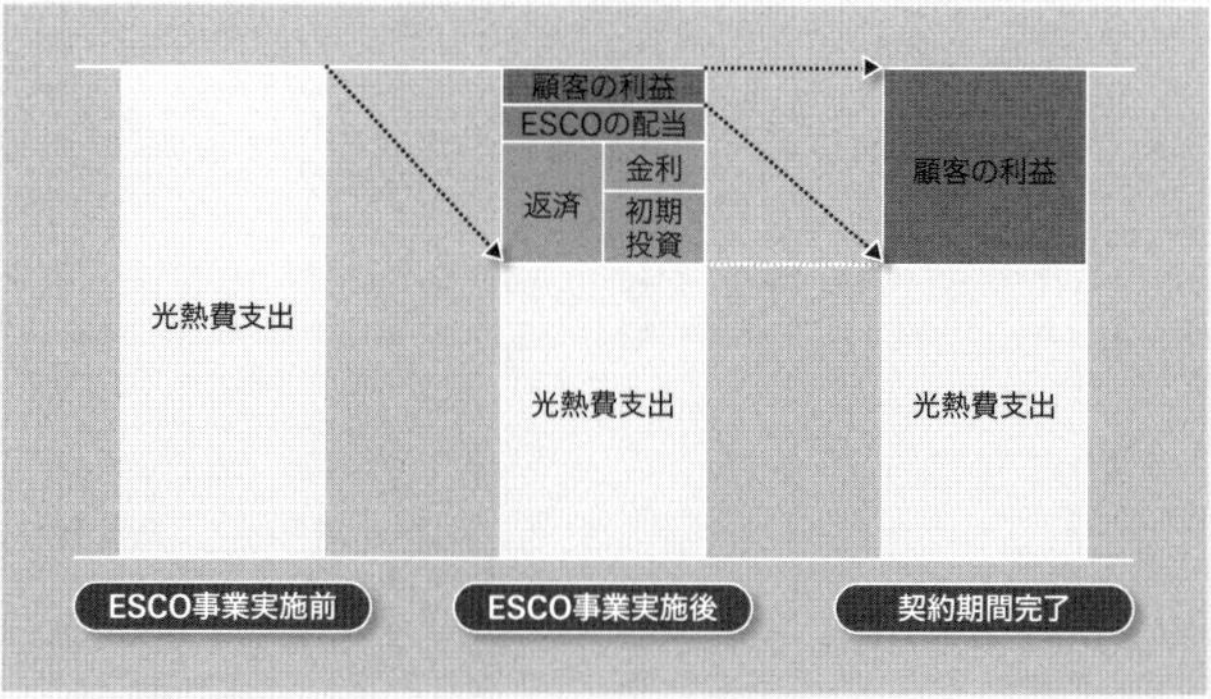

［**図5-1**］ESCO事業の経費と配分

修工事とは異なる事業形態をとっています。

また、一般的な建設工事とは性格が異なり、改修工事終了後も契約期間中は、ESCOサービスという形で、維持管理、運転管理、計測・検証、および省エネルギー効果の保証を行い、継続的に提供される役務契約とすることができます。さらに、ESCO事業者が省エネルギー効果の保証、つまり顧客の利益保証を含む契約形態であるパフォーマンス契約を結ぶことにより、顧客の利益の最大化を図ることができます。また資産担保や企業の与信によらない事業の採算性を担保とする融資としてのプロジェクトファイナンスを利用し、金融機関の投資リスクに関する懸念を回避できるというのもESCO事業の特長です。

［図5-1］は、ESCO事業導入前後の各種費用の模式図ですが、実際のESCO事業の各種費用の内訳として、［図5-2］に導入後十五年間の各種費用の内訳、［図5-3］に導入前後の各種費用の内訳の事例を示します。

●通常の省エネルギー改修工事との違いと実施方法

省エネルギーをめざして既存施設の改修工事を行う場合の実施方法には、次の二種類が考えられます。

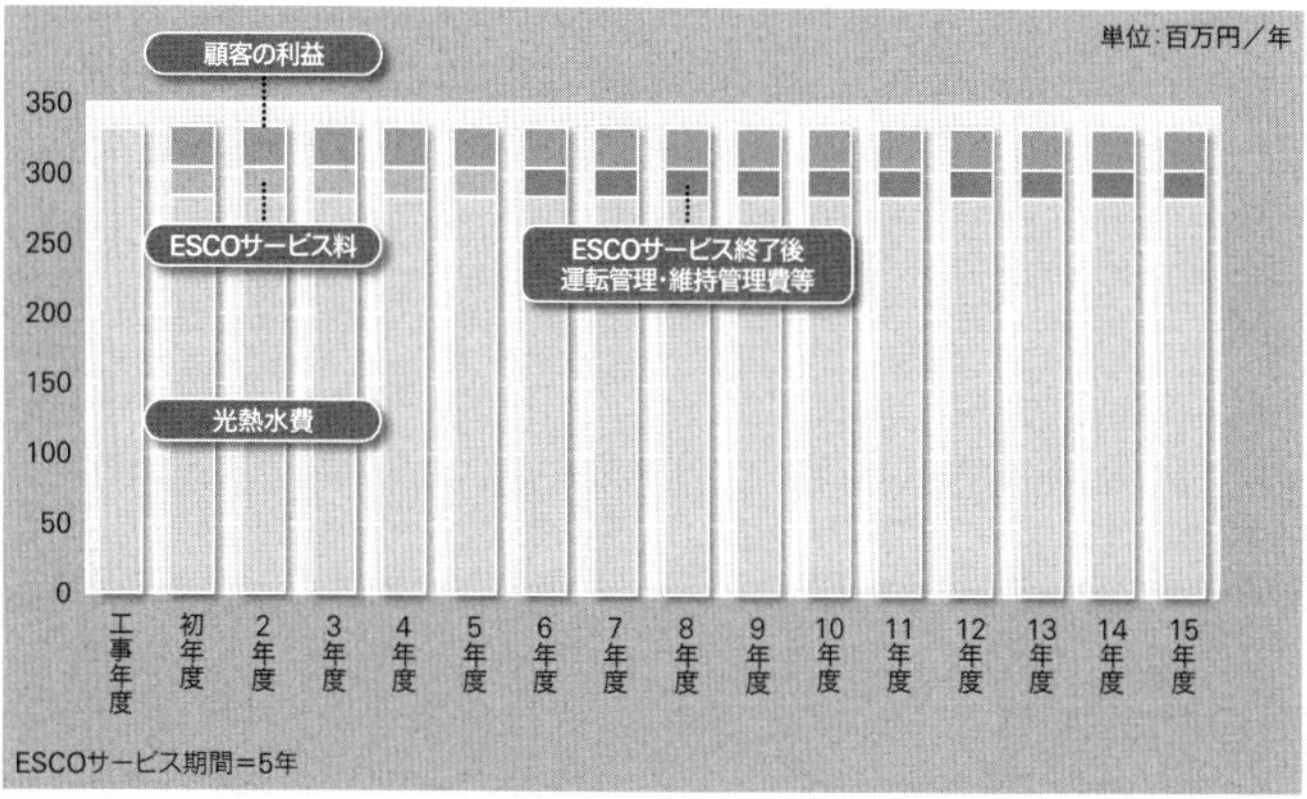

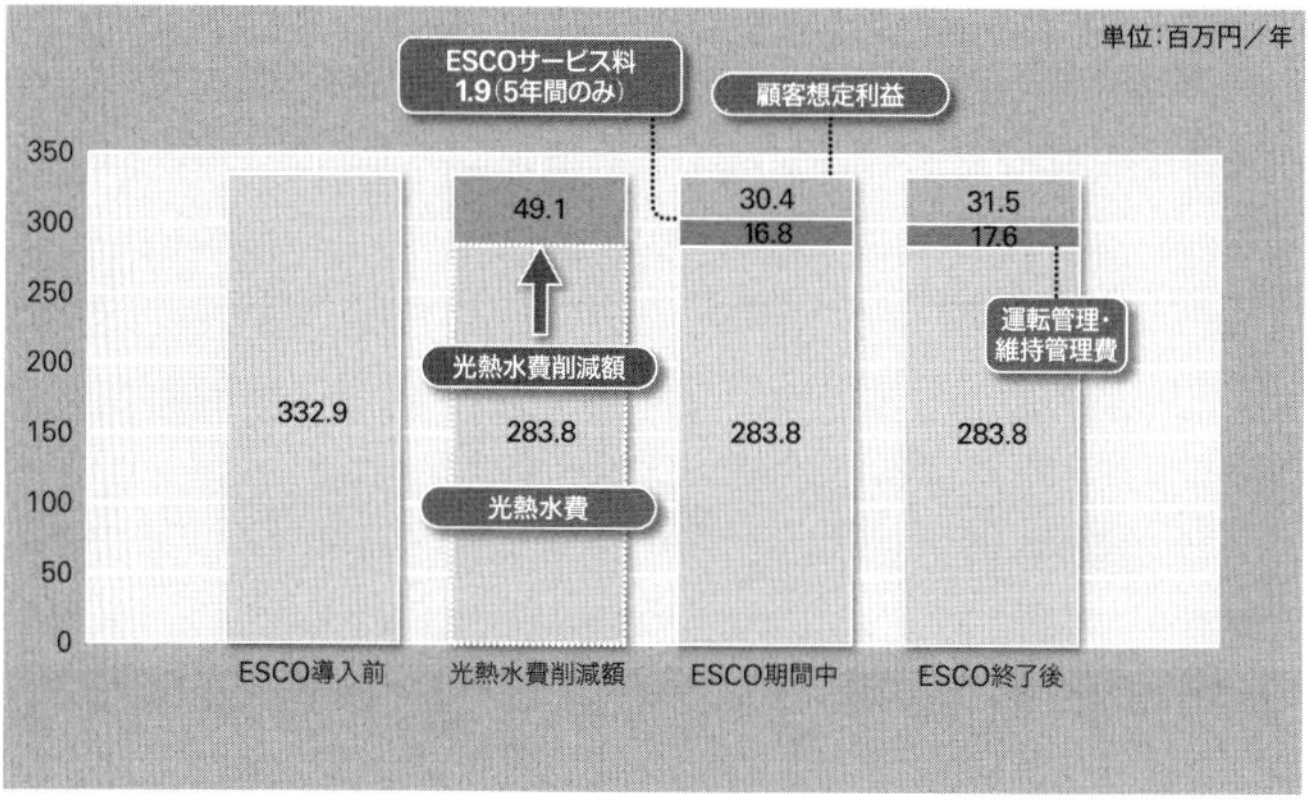

[**図5-2**]ESCO事業導入後15年間の各種費用の内訳の事例
[**図5-3**]ESCO事業導入前後の各種費用の内訳の事例

❶通常の省エネルギー改修工事（設計と施工を分離発注）
❷ESCO事業に基づく改修工事

これらの実施方法を［図5-4］に示します。

通常の省エネルギー改修工事においては、設計者が省エネルギー効果量の保証をすることはありません。設計者は省エネルギー効果量とそれにともなう工事額を提示し、顧客の承認を受けたうえで改修工事に取りかかります。また、改修工事の監理、取扱い説明、改修工事後の運転に際しての助言などを通して、省エネルギー効果が充分に得られる体制を整えます。

それに対してESCO事業では、包括的サービス、つまり顧客とESCO事業者の一括契約により、省エネルギー効果の保証と確認が行われます。

●ESCO事業の包括的サービス

ESCOとは、従前の利便性を損なうことなく、省エネルギーに関する包括的なサービスを提供し、その顧客の省エネルギーメリットの一部を受注者側が報酬として享受する事業であると定義されます。その包括的なサービスの概要は、次の五つです。

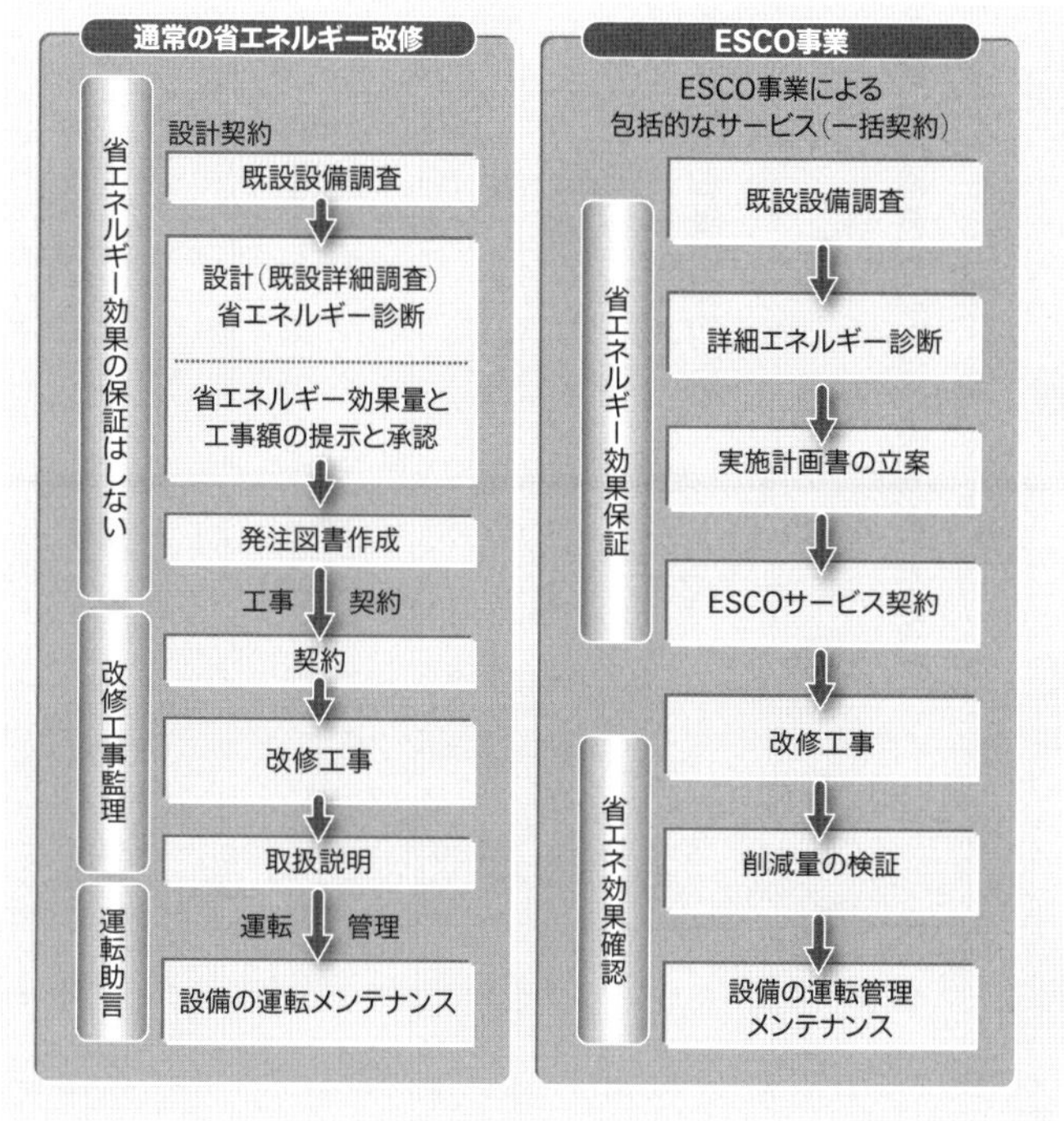

［**図5-4**］通常の省エネルギー改修工事とESCO事業の実施方法

❶省エネルギー方策発掘のための診断、コンサルティング
❷方策導入のための計画立案、設計施工、施工管理
❸導入後の省エネルギー効果の計測、検証
❹導入した設備やシステムの保守、運転管理
❺事業資金の調達、ファイナンス

ESCO事業はこれらのすべて、または組合せで構成されます。ESCO事業者は事業の遂行にあたって、顧客とエネルギーサービス契約を締結し、一定の省エネルギー効果を保証します。

●ESCO事業の契約まで

ESCO事業の特徴および契約までのプロセスは、以下のように整理できます。

❖光熱費等経費の削減分ですべての経費を賄う

省エネルギー改修に要した投資、金利返済、ESCO事業者の経費等はすべて、省エネルギーによる経費削減分で賄われます。また、契約期間終了後の経費削減分はすべて顧客の利益とな

ります。

ただしこの方法には、更新時期にさしかかっている設備更新費用をすべてESCO事業者が負担するという点が検討すべき課題とされています。なぜなら顧客はESCO事業を導入しなくても設備を更新する必要があります。また、大きな更新費用がかかる熱源設備や受変電設備などをすべてESCO事業者が負担できない場合が多くあるからです。このような事例がESCO事業の導入を阻害する要因になっていることも事実です。そこで最近は、設備更新型ESCO事業という形で、更新する必要のある設備費用については顧客の負担とすることが検討されています。

❖省エネルギー効果をESCO事業者が保証する

ESCO事業導入による省エネルギー効果は、ESCO事業者によって保証されます。この際、顧客に損害が生じた場合はESCO事業者が補償します。つまり、性能保証と同時に顧客の利益補償を行うという内容を含む「パフォーマンス契約」によって顧客の利益が守られます。パフォーマンス契約とは、エネルギー効率改善にかかわる業務完了までのいっさいのサービス提供に関する包括的契約であり、かつ事業の採算性を保証することにより成立する契約です。

❖包括的なサービスを提供する

ESCO事業者は、省エネルギー診断、改修計画の立案、設計・施工管理といった直接工事に関わるサービスとともに、改修後の運転管理、資金調達、会計分析を含む包括的なサービスを提供します。顧客側に省エネルギー改修に関するノウハウがなくても、またそのための要員が確保されなくても、すべてがESCO事業者の責任のもとに遂行されます。米国ではESCO事業者が提供するこのような包括的サービスを「ワン・ストップ・サービス」と呼ぶことがあります。スーパーマーケットのような一つの店ですべての用を足すことができることを「ワン・ストップ・ショッピング」と呼ぶように、一つの業者ですべてのサービスが受けられるのが「ワン・ストップ・サービス」です。

❖省エネルギー効果の検証を徹底する

ESCO事業は、改修工事後の効果を徹底して検証します。工事後の効果に責任を持つことは、通常の省エネルギー改修工事に比べて省エネルギー効果が高くなる傾向にあります。

❖資産ベースによらない融資環境(プロジェクト・ファイナンス)

ESCO事業の場合は、事業の採算性が融資の担保となります。わが国の場合、資産担保が融

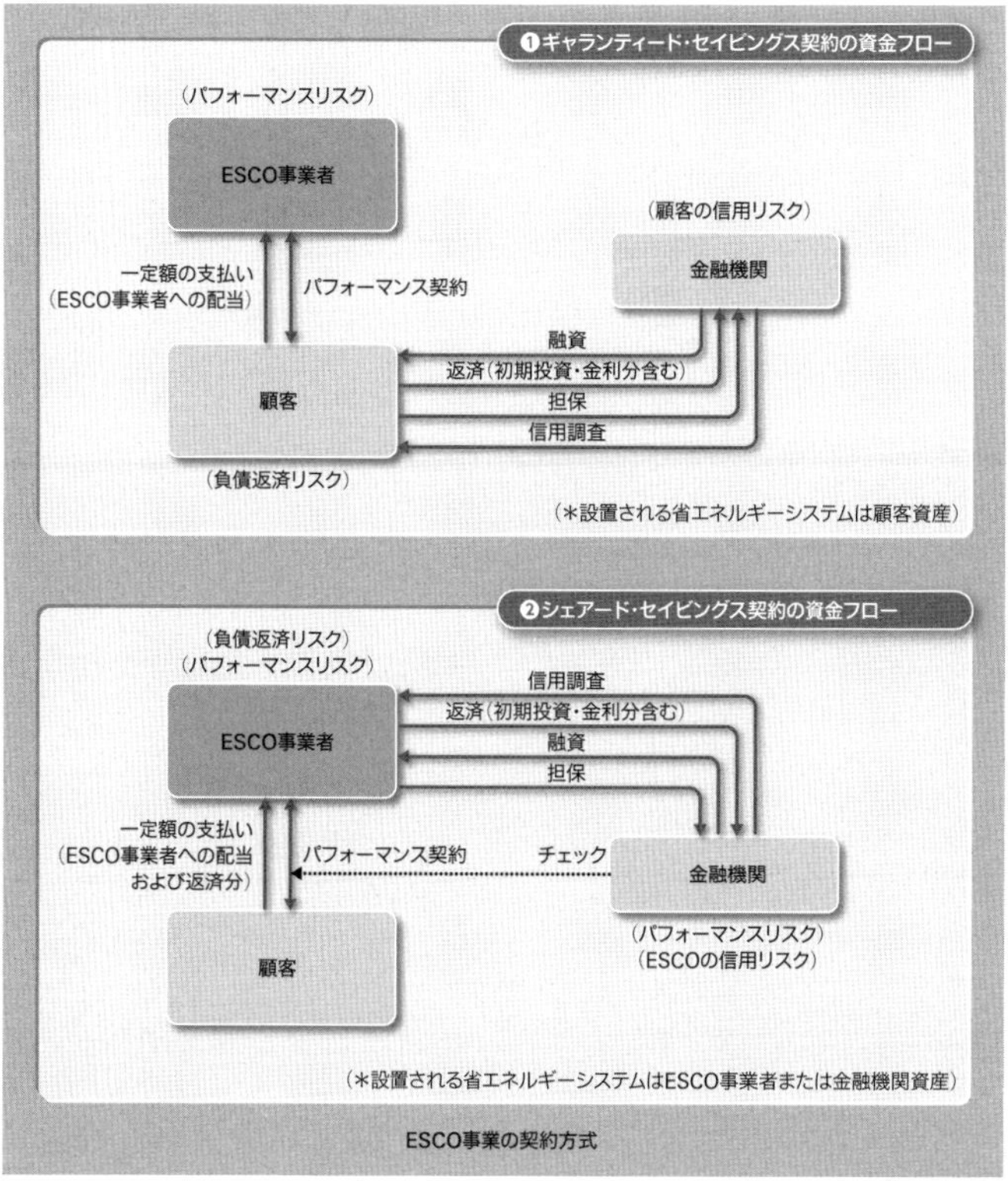

［**図5-5**］ESCO事業の2種類の契約方式

資条件になりますが、省エネルギー投資は顧客のコアビジネスではないことから、通常の融資枠以外での融資の獲得がきわめて重要です。ＥＳＣＯ事業先進国であるアメリカでは、銀行融資の他にもリースや債権の売買など多様な資金調達方法が用意されています。

●ＥＳＣＯ事業の契約方式

ＥＳＣＯ事業の契約方式は大きく分けて以下の二種類があります。

❶ギャランティード・セイビングス契約
❷シェアード・セイビングス契約

いずれの場合も効率改善への投資による節減額をＥＳＣＯ事業者が保証し、この節減額が資金の償還原資となります。一方、❶と❷の違いは資金の債務者が異なることであり、その資金フローを［図5-5］に示します。

5.2——注目されるアグリゲータビジネス

●デマンドレスポンスと省エネサービス

アグリゲータとは「集める人」の意、複数の建物からエネルギーデータを集めてきて、遠隔で最大電力を低減し、省エネルギー診断を含むサービスを行うアグリゲータビジネスと呼ばれる事業形態があります。二〇一一年の経済産業省の施策「BEMSアグリゲータ制度」により、注目されるようになりました〔図5-6〕。

この制度は、ビル管理者が不在で、電力消費量の実態が把握されていない中小ビルを対象とし、インターネットを通じて、平常時は遠隔操作で建物の設備の省エネルギー制御、電力需給ひっ迫時には節電制御を一斉に行うものです。また、計測・制御内容をWebで表示することにより省エネルギーと節電を推進するものでもあります。この制度に登録された事業者をアグリゲータと呼び、電気系メーカー、自動制御メーカー、ビル管理会社、ESCO事業者など、現在約三〇社がアグリゲータとなっています。二年間の事業期間で約六四〇〇以上の建物にシステム導入し、契約電力は約百万kW以上となりました。

アグリゲータが提供するサービスには、次の二つがあります。

❶デマンドレスポンス＝電力デマンド（ピーク電力）が一定の値を超えないようにコントロールし、契約電力を下げることによってコスト削減を図ります。東日本大震災以降、電力の需給がひっ迫したときに電力会社から節電要請が出され、それに応えて電力デマンドを抑えると報奨金が得られる制度が創設され、この制度を活用したビジネスも生まれています。

❷省エネサービス＝アグリゲータがビルの電力使用状況をチェックし、ビルオーナーに定期的にレポートを送って省エネを促します。電力会社やガス会社から毎月送られる請求書を基にした簡易なエネルギー診断から、電力量計や熱量計を付けた精緻なエネルギー診断まで、多くのメニューが用意されています。

一方、複数の建物を遠隔監視するビジネスとして、ビル群管理事業があります。わが国では、一九八〇年代からビル群管理事業が始まり、現在では自動制御メーカーや設備工事会社など多くの事業者がビジネス展開しています。アグリゲータ事業との違いは、デマンドレスポンスをサービスに含んでいないことです。BEMSアグリゲータ制度は二年で終了しましたが、デマンドレスポンスの有効性が高まれば、今後も再び普及する可能性のあるビジネスです。

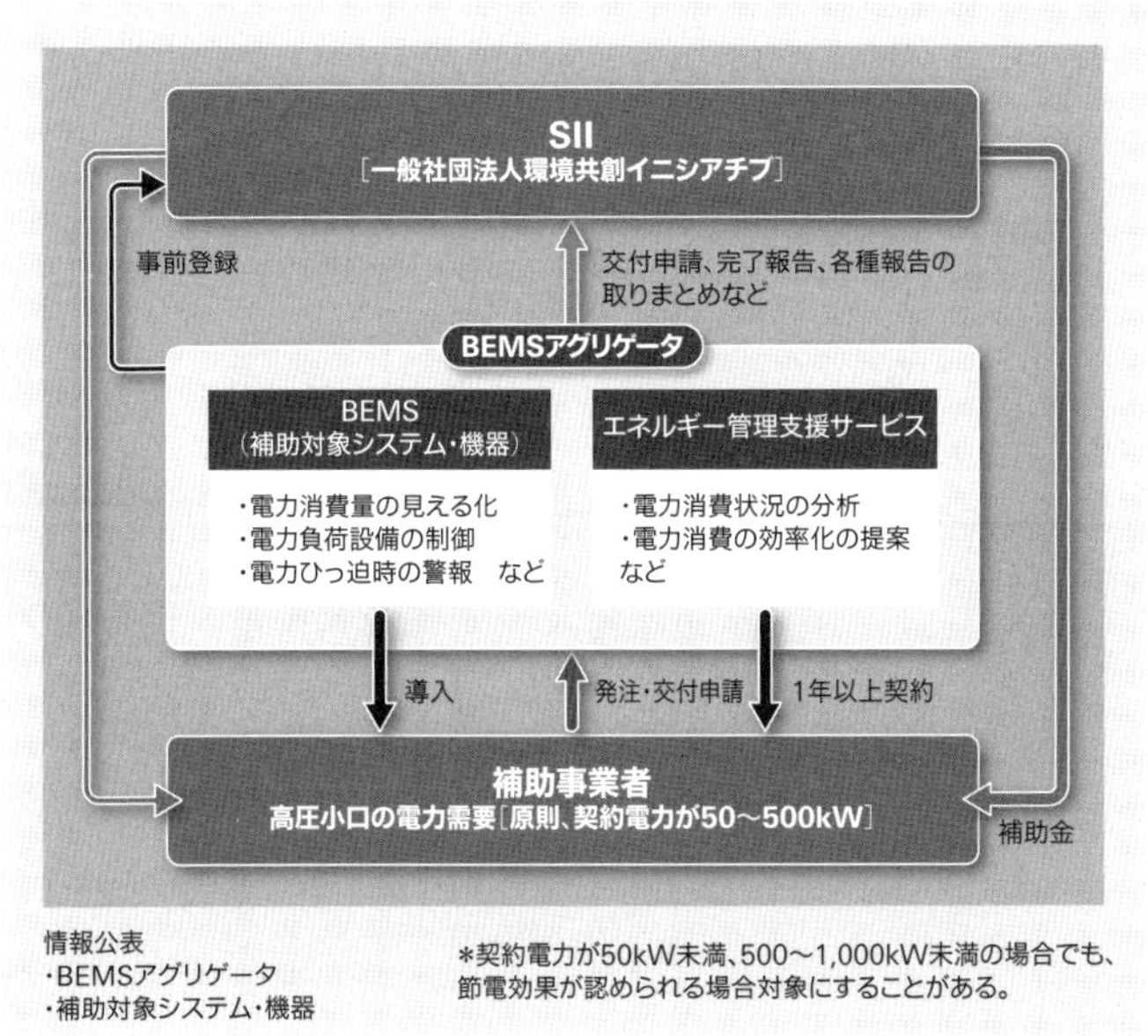

［**図5-6**］BEMSアグリゲータ制度の枠組み
出典：エネルギー管理システム導入促進事業費補助金（BEMS）公募資料より
（一般社団法人　環境共創イニシアチブ）

5.3——コミッショニング［Commissioning］について

◉新築建物にコミッショニングを適用することによる三つの効果

クライアントの要求性能の実現をサポートするビジネスとして欧米で広がりを見せているコミッショニングは、米国の建物の総合環境性能指標のLEED認証を取得するための必須項目です。わが国の建物の総合環境性能指標CASBEEは、東京都のトップレベル事業所認証制度の加点項目にもなっていることもあり、わが国でも注目を集めています。建物のエネルギー性能以外にもコミッショニング適用の対象はありますが、ここでは、新築建物のエネルギー性能を対象としたコミッショニングに限って紹介します。次にその三つの効果について記します。

❖信頼できるパートナーが得られる

私たちがダイエットを始めるときには、最初に目標とする体重を決めることが重要です。そして、食事や運動を含めた自分のライフスタイルを改善する計画を立てます。確実に目標を達成するためには、トレーナーなどの専門家のアドバイスを受けて、無理のない、長続きできるような工夫をすることがダイエットを成功させる秘訣です。

建物の省エネルギーも同様です。建物を作るときには、最初に目標とするエネルギー消費量を決めることが重要です。しかしみなさんは、今の自分の体重と標準とする体重やダイエット方法に関する情報を知っていても、建物を建てる前にどれだけエネルギーを消費するのかを知ることは困難です。また、どのようにして省エネルギーが可能な建物を作るのか、具体的な方法まではわからないと思います。

コミッショニングは、エネルギーの専門家が目標とするエネルギー消費量とそれを達成するための計画をつくり、目標達成までのアクションを継続し、建物の省エネルギーを確実に達成することをサポートします。このエネルギーの専門家が性能検証責任者です。以降、性能検証責任者をCA（Commissioning Authorityの略称）と呼びます。

以上、コミッショニングの効用の一つ目は、クライアントが、目標を実現するために信頼できるCAというパートナーを得られることです。

❖情報が確実に伝達される

建物の設計フェーズから運用フェーズまで、設計者、施工者、運転管理者などの多くの人が関わります［図5-7］。しかし、建物の計画から運用まで一貫して関わる人はいません。クライアントサイドでも、建物が完成する前後で担当者が替わることはよくあります。その結果、建物の建設に関連する情報がうまく伝達されず、建物完成後に運転管理者が試行錯誤で建物を管理する事態になりかねません。しかしCAは、目標とする性能を実現するためのクライアントのパートナーとして、建設プロセス全般にかかわります。

建物のエネルギー性能に関する情報が、建設プロセスを通じてCAを媒体として確実に伝達されるという点が、コミッショニングの二つ目の効用です。

❖あいまいさが解消される

建設プロセスで発生する問題の原因の多くは、あいまいです。意思決定過程があいまいな場

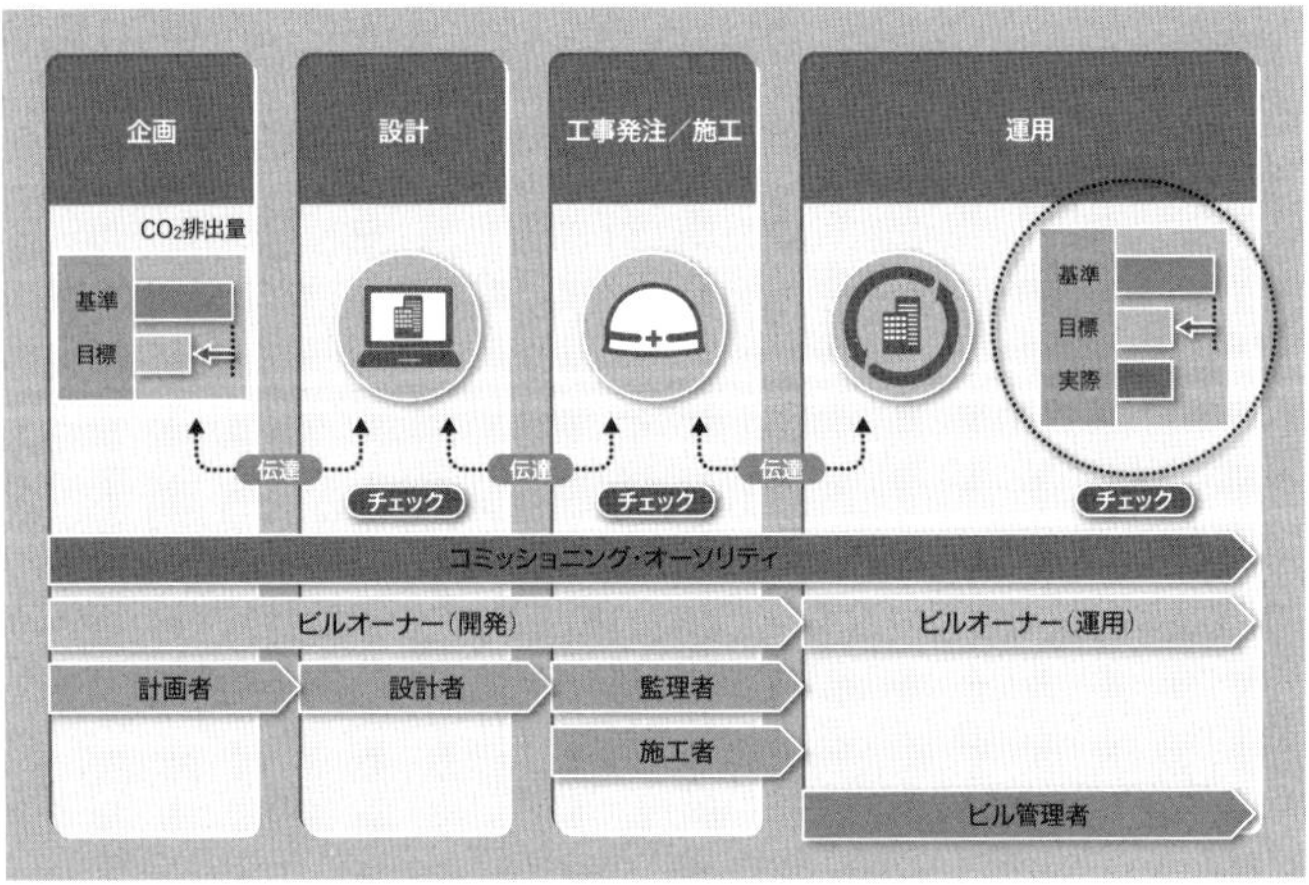

［**図5-7**］建設プロセスにおける関係者とコミッショニング適用時の情報伝達イメージ

合、責任転嫁が生じて物事の解決に時間がかかることになります。コミッショニングでは、CAが中心となって意思決定の過程を含めた情報伝達の内容や、重要事項を文書化するため、こうしたあいまいさが解消されます。

●新築建物におけるCAの主な役割

建物を新築するときの時間の流れに沿ってCAの主な役割を説明します。

❖計画フェーズではOPR文書制作

建物のエネルギー性能の目標によって、建物の設計内容や予算、そして建物が完成した後の運用方法が大きく異なります。CAの最初の役割は、クライアントの目標づくりを手伝うことです。CAは、建物規模や建物用途および建物の使用時間などの検討条件をクライアントと相談して設定し、根拠を明確にしたうえで、目標とするエネルギー性能を提案します。ZEBなどの先進的な建物を計画する場合には、CAが対象とする建物に適用可能な省エネルギー手法の選択やエネルギーシステムの構成を検討し、費用対効果を考慮することもあります。クライアントの合意を得て目標とするエネルギー性能と根拠は、CAによりOPR（Owner's Project Requirements）という文書に記されます。OPRは、以降の建物のエネルギー性能を確認するうえでの基準となるので、非常に重要な文書です。

コミッショニングの成果を得るためには、建設プロセスに関わる人々がOPRの内容を理解し、コミッショニングに協力することが必要です。そのために、コミッショニングの進め方と関係者の役割を明確にした性能検証計画書を作成します。

❖設計フェーズでエネルギー性能を実現

設計フェーズでは、クライアントのニーズを建物の設計仕様として明確にします。この設計仕様に基づいて工事費が決定し、建物が完成します。つまり、建物のエネルギー性能の実現性は、このフェーズでほぼ決まるといえます。CAは、設計行為に関わらない第三者として、OPRに記載したエネルギー性能を実現できる設計仕様になっているかどうかを確認するために以下のことを行います［図5-8］。

▼設計者がクライアントのニーズを把握して設計を行うためにOPRを説明する。
▼設計者がコミッショニングに対する共通認識を持ち、自身の役割を把握するために性能検証計画書を説明する。
▼設計者から提出された情報をもとに設計内容をレビューし、設計者が検討したエネルギ

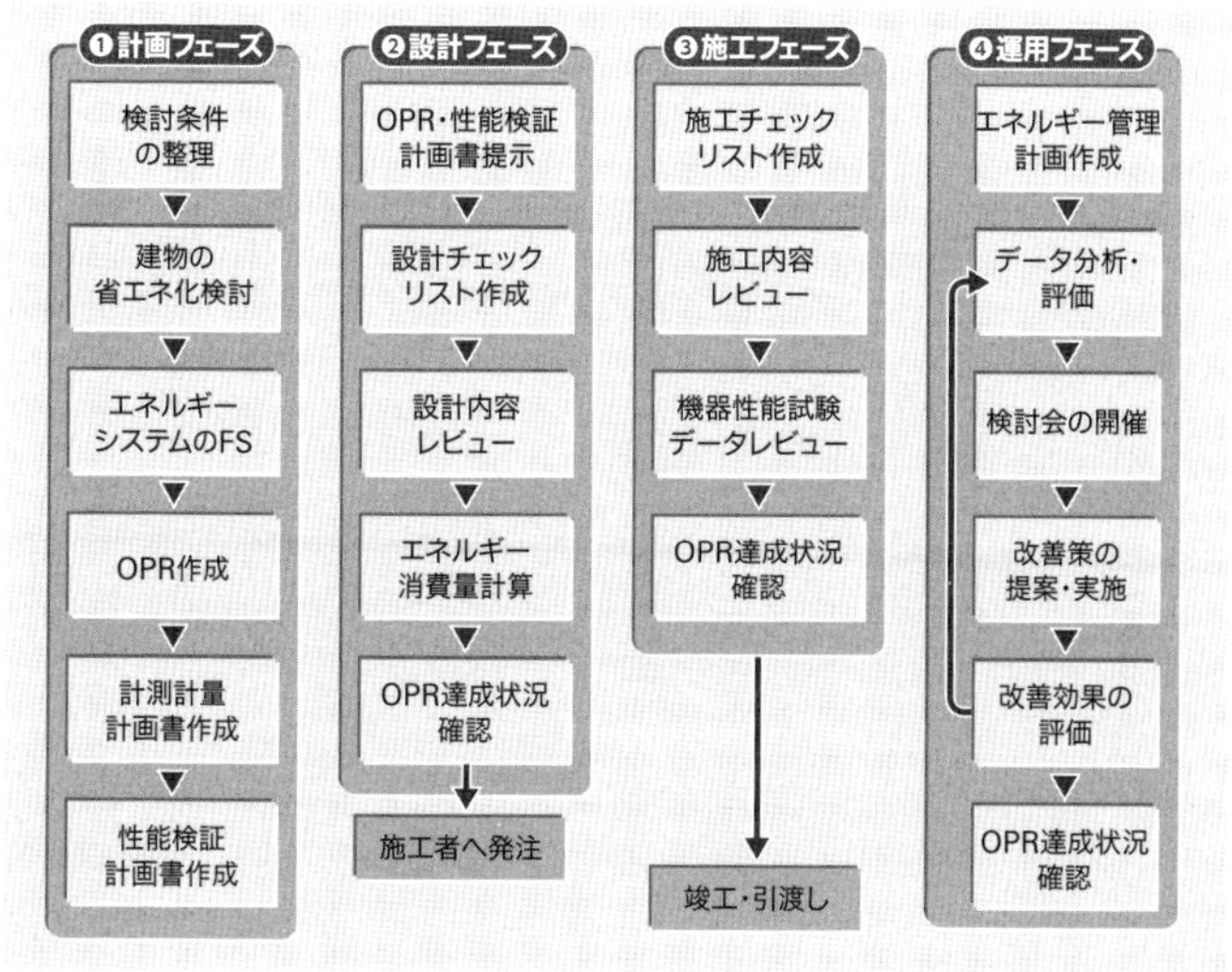

［**図5-8**］新築建物に対するCAの役割

ギー性能の推定結果からOPRの達成状況を確認する。場合によっては、計画フェーズで建物の仕様を具体化し、設計内容に基づいてエネルギー消費量の計算を行い、OPRの達成状況を確認する。

▼設計者の意見や設計内容を勘案して、OPRの修正をクライアントに提案する。

▼施工フェーズでコミッショニングに関連して施工者に依頼する作業内容などを明確にした性能検証仕様書と、CAが確認する内容を明確にした施工チェックリストを作成する。

❖施工フェーズで完成までと完成後を確認

施工フェーズは、設計仕様に基づいて建物が完成するフェーズです。CAは、OPRに記載したエネルギー性能を実現可能な施工内容になっていることを確認し、建物完成後に運転管理者が円滑に建物を運転できるように以下のことを行います。

▼工事監理者と施工者に対して性能検証計画書を説明し、施工フェーズにおけるコミッショニングの共通認識を得る。

▼施工チェックリストに基づいて工事監理者と施工者から提出された情報をもとに、施

工内容をレビューする。

▼主要な機器に対する機器確認図や試験データを確認する。設計フェーズでの想定内容と差異がある場合には、選定機器のデータを用いてエネルギー消費量の計算を行い、OPRの達成上、問題がないことを確認する。

▼試運転調整結果を確認し、設備システムが適正な状態に調整されているかを確認する。

▼運用時のエネルギー性能を評価するために、計測計量データの妥当性を確認する。

▼設備システムの設計主旨と運転管理方法などを整理したシステムマニュアルの内容を確認する。

▼運転管理者に対して、システムマニュアルをもとに、設備システムの適切な運転管理を行うための教育訓練を行う。

❖運用フェーズでOPRの達成状況を把握

建物完成後に、実際に建物が運用される運用フェーズでは、CAが建物の運用データからOPRの達成状況を確認するために、以下のことを行います。

▼運用管理者に対して性能検証計画書を説明し、運用フェーズにおけるコミッショニン

グの共通認識を得る。
▼建物竣工後の建物のエネルギー性能を確認するための機能性能試験を実施する。
▼機能性能試験結果および運転データの分析・評価を行い、OPRの達成状況を確認して課題整理を行う。
▼建物所有者、運転管理者、CAが参加する検討会を開催し、運用データの分析・評価結果と課題を共有する。
▼課題解決のための改善案を提案し、改善実施の支援を行う。
▼改善効果の分析結果から目標を達成したことを確認し、コミッショニングの実施内容を整理した性能検証報告書をクライアントに提出する。

このように、CAが、計画フェーズにおける目標立案から運用フェーズでの達成状況の確認まで、計画的に関与することにより、省エネルギーの確実な達成が図られます。

5.4——省エネ法対応の専門家による実施について

●省エネ法の概要

省エネ法すなわち「エネルギーの使用の合理化に関する法律」は、工場等、輸送、建築物および機械器具等についてのエネルギーの使用の合理化に関する取組みや、電気の需要の平準化への取組みを進めるために制定されました。この法律では、年間のエネルギー使用量が原油換算で一五〇〇kl以上の事業者（本社、工場、支店、営業所、店舗等の合計）に対して、年平均一％以上のエネルギー消費原単位の削減または電気需要平準化評価原単位の低減が求められています。加えて、管理標準をもとにした取組み、管理統括者やエネルギー管理企画推進者の選任、年度ごとの中長期計画書および定期報告書の提出が義務づけられています。

中長期計画書では、複数年にわたって年平均一％削減を達成する省エネ改修の計画立案と、その効果予測を算定し毎年の見直しを明記します。また定期報告書では、毎年の購買伝票などを収集整理し、エネルギー使用状況を算定したうえで、エネルギー消費原単位の削減を確認していく必要があります。

ちなみに、一年間のエネルギー使用量一五〇〇klの目安は、事業所の立地条件（所在地等）や施設の構成（たとえば、ホテルの場合ではシティホテルとビジネスホテル、病院では総合病院と療養病院）等によって異なりますが、一般的な目安としては以下のようになります。

▼小売店舗（延床面積）約三万平米 程度
▼オフィス・事務所（年間電力使用量）約六〇〇万kWh/年 程度
▼ホテル（客室数）三〇〇～四〇〇室 程度
▼病院（病床数）五〇〇～六〇〇床 程度
▼コンビニエンスストア（店舗数）三〇～四〇店舗 程度
▼ファーストフード店（店舗数）二五店舗 程度
▼ファミリーレストラン（店舗数）十五店舗 程度
▼フィットネスクラブ　八店舗 程度

●具体的な実施内容

省エネ法にもとづき、事業者にはさまざまな義務が生じます。ここでは多くの実施事項のうち、エネルギーに関する専門的な知識や機器類に対する技術的知見が必要となる管理標準の策定、中長期計画書、定期報告書に関する具体的内容について説明していきます。

❖管理標準の策定

管理標準とは、事業所の適切なエネルギー管理をしていくために必要な具体的事項を記載した管理マニュアルのことです。ここで必要とされるのは、設置している施設全般についてエネルギー使用の効率化を図るための管理体制を整備することです。そして効果的な管理を行うためには、次のことに配慮することが必要です。

▼責任者であるエネルギー管理統括者を配置する。
▼取組方針を定め、エネルギーの使用の合理化に関する目標や設備の新設および更新についての方針を明確化する。
▼取組方針の実施状況を確認し、その評価を行い、結果が不十分である場合には改善の指示を行う。
▼取組方針および実施状況の評価手法については、定期的に分析評価を行い必要に応じ見直しをする。
▼施設にかかわる名称、所在地およびエネルギー使用量を記載した書面を作成、更新、保管することにより、状況を把握する。

対象となる機器類は、空気調和設備や換気設備、ボイラーや給湯設備、照明設備、昇降機設備、動力設備、受変電設備やBEMS、発電専用設備およびコージェネレーション設備、事務用機器や民生用機器、業務用機器などです。また、管理標準において記述される内容には次のような事柄があります。

▼各設備についての特性、機能等に応じて、最適な運用方法や管理方法の留意点を記す。
▼省エネ法における判断基準に示されている各事項との対応がわかる標記、具体的な管理値や標準値、自動制御概念や特徴、制御の目標値。
▼管理値や標準値を設定した事項については、計測と記録の実施周期、計測値と管理値・標準値と対比チェックと範囲外の対策。
▼重要管理項目については、一定時間ごとに測定記録値の保存期間、設備の故障や劣化を防ぐための保守点検の周期と要領やポイントなど。

❖**中長期計画書**

エネルギー削減をめざし、中長期的な省エネ対策計画を記すのが「中長期計画書」です。原則的には、エネルギー消費原単位で前年度比一%の削減を目標とします。ここでは中長期計画策定の考え方について、まずは施設で使用しているエネルギーの大きい用途や機器類の確認から説明しましょう。エネルギー使用量の大きい機器に対して対策を計画するのが最も効率的であるためです。一般的な事務所ビルでは熱源、熱搬送、空調機、照明機器類などが対象となりますが、詳しくはBEMSのデータなどを利用してエネルギー消費量を確認します。BEMSのデータがない場合には、機器の仕様とその利用状況から推定します。

つぎに、それらの機器に対して現状の運用方法を確認し、施設の利用状況とマッチしているか、ムダはないかなどをチェックしていきます。その際に費用対効果などを考慮して、チューニングによる改善点や改修による機器効率化の対策を検討します。改善効果の検討方法には、一般的な指標を参考にする方法やシミュレーションプログラムなどを使用する方法がありま す。これらは機器類に対する技術的知見やエネルギーに関する知識が必要とされ、専門家による検討が必要です。また、策定した計画に対し毎年達成度などを評価し、必要に応じて見直しをしていきます。

❖定期報告書

各施設で使用したエネルギー消費量を整理し、事業者全体として毎年経済産業省および各施設管轄の官庁へ提出する報告書です。対象は重油やガスなどの燃料、電気、冷温水や蒸気などの熱の消費量です。これら各エネルギーの購買伝票などを利用して年間の集計をします。

とくに電気平準化時間帯の使用量を把握するために七月〜九月および十二月〜三月の八時〜二二時の電力を把握できるよう集計しておきます。これらの情報は、基本的にはエネルギー購買伝票をもとにして整理しますが、事業者全体としての集計に加え、年間一五〇〇kl以上の事業所は、それぞれに集計して記載する必要があります。事業者全体の集計をしなければならないため、多くの施設を保有している事業者は、そのデータ収集と集計だけでも膨大な作業量となります。

●専門家による実施

省エネ法にかかわる実施内容のうち、管理標準、中長期計画書、定期報告書については前述したとおりです。いずれについても、エネルギーに関する知識や機器類の技術的知見が必要であり、手間のかかる作業となるため事業者にとっては大きな負担です。これらの負担を減らすために、外部の専門家が実施するケースがあります。専門家による実施の主なメリットは、多くの技術的知見を有しているため、一般的な管理方法を熟知したうえで施設の利用状況に合った適切な機器管理の方法を決定することができることです。精緻なシミュレーションによる実効性のある省エネ中長期計画を策定することができます。

とくに機器類のチューニングなどを実施したことのない施設では、その効果は施設全体の光熱費を三～十％程度削減することにつながります。また、多くのエネルギーデータ処理などにかける時間も節約することができます。専門家の実施にはもちろん費用がかかりますが、光熱費の削減量と勘案すれば、実質的な費用負担は大きなものとならないのが一般的です。

5.5──東京都トップレベル事業所の認定支援

●東京都トップレベル事業所の概要

東京都の総量削減義務と排出量取引制度における特定地球温暖化対策事業所では、CO_2基準排出量に対して事務所ビルでは五年間平均十七%の削減義務が課せられます。対象事業所のうち、地球温暖化対策の推進の程度がとくに優れた事業所は「トップレベル事業所」として認定されます。トップレベル事業所はCO_2削減義務率を二分の一に、準トップレベル事業所は四分の三に軽減されます［表5-1］。

この認定を受けるには、東京都が指定する評価ツールにもとづき、トップレベル事業所では八〇点以上が、準トップレベル事業所では七〇点以上が必要です。申請には、第三者検証機関による検証結果を添付する必要があり、検証の際には自己評価書とポイントを取得した全評価項目の根拠資料を準備するという膨大な作業を必要とします。自己評価書に第三者検証機関の検証結果を添付し、東京都へ申請を行い、その後、東京都による審査を経て認定されることになります。

●評価内容の概要

評価の項目は、一般管理事項として事業所における省エネ推進体制やコミッショニングなど二四項目、建物および設備の省エネ性能として一一五項目、設備の運用管理や保守管理に関する事項として七四項目、以上の三つに分かれており、合計二一三の評価項目で構成されています。

また評価項目は、すべての認定申請事業所において評価の対象となります。トップレベル事業所等が必ず取り組むべき「必須項目」、すべての認定申請事業所において評価の対象となりトップレベル事業所等が優先的に取り組むべき「一般項目」、認定申請事業所において取組みを行っているときに評価の対象とする「加点項目」に分類されています。評価点は項目ごとに

区分		削減義務率（第二計画期間）	トップレベル事業所	準トップレベル事業所
I-1	オフィスビル等と地域冷暖房施設（「区分 I-2」に該当するものを除く。）	17%	8.5%	12.75%
I-2	オフィスビル等のうち、地域冷暖房等を多く利用している事業所	15%	7.5%	11.25%
II	区分I-1、区分I-2以外の事業所（工場等）	15%	7.5%	11.25%
＊認定年度から当該年度が属する削減義務期間の終了年度まで		削減義務率	1/2	3/4

［**表5-1**］トップレベル事業所と準トップレベル事業所CO_2削減義務率

最大一・〇の取組みレベルのうち、達成度合いと重み係数により評価点が算出されます。重み係数は、事業所のエネルギー使用量に大きな影響を与えている項目や省エネ効果が高い項目ほど高く設定されています。

●トップレベル認定を受けるための作業概要

❖一次自己評価

正確な評価（二次自己評価）をするためには多くの資料準備と時間が必要です。まずは対象とする建物が、トップレベル事業所認定の可能性があるかどうかを確認する一次自己評価を行います。主に竣工図書を参考に建物や設備の仕様を入力します。その他に建物管理者などへのヒアリングを実施し、その結果や一般的な取組み状況として評価を行います。特にトップレベルでは必須項目はすべて得点する必要があるため、注意が必要です。この段階でトップレベルの可能性があるのか、または準トップレベルなのか、それとも可能性がないのかを自己判断し、実際に認定申請に向けた作業を進める場合は、二次自己評価を行うことになります。

❖二次自己評価

正確な自己評価を行うために、評価する全項目に対して根拠資料を集め取組み状況を確認していきます。そのために収集するのは、事業所の省エネに対する取組み方針や体制を示す資料、関連会議体の議事録、前年度のエネルギー実績データ、計量計画にかかわる資料、BEMSデータを使用した分析評価結果、竣工図書、機器類製作図、保守点検および管理記録などです。これらの資料を評価項目に合わせて整備していきます。

既存ビルでは図面などの資料がそろっていない場合が多く、機器仕様が不明な場合がありますが、その場合は製造メーカーや施工者へ問い合わせ、資料を整備していきます。

また、コミッショニングや機器類の分析評価など現状は行っていない取組みを新たに実施し評価点を向上させる場合には、BEMSのデータを使った技術的検討が必要となりますので第三者の専門家に検討を依頼します。とくにコミッショニングの項目は、近年の重要性の認識の高まりから取組みの判断基準が厳しくなっており、実施内容に注意が必要です。一例を挙げると、熱源についてはすべての機器に対して実施される必要があり、評価内容としてCOP（成績係数）をはじめATF（空気搬送エネルギー消費係数）やWTF（水搬送エネルギー消費係数）といった詳細な分析が求められています。

❖第三者機関による検証

作成した評価書が正しいかどうかを確認するために、東京都が定めた第三者検証機関による検証を行います。これは評価項目ごとに取組み状況とそれを証明する根拠資料を突き合せるものです。自己評価が認定基準および認定ガイドラインに従っているか、建物概要、設備性能、エネルギー使用量等に関して算定および集計の結果が適切であるかを資料により確認していきます。基本的には、第三者検証機関が適合しているかどうかの判断をします。ただし判断しきれない場合は、東京都との協議により決定することになります。

●トップレベル認定取得のメリット

トップレベル事業所に認定されると、基準年度比十七%のCO_2削減義務率が緩和されます。トップレベル事業所では二分の一、準トップレベル事業所では四分の三の削減義務率となります［表5-1］。また、削減義務率を達成できなかった場合には、東京都から超過分のCO_2を買い取ることになるので、削減義務率は低い方が費用的なリスクを抑えることができます。また、認定結果は東京都のホームページで公開されます。それぞれの事業所の省エネへの取組みが社会的に評価されることになり、企業のCSRへの取組みのPRにもなります。さらに評価項目の取組みを実施することで、事業所における実質的な省エネルギーを図ることができるとともに、運用管理や保守管理の適正化にも役立ちます。今後はトップレベルのラベリング制度の実施が予定され、認定によって事業所やその企業の省エネルギーへの取組みがさらに評価されることになります。トップレベル取得へのニーズが、より高まるものと考えられます［表5-2］。

●専門家による実施

トップレベル事業所の認定取得に向けた取組みは、評価項目ごとの評価はもちろん、技術検討においても前述したようなエネルギーの専門家レベルでの実施および根拠資料の整備が必要となります。根拠資料を作成するためには、事業者のみならず建築や設備の設計者や施工者、さらにビル管理者などから情報を集めて整理することが必要です。これらの理由からトップレベル事業所認定に向けた作業は外部の専門家に委託することが多くなります。

区分	第一区分事業所		第二区分事業所		26年度認定計	22年度〜26年度計
	オフィスビル	研究施設	工場	廃棄物処理		
トップレベル	4	1	0	0	5	40
準トップレベル	0	0	0	0	0	47
合計	4	1	0	0	5	87

［**表5-2**］東京都のトップレベル認定取得事業所と準トップレベル認定取得事業所の認定数

第6章

エネルギーマネジメントが拓く未来

6.1——新たなエネルギー社会の実現に向けた政策

●エネルギー基本計画と三つの取組み

未来に向けてこの社会にはさまざまな変化が訪れるものと予測されますが、エネルギーマネジメントの今後はどうなってゆくのでしょう。本章では、新しい社会動向に目を向けながら、エネルギーマネジメントが拓く未来の可能性について考えます。

二〇一四年四月に閣議決定されたエネルギー基本計画では、新たなエネルギー社会の実現に向けて「次世代エネルギー・社会システムの構築」がめざされています。その主な取組みを次の三つにまとめて記します。

❶スマートコミュニティの構築へ

東日本大震災を契機に、電力供給の制約が顕在化し、エネルギーを使う建物側においても地域単位で節電や最大電力の低減化の重要性が再認識されています。災害にも強い分散型エネルギーシステムに対するニーズが高まり、さらには再生可能エネルギーの大幅拡大に伴う出力変動をシステム全体で吸収する必要性も高まっていくものと思われます。その解決策の一つであるスマートコミュニティ構築への支援が、一つ目の取組みです。スマートコミュニティの特徴を次に挙げます。

▼さまざまな需要家が参加する一定規模のコミュニティ
▼再生可能エネルギーやコージェネレーション等の分散型エネルギーを保有
▼ITや蓄電池等の技術を活用したエネルギーマネジメントシステムを通じて、分散エネルギーシステムにおけるエネルギー需給を総合的に管理し、エネルギーの利活用を最適化
▼電力利用データを利活用したさまざまなエネルギー・生活サービスを実施

❷スマートメーターの導入に向けた取組み

スマートメーターをすべての建物に設置することが、二つ目の取組みです。スマートメーターは、電力使用量の見える化や、より柔軟な電気料金メニューの導入・多様化を可能とする基盤となります。スマートメーターに関しては次節でも紹介しますが、二〇一三年六月に閣議決定された「日本再興戦略」においても、二〇二〇年代早期には全世帯・全工場にスマートメーターを導入するとし、その加速化に向けて官民挙げての取組みが始まっています。

❸HEMS等にかかわる通信方法の標準化

スマートメーターやスマート家電が普及するなら、さまざまな建物や機器からの情報を入手しやすくなります。それぞれが一つのITネットワークでつながり、相互に通信できるようになると、エネルギーマネジメントの対象が広がるため、省エネルギーや電力負荷平準化の効果は飛躍的に高まります。つまり、さまざまな機器間の通信方法の標準化が三つ目の取組みにほかなりません。

事務所建物などの業務建物では、早くから通信方法の標準化が進んでいましたが、住宅はこれからです。二〇一二年二月の「スマートハウス標準化検討会」において、HEMS（Home Energy Management System）と家電機器等の通信方法のプロトコルとして「ECONET Lite」を標準仕様とすることを決定しました。また、二〇一二年六月に、「スマートハウス・ビル標準・事業促進検討会」を開催し、二〇一三年十二月までに重点機器の下位層（伝送メディア）の整備、HEMSと重点機器との接続に関するルール作り、相互接続のために認証支援センターの整備、ディマンドリスポンス手法の標準化などを実施しました。

エネルギーマネジメントのより一層の普及に向け、HEMSを通じて取得されるデータの利活用を促進するため、HEMS情報基盤システムの標準化と情報を扱う上でのプライバシーに関するルール作りの検討を開始しています。

今後も、新たなエネルギー社会の実現に向けた具体的な政策が展開されていきます。

6.2——普及拡大するスマートメーターの動向

●**電力用スマートメーター**

スマートメーターは、電力をデジタルで計測し、メーター内に通信機能を持たせた「次世代電力量計」として紹介されることが多いのですが、最近は、電力以外のガスや水道にも使われ始めています。まず、電力用スマートメーターについてですが、次の四つの機能があります。

▼自動検針機能：通信回線を利用して遠隔で電力使用量を収集
▼リモート接続・切断機能：供給契約締結に基づいて遠隔で配線の接続や切断
▼見える化機能：リアルタイムに電力使用量を確認
▼家電との連携機能：家庭内ネットワークを介して家電を制御

電力用スマートメーターを利用することにより、電気料金メニューの多様化や社会全体の省エネ化への寄与、電力供給における将来的な設備投資の抑制等のメリットが期待されています［図6-1］。全電力会社でスマートメーターの設置が計画的に進んでいます。

●ガス用スマートメーター

ガス用スマートメーターの開発・普及も電力用と同様、世界的に取組みが進んでいます。わが国では東京ガスがその中心となり、Uバス付超音波メーター、広域通信ネットワーク、Uバスエアネットワーク、センターシステムにより構成されるガススマートメーターシステムを開発しています。Uバスは、従来の都市ガスメーターの通信仕様（Aライン）より通信速度を高速化し、パケット通信方式を採用した新しい通信インターフェースです。LPガス業界と共同で仕様検討を実施し、Uバスエアと合わせてNPO法人テレメータリング推進協議会で標準化されています。

今後は、ガス用スマートメーターの普及も進むものと考えられます。

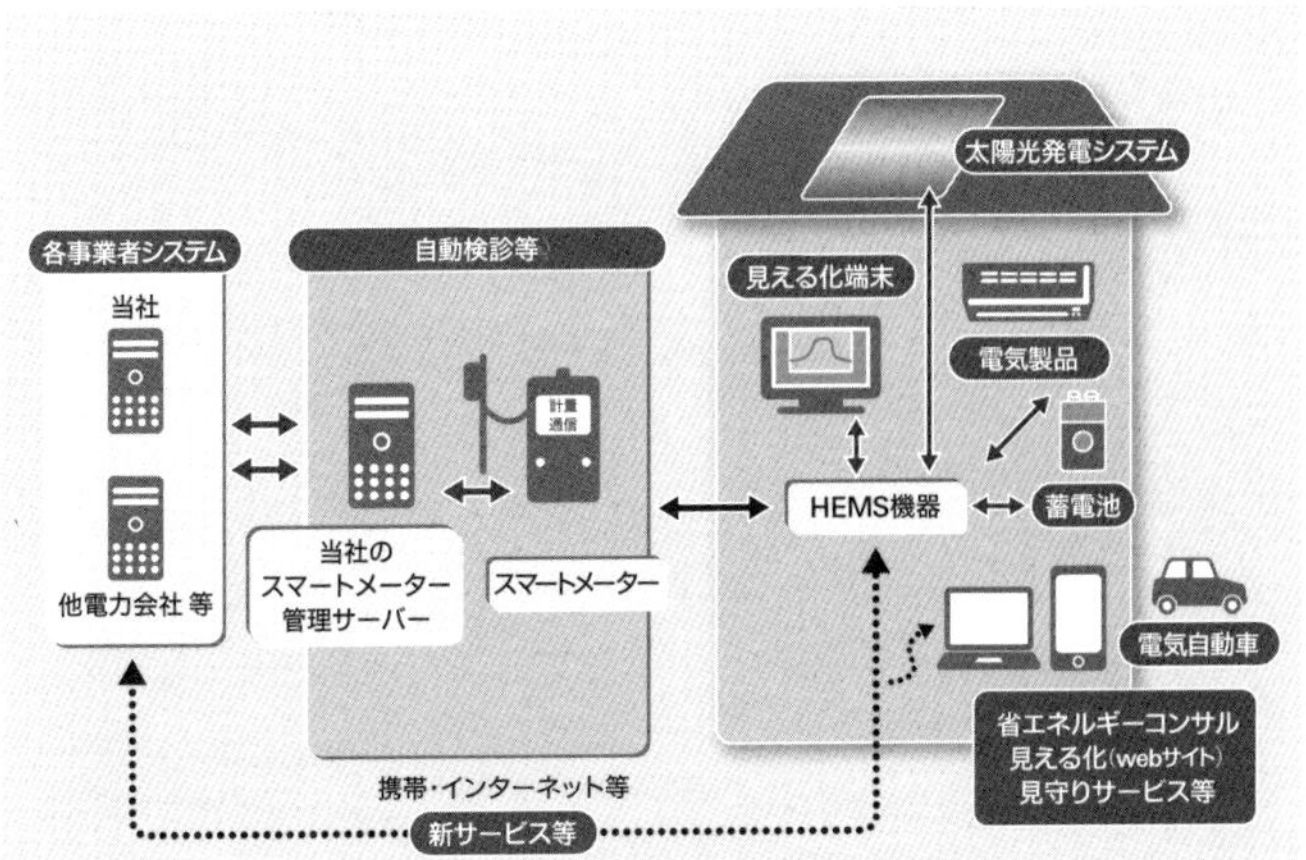

［**図6-1**］スマートメーター導入イメージ（出典：東京電力HP）

●水道用スマートメーター

水道にスマートメーターを設置する取組みが、一部の自治体で進んでいます。流量や水道管の状況を遠隔監視することにより、要員を現地に派遣する必要がなくなることに加えて、設備更新の際の水道管の口径を最適化するなど、投資計画の効率化にも役立つものと期待されています。

神戸市では、広域無線ネットワークと水道用スマートメーターを組み合わせたフィールドテストを市内九箇所で実施する計画です。

6.3——次世代型エネルギーマネジメントの提案

●建物の次世代型エネルギーマネジメント

技術革新に応じて、エネルギーマネジメントの形も進化していきます。次世代型エネルギーマネジメントが対象とするのは、建物、街区および都市まで。まずは建物から記します。

センサーネットワークが進歩すれば、建物の中のさまざまな情報を安価に収集することができます。たとえばクラウド技術の進歩により、BEMSを個々の建物内に設置する必要はなくなります。BEMSが情報を分析するスキルを有するエネルギーの専門家のもとに置かれるなら、各建物は建物内の情報をエネルギーの専門家に渡し、適切なアドバイスを受けて、PDCAサイクルを実践することができます。それにより、建物内の室内環境を適正な状態に維持し、エネルギー性能を高めることが可能になります。エネルギーの専門家は複数の建物で共有できるため、分析に必要となる費用も低減できます。効果的なエネルギーマネジメントが安価に手に入ることになります。

日建設計総合研究所のIntelligent-BEMSを活用したコミッショニングビジネスが、建物の次世代型エネルギーマネジメントについて一つの答えを提供しています[図6-2]。従来のBEM

Sを有する建物とIntelligent-BEMSを活用したコミッショニングサービスを受ける建物の場合を比較してみてください。

Intelligent-BEMSは、シミュレーションを内蔵した通信機能を有するBEMSです。建物の運転データを遠隔で取り込み、シミュレーションモデルを活用して運転データを分析、理想値を算出します。シミュレーションモデルは機器単位のモジュールの組合わせで構成されており、各機器まわりのエネルギー性能の理想値と実測値を照合することができます。

Intelligent-BEMSのメリットは次のように三つあります。

❶問題が発生している場所と問題の大きさを短時間で特定できる

［図6-3］は、熱源システムの分析画面の例です。機器ごとに実測値と理想値を表示しています。実測値と理想値の差が大きな場所で問題が発生していることがわかります。

❷問題点の改善方法を適用した効果を短時間に定量的に示せる

使用している建物で、いきなり改善対策を試行することは困難です。Intelligent-BEMSのシミュレーション機能を使えば、改善する運転条件や改修する機器の性能を入力して計算することにより、改善対策による効果を事前に知ることができます。費用対効果やさまざまな影響を

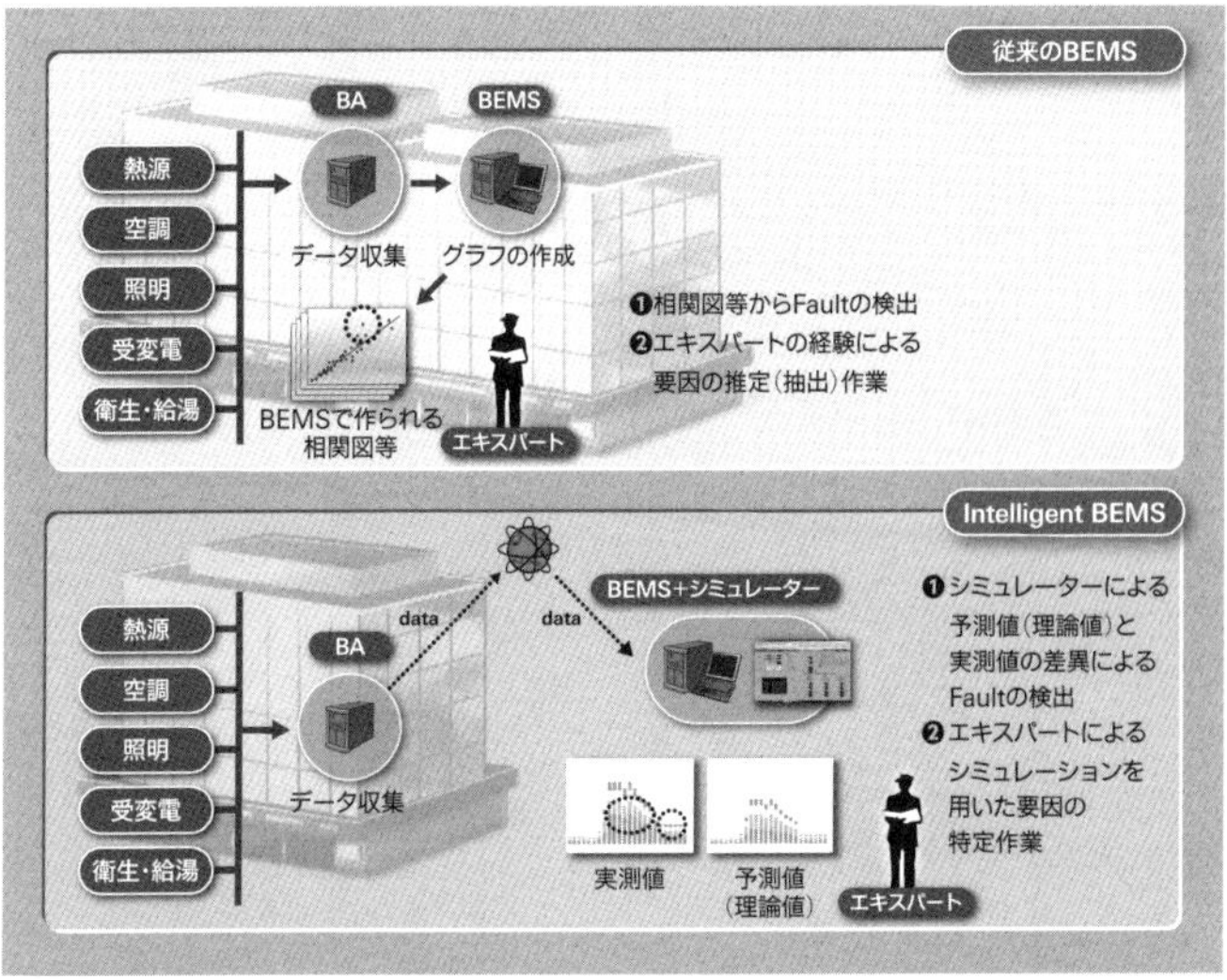

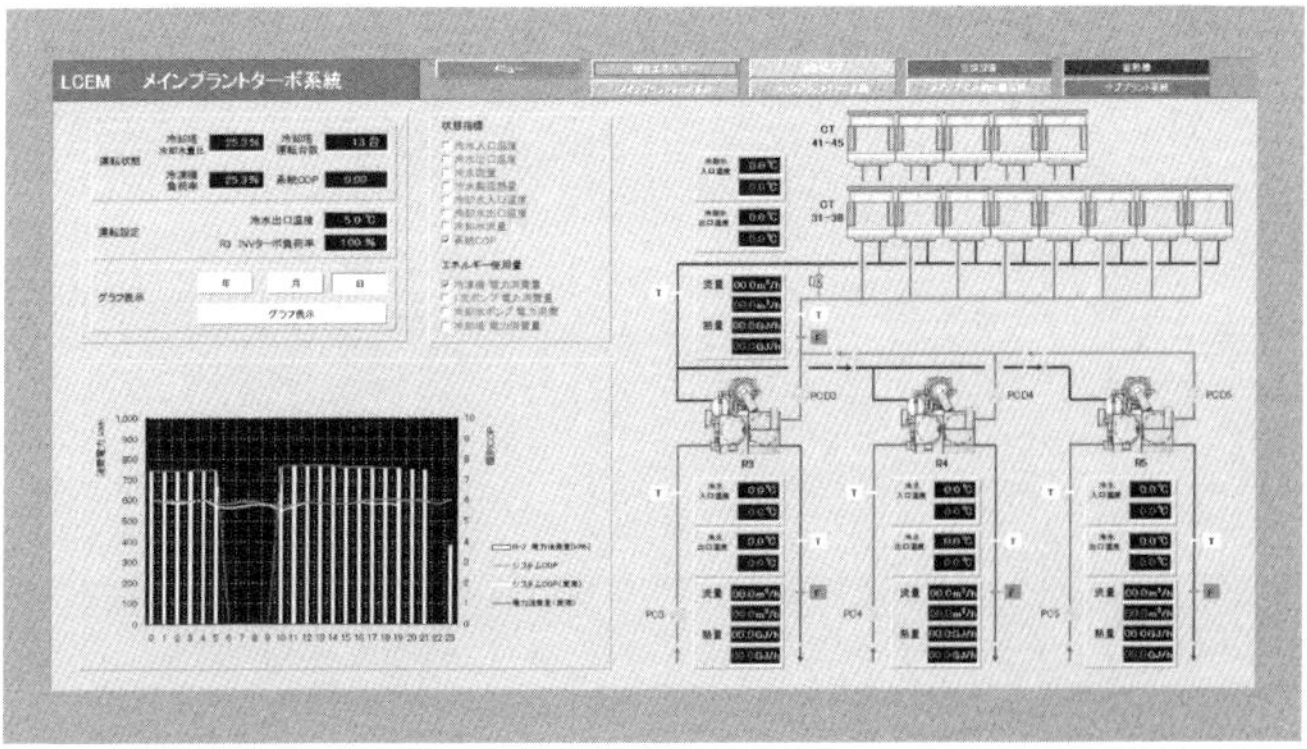

[**図6-2**] 従来のBEMSを利用する建物とIntelligent BEMSを利用する建物の比較
[**図6-3**] Intelligent BEMSの画面例

把握したうえで、安心して運転性能を改善することができます。

❸費用が安価であること

Intelligent-BEMSを導入せずに、同等の機能を実現するためには、スキルの高いエネルギーの専門家が必要となり、高額の人件費がかかります。Intelligent-BEMSのシミュレーションモデルは、さまざまなバリエーションの組合わせが可能なため、個々の建物に応じて安価な分析サービスを行うことができます。

●街区の次世代型エネルギーマネジメントの提案

街区のエネルギーシステムについては、今までは地域熱供給のみでしたが、最近は「スマートエネルギーシステム」が盛んに検討されるようになっています。「スマートエネルギービジネス」として事業化も考えられています。

〔図6-4〕の右側に示すように、「街区一括受電」+「CGS導入街区一括熱源」+「街区一括エネルギーマネジメント」に「街区一括設備管理」を加えると、事業性がさらに高まります。

●スマートエネルギーシステムの意義

地球温暖化により気候が大きく変動している昨今、CO_2排出量削減が必須です。さらに、東日本大震災以降、ＢＣＰ（事業継続計画）およびＢＣＤ（事業継続地域）が重要な課題となっていいます。日本のいたる所で低炭素化およびＢＣＰ・ＢＣＤが必要とされているのです。

スマートエネルギーシステムは、地域の経済性を高め、低炭素化を図ることで社会に貢献するとともに、ＢＣＰ・ＢＣＤを支援する街区の次世代型エネルギーシステムです。

スマートエネルギーシステムが検討されている理由の一つは、地域熱供給のための熱源を街区で一括導入できること、またそうすることでスケールメリットによる工事費の低減が図れることがあげられます。また、エネルギーの一括購入によりエネルギー単価が下がり、街区全体

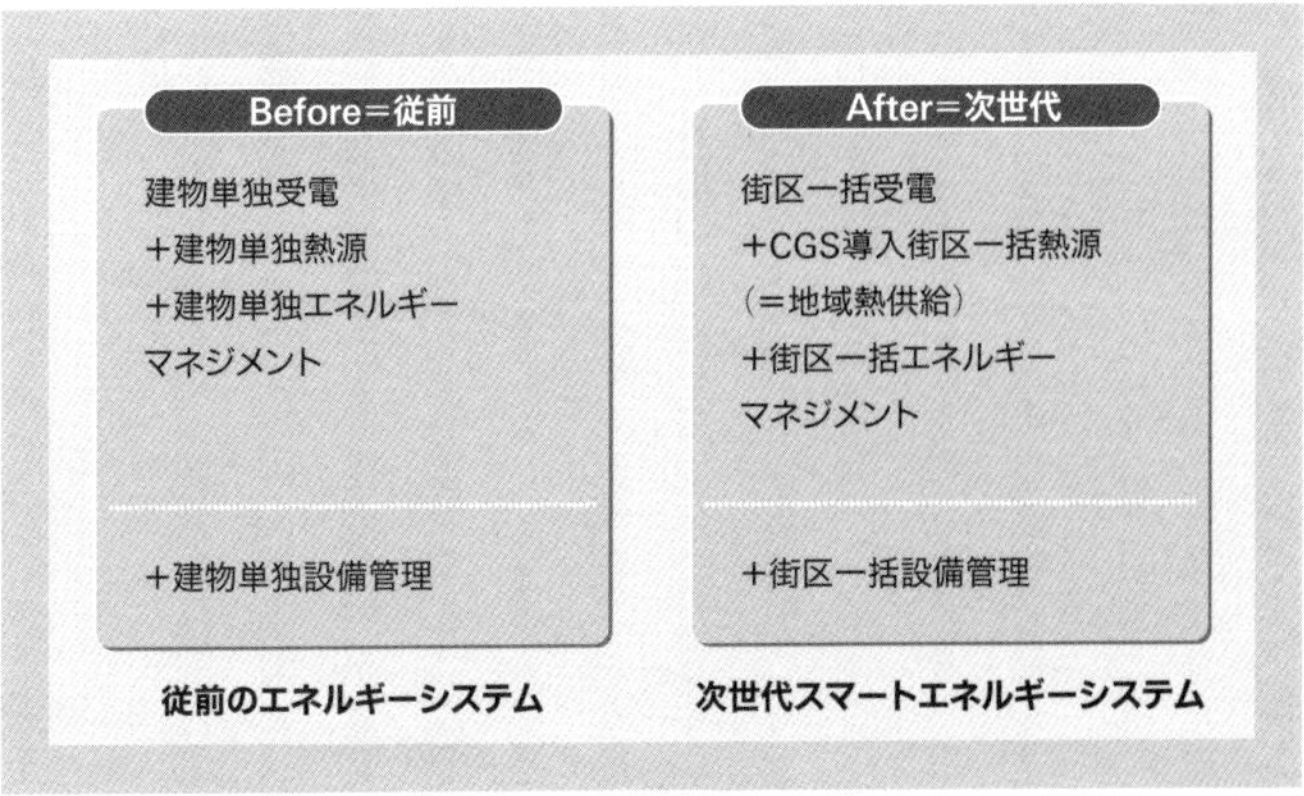

［**図6-4**］街区のエネルギーシステム

の経済性がよくなるのです。また、熱源を熟知した運転管理者が取り扱うため省エネルギーにもつながります。

受電体制については、東日本大震災以前は街区で一括受電するという認識はほとんどありませんでした。しかし、災害停電時のＢＣＰ・ＢＣＤ性能を高めるには街区一括受電にメリットがあるとして、核となる建物で受電して、他の建物に自営線で配電する受電体制が考え始められました。また、建物ごとに発電機を設置するよりも街区で一括して設置する方が得策です。その発電機は災害停電時のみ運転するのではなく、コージェネレーションシステム（CGS）として常時発電し、排熱を利用することで経済性を高めることもできます。耐震化された中圧導管からの都市ガスによる燃焼で災害停電時にも対処でき、長期の発電が可能となります。数日間備蓄される油燃焼による発電機よりもＢＣＰ・ＢＣＤが高まります。災害停電時にも起動できるようブラックアウトスタート機能、つまりバッテリーを併設します。

数万平米以下の業務用建物の受電電圧は六千Ｖという高圧受電となり、さらにそれ以上の建物となると二万Ｖ以上の特高受電となります。特高受電の場合は、特高受変電設備が必要となり、これは高額です。

街区の中に特高受電する建物が複数ある場合は、街区一括受電とすることにより一セットの特高受変電設備となり、工事費が大幅に低減されるというメリットが生まれます。特高受変電設備に毎年かかるかなり高額な保守費は、容量にかかわらず定額です。

こうした街区一括受電という概念は、最近の電力自由化の流れを受けての電気事業法の改正にも反映されるようになっています。

●街区のエネルギーシステムを考える四つの視点

街区のエネルギーシステムを考えるうえでの四つの視点を［図6-5］に示します。

最近の環境・エネルギーを取り巻く状況から、従来の建物単独の省エネルギー・低炭素化のみでなく、街区においても省エネルギー・低炭素化を図るエネルギーシステムが必要であると考えられています。

また、東日本大震災以降の街区開発には、常時の機能・性能のみでなく、災害時のBCPや

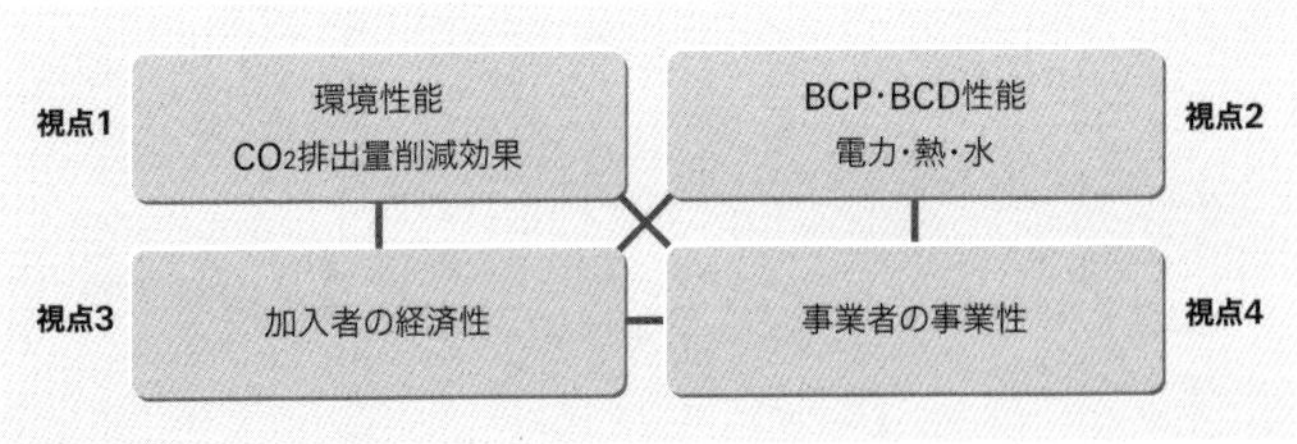

［**図6-5**］街区のエネルギーシステムに必要な機能・性能

BCDの重要性が増しています。BCP・BCDには、災害停電時の電源確保が必要であるとともに、暖冷房や雑用水の確保も必要となります。阪神淡路大震災や東日本大震災は冬季に本州における発災でしたが、冬季・北海道や夏季・本州であれば、寒気対策および高温による衛生上・健康上のため暖冷房確保も欠かせません。加えて阪神淡路大震災では、各所で断水しトイレ洗浄水の確保に困ったという経験があるため、災害断水時の雑用水確保も重要です。

さらに、街区のエネルギーシステムには、地域熱供給（DHC）を核とした事業の成立を前提に、この事業に加入する開発事業者やビル所有者の経済性の向上が求められます。

[図6-6]は、「スマート化」や「事業継続計画」の考え方に沿って街区のエネルギーシステムの構築に必要な機能・性能を検討し、まとめたものです。街区のエネルギーシステムのあるべき姿は、[図6-5]にあるような四つの視点から評価する必要があります。ただし、四つの視点はトレードオフの関係にあるため、環境性能、BCP・BCD性能、加入者の経済性、事業者の事業性のバランスポイントを見つけだすことが肝要です。

●街区の基本的なエネルギーシステムの枠組み

街区の基本的なエネルギーシステムとして、大きくは[図6-6]に示す六つの枠組みがあります。

❶～❹は建物単独受電で、従来からある枠組みです。

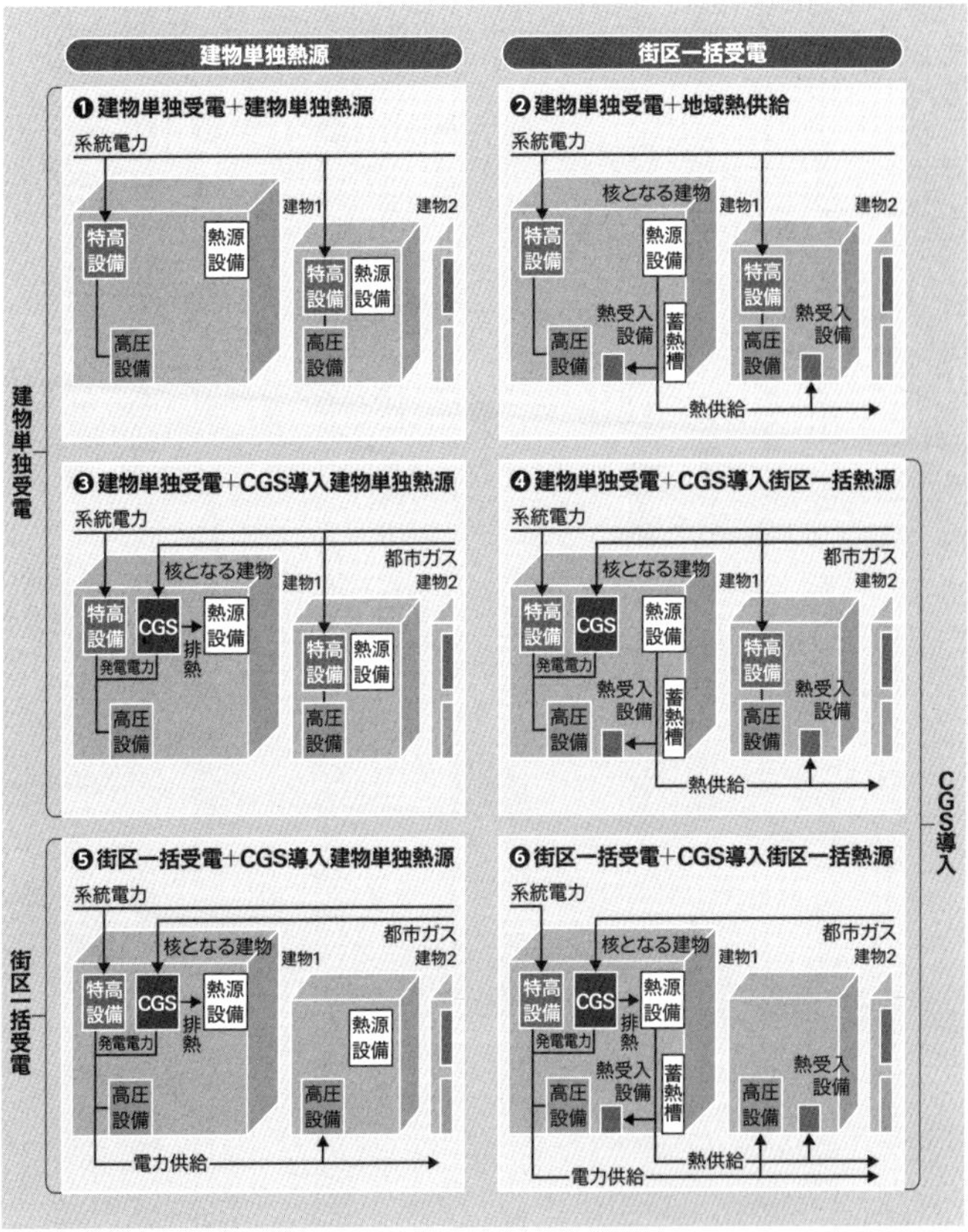

［**図6-6**］街区の基本的なエネルギーシステムの枠組み

❶「建物単独受電＋建物単独熱源」は、ほとんどの建物で採用されています。
❷「建物単独受電＋地域熱供給」は、全国一一六地区の地域熱供給（DHC）になります。
❸「建物単独受電＋CGS導入建物単独熱源」は、ホテルや病院等の給湯需要が多い建物で採用事例があります。
❹「建物単独受電＋CGS導入地域熱供給」は、全国一三九地区の地域熱供給（DHC）のうち二三地区のDHCで採用されています。
❺と❻は事例の少ない街区一括受電を示しています。❺が「街区一括受電＋CGS導入建物単独熱源」、❻は「街区一括受電＋CGS導入地域熱供給」のエネルギーシステムです。

●BCP・DCP性能を確保してのエネルギーマネジメント

BCP・DCP（District Continuity Plan）性能を確保し、エネルギーマネジメントを行うエネルギーシステムとして、［図6-7］の❺と❻に示す二つのスマートエネルギーシステムがあります。これらは［図6-6］の❺と❻に相当します。街区のBCP・DCP性能を確保し、街区一括でエネルギーマネジメントを行うために、［図6-7］の上❶に示す従来からのエネルギーシステムから移行することが望まれます。

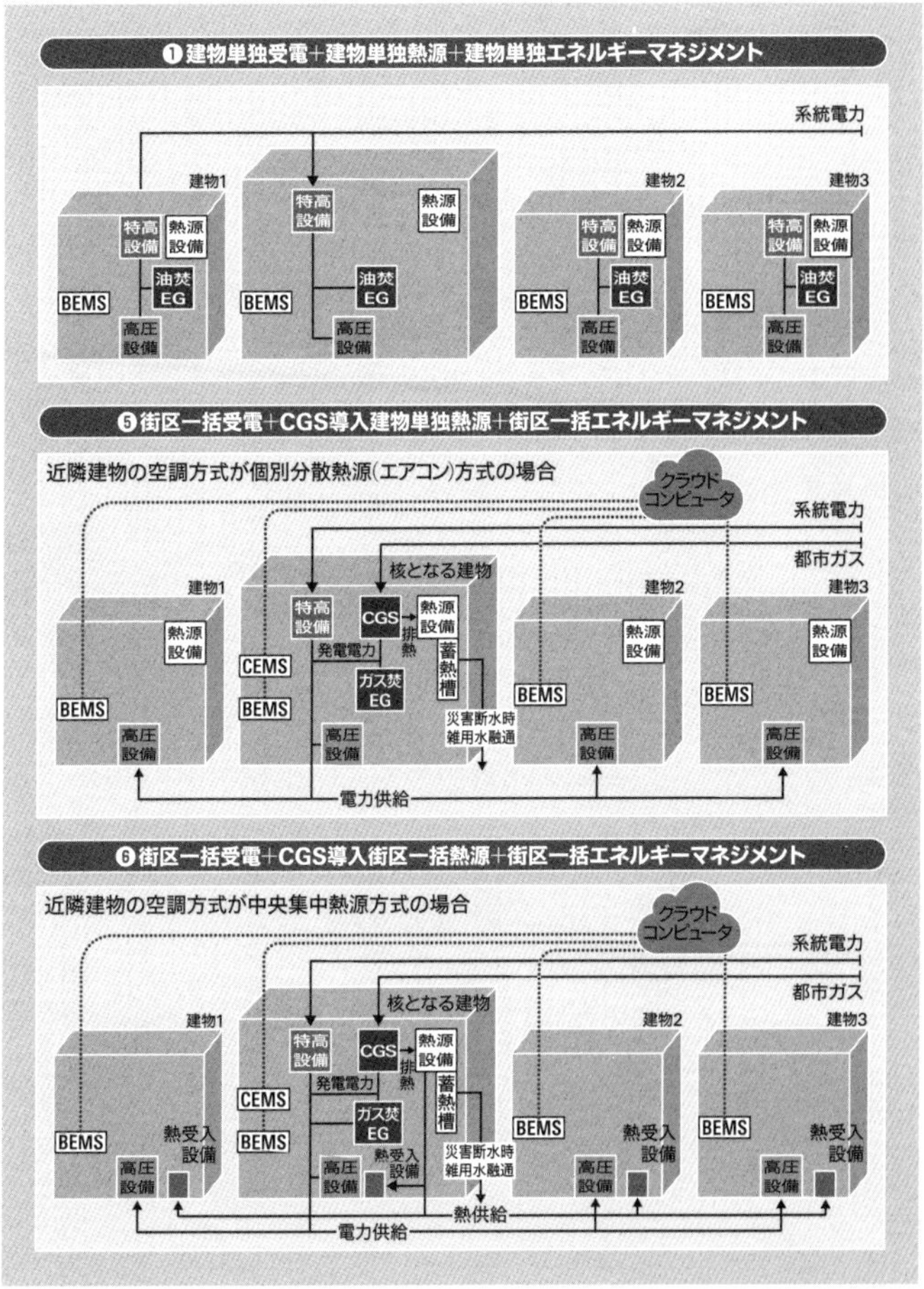

[**図6-7**] 従来のエネルギーシステムからスマートエネルギーシステムへ

つまり、この❶に示す従来からの「建物単独受電＋建物単独熱源＋建物単独エネルギーマネジメント」から、❺と❻に示す「街区一括受電＋CGS導入建物単独熱源＋街区一括エネルギーマネジメント」あるいは「街区一括受電＋CGS導入街区一括熱源＋街区一括エネルギーマネジメント」に移行することです。

さらに、設備管理も「建物単独」から「街区一括」にすることにより経済性、事業性が向上し、省エネルギー化を図ることができます。

各建物での特高受変電設備・EG（非常用発電機設備）・熱源設備の工事費は、かなりの高額になります。❺あるいは❻に移行するなら、単価が低い大容量の設備を一括で購入できるため、大きいコストメリットが得られます。前述の特高受変電設備の保守費のみでなく、発電機や熱源設備の保守費も大幅に軽減されます。

［図6-7］中に示される「核となる建物」にコミュニティエネルギーマネジメントシステム（CEMS）を導入し、クラウドを利用した街区省エネルギー診断を実施することにより、建物二次側の省エネルギー化を図ることもできます。

●スマートエネルギーシステムの経済性と事業性

［図6-8］に、スマートエネルギーシステムの加入者の経済性と事業者の事業性の評価例を示し

加入者が支払う冷熱平均単価		7.50	円 / MJ
温熱平均単価		4.00	円 / MJ
地域導管供給冷熱量（工事費算出用）		7,600	R ton
地域導管長さ		200	m
加入者が支払う電気料金平均単価		18.20	円 / kwh
加入者が支払うBCP対応電気料金		2.10	円 / kwh
通常時需要に対するBCP用電力比率		50	%
発電機容量	CGS容量	5,600	KW
	非常用発電機容量	10,000	KW
	合計BCP用発電機容量	15,600	KW
CGS保守・修繕費		3.5	円 / KWH

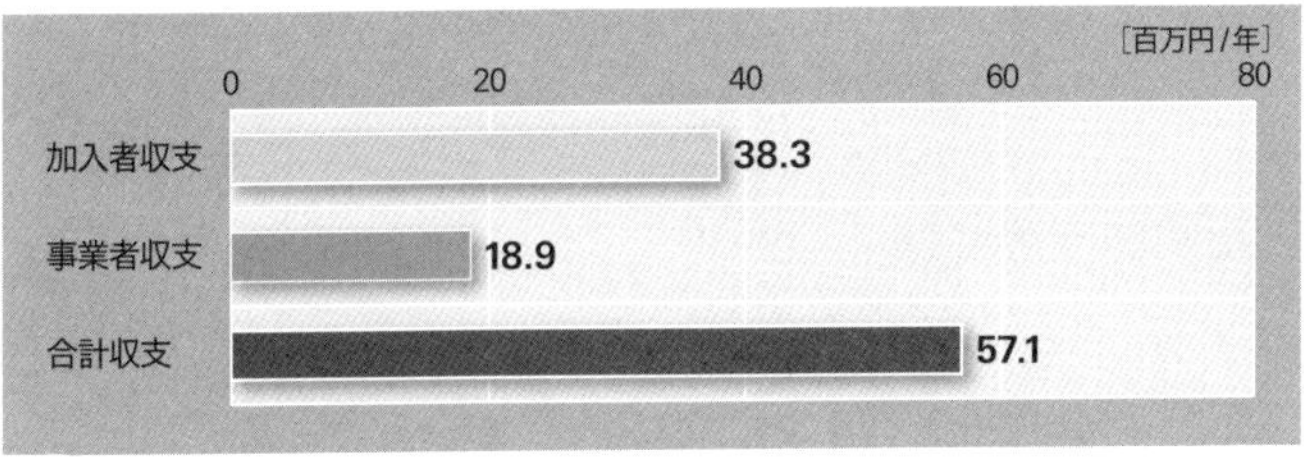

［**図6-8**］スマートエネルギーシステムの4つの視点の評価例

ます。評価対象は延床面積合計約五〇万平米の街区です。加入者と事業者の合計収支が五七一〇万円／年のプラスとなります。延床面積あたり三〇数円／月／坪です。これを両者に割り振ることにより、加入者の経済性が向上し、事業者の事業性が成立します。

BCP用発電機についても、常時最大電力の五〇％が確保された結果です。表示はしていませんが、CO_2排出量も五％以上の低減効果が得られています。

●地域熱供給の経済性と事業性

地域熱供給は熱単価が高いという思い込みから、加入者にとって経済性がないと考えられがちですが、それは多くの場合、誤解です。地域熱供給に加入することにより加入者の建物側で不要となる費目、費用をすべて計上せずに比較されることに、その原因があります。

［図6-9］は、ある事例での建物単独熱源と地域熱供給の熱単価の試算例です。建物単独熱源における熱単価が六・九三円／MJ、地域熱供給の熱単価が六・四一円／MJとなっていて、地域熱供給の方が約八％安くなっています。地域熱供給の熱単価には事業者の間接経費も含まれています。

地域熱供給に加入する方が明らかに経済性が向上します。加入により建物側で不要となる費目を以下に示します。

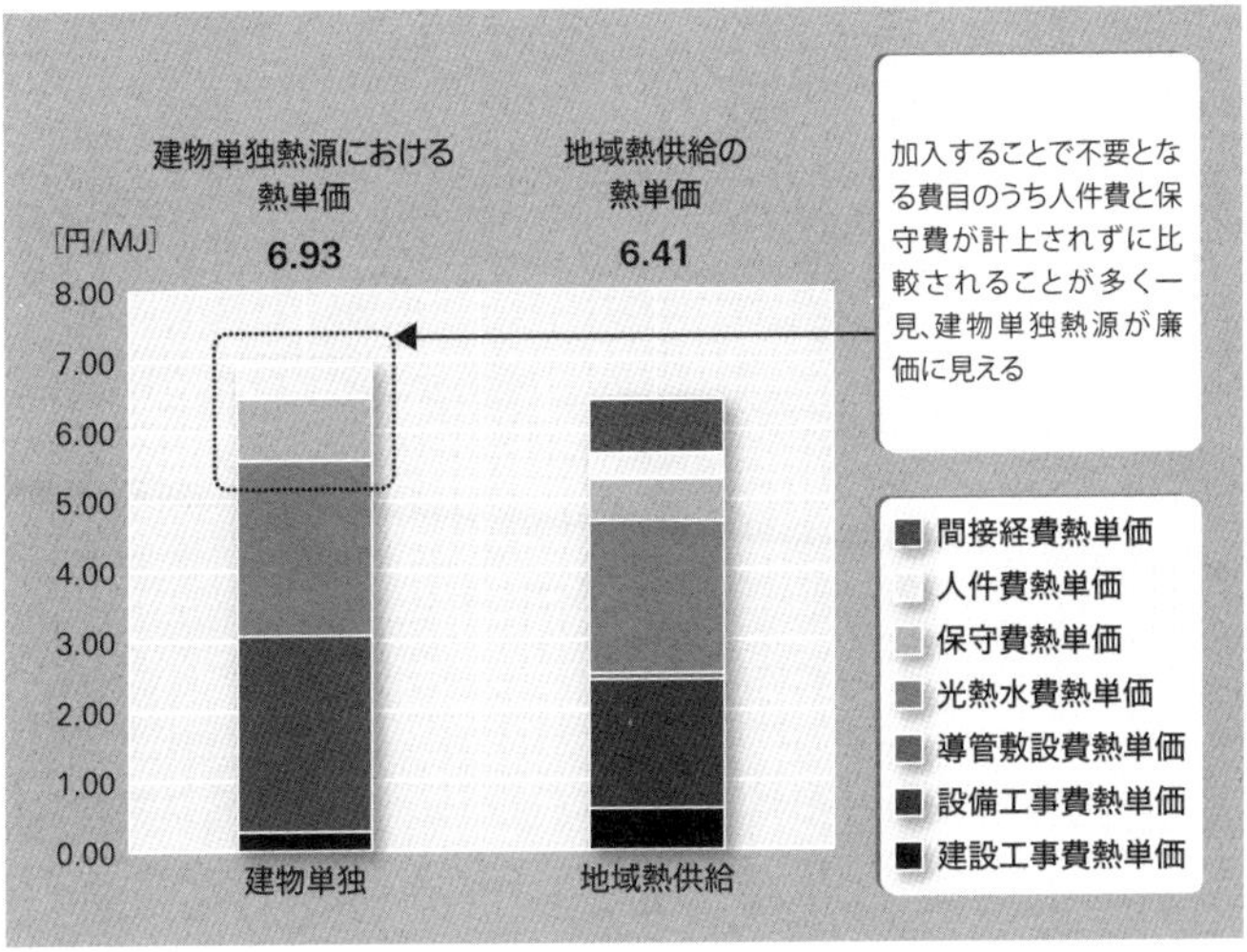

[**図6-9**] 建物単独熱源と地域熱供給の熱単価の試算例

▼熱源に関する光熱水費／熱源機械室の減価償却費／熱源設備の減価償却費
▼熱源設備の保守費・修繕費／熱源設備の管理・監視要員の人件費／熱源のための電気設備や換気設備に関する費目

ただし地域熱供給に加入する場合、建物側で熱源設備に代わり熱受入設備が必要となるので、これは支出として計上します。また、地域熱供給の場合、プラントから需要建物に供給する地域熱導管の敷設費用がかかります。この費用をできるだけ低くすることが経済性、事業性を向上させることにつながります。

建物側で不要となる前記の費目のうち、[図6-9]の破線で示している人件費と保守費についても不要となることを計上しないと、建物単独熱源の方が廉価に見えてしまい、地域熱供給は高いという誤解を生みがちです。こうした誤解が、地域熱供給、つまり街区一括熱源がシェアを伸ばせない原因となっていることも事実です。

●都市の次世代型エネルギーマネジメント

都市のエネルギー政策の課題は、タイムリーな情報が得られないために、施策による効果の把握が困難なことです。都市計画基礎調査や地図会社のデータにより、都市の中の建物の立地や建物の用途・規模などの情報を得ることができますが、建物のエネルギー消費量がタイムリーに把握できていません。アンケート調査によるデータ収集も行われていますが、収集する頻度や件数には限界があります。つまり、建物や街区で実践可能なエネルギーマネジメントを都市レベルで実施することが現状では非常に困難です。

スマートメーターの普及は、この課題を解決する一つのブレークスルーになる可能性があります。すべての建物からスマートメーターを介してデータを収集することにより、都市全体の建物のエネルギー消費量を時間単位から年単位まで把握できます。建物用途、規模や築年数などの建物の特徴を表わす属性に応じてエネルギー消費量を集計するなら、省エネルギーを強化すべき対象を把握できます。エネルギー政策の施行前後のデータを分析することによって、政策による効果の確認もできます。このように、スマートメーターのデータを活用すれば、時間という観点から、より有効な施策を立案することができます。

スマートメーターの普及によって、第5章で紹介した環境・エネルギーMAPを時間単位で更新することも、エリア別に再生可能エネルギーや未利用エネルギーの賦存量と建物のエネルギー消費量を時刻別にマッチングすることもできます。再生可能エネルギーや未利用エネルギーは場所に依存します。太陽光発電は日影の影響を受けない場所、地中熱は地中熱利用に適した地盤の場所、未利用エネルギーは河川や清掃工場などに近い場所にエネルギーを消費する建物があると有効に利用することができます。しかも、太陽光発電した電力を同じ時間に照明に利用するなど、同じ時間にエネルギーの製造と消費を行うことができれば、エネルギーを貯めたり、運んだりする際に発生するロスをなくすことができます。エネルギーを製造する施設とエネルギーを消費する建物を、どのエリアに、どの程度誘導すると効果的なのかを詳細に把握するには、スマートメーターのデータと環境・エネルギーMAPとを連携することです。こうした時間と場所の観点が、より有効な施策の立案につながります。

この章で紹介した、建物の次世代型エネルギーマネジメントはすぐにでも始めることが可能です。[図6-10]のように街区レベルの次世代型エネルギーマネジメントは街区を構成するステークホルダーの合意形成と体制づくりができれば、技術的な問題はありません。都市の次世代型エネルギーマネジメントは、条例による義務化を含めた自治体の体制づくりができれば、スマートメーターが普及した時点で実施できます。どれも実現は、関係するみなさんのやる気次第です。

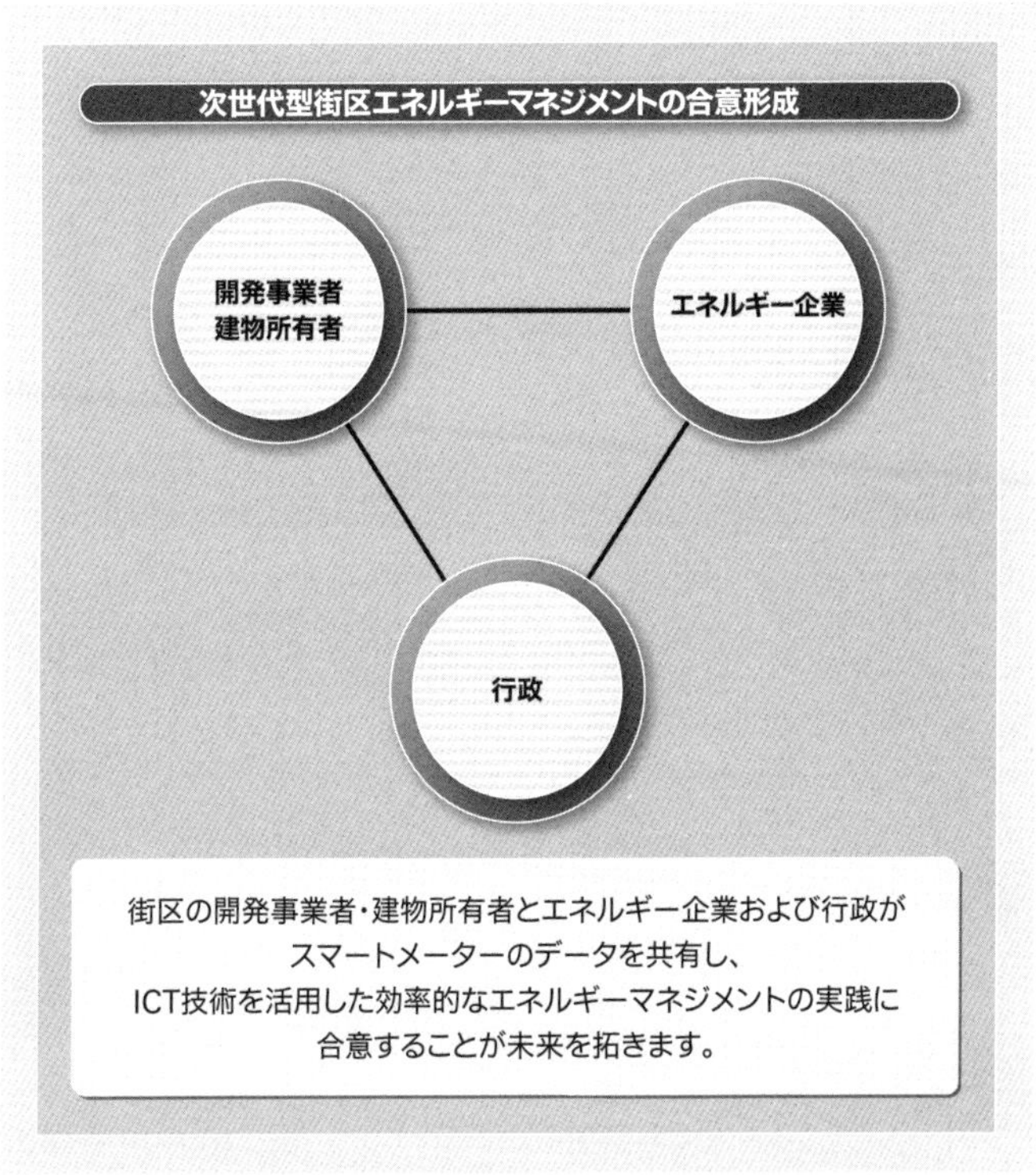

[**図6-10**] 次世代型街区エネルギーマネジメントの合意形成イメージ図

［1］地域熱供給事業別の効率

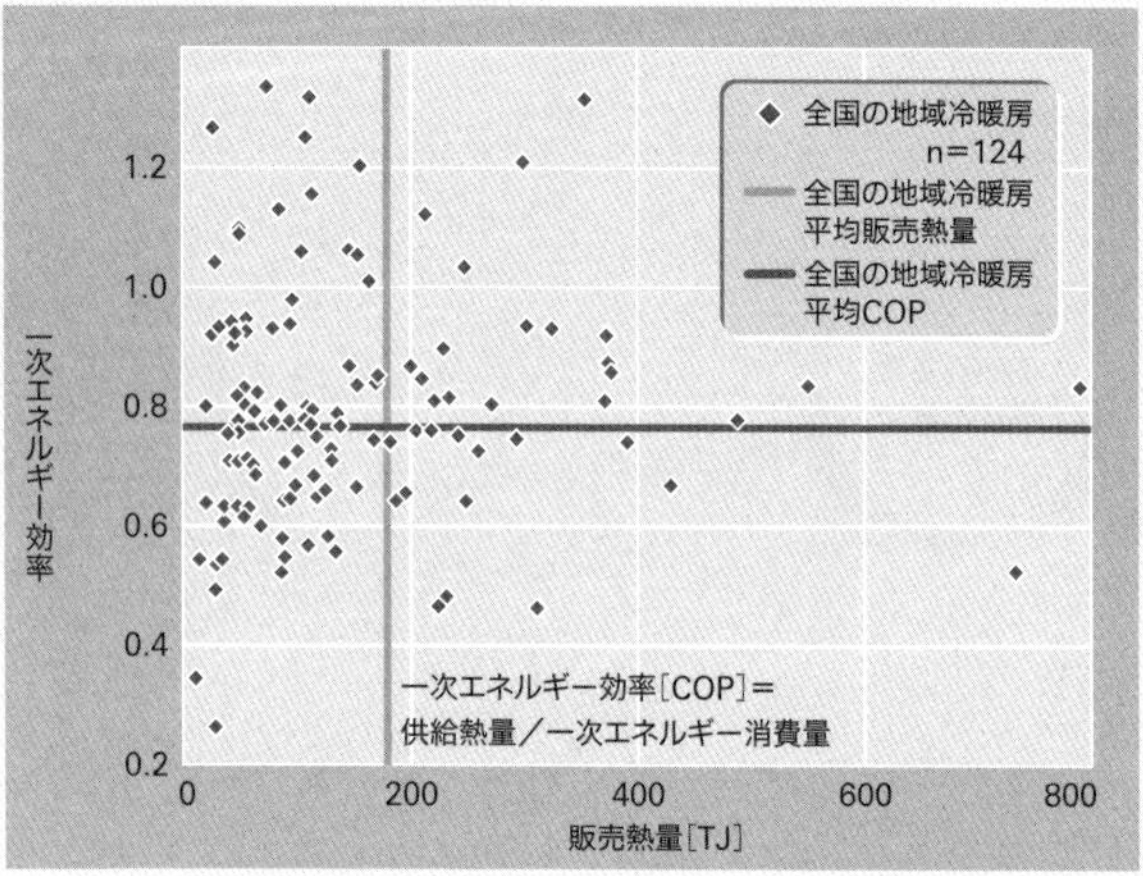

［**付録1**］全国の地域冷暖房事業の販売熱量と一次エネルギー効率の関係

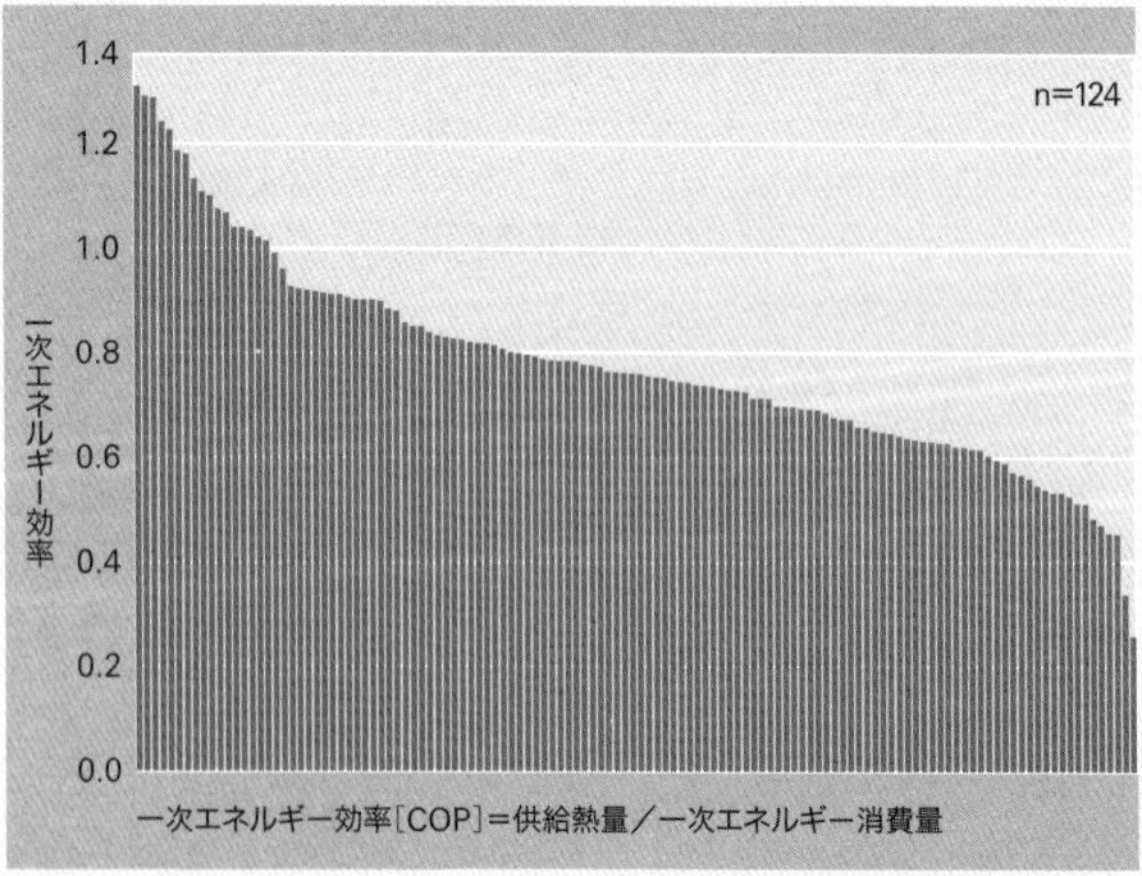

［**付録2**］全国の地域冷暖房事業の一次エネルギー効率の降順分布

出典：熱供給事業便覧　平成26年度版（一社日本熱供給事業協会）を基にNSRI作成

[2] 建物用途別のエネルギー消費量

◉事務所

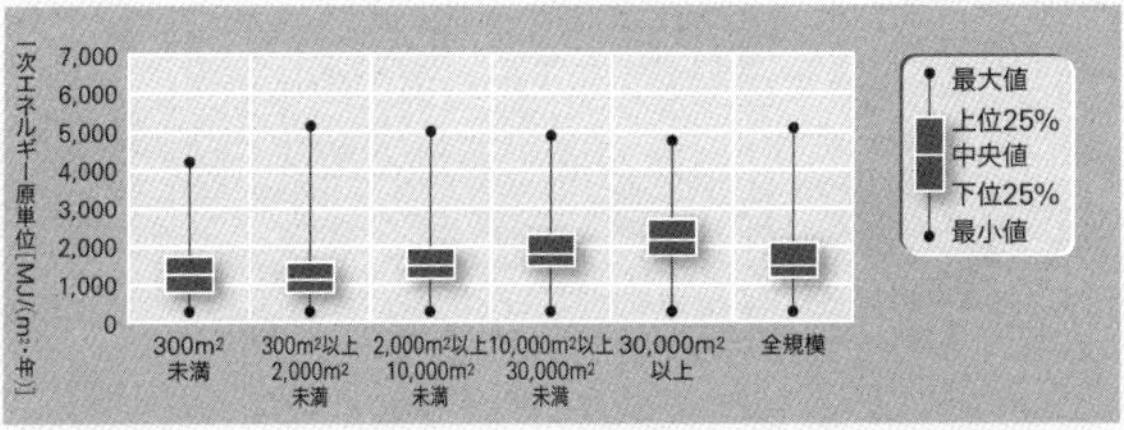

[**付録3-1**] 建物規模別の一次エネルギー消費量原単位（事務所建物）

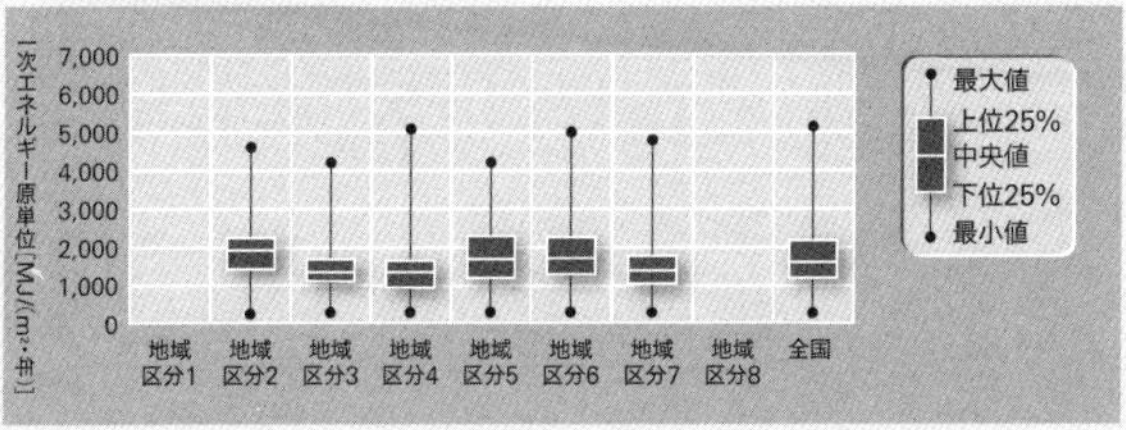

[**付録3-2**] 地域区分別の一次エネルギー消費量原単位（事務所建物）

◉病院

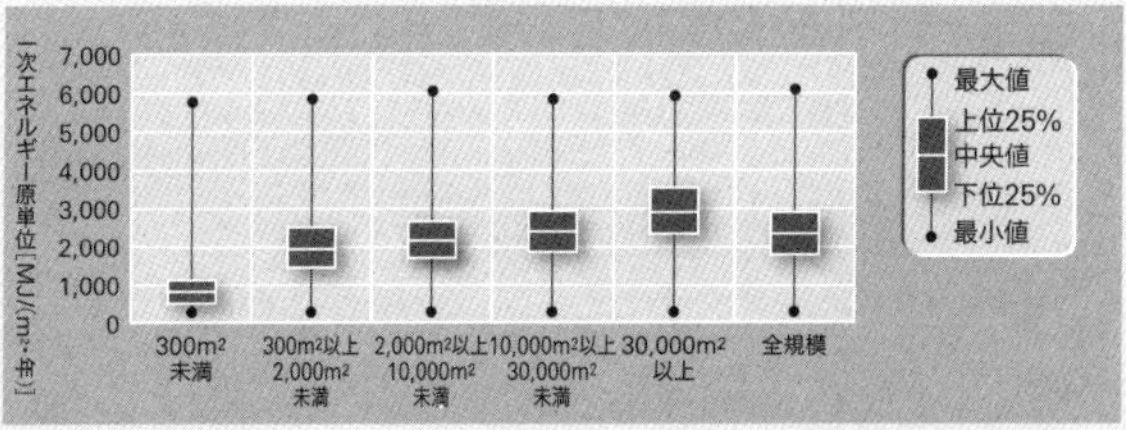

[**付録4-1**] 建物規模別の一次エネルギー消費量原単位（病院建物）

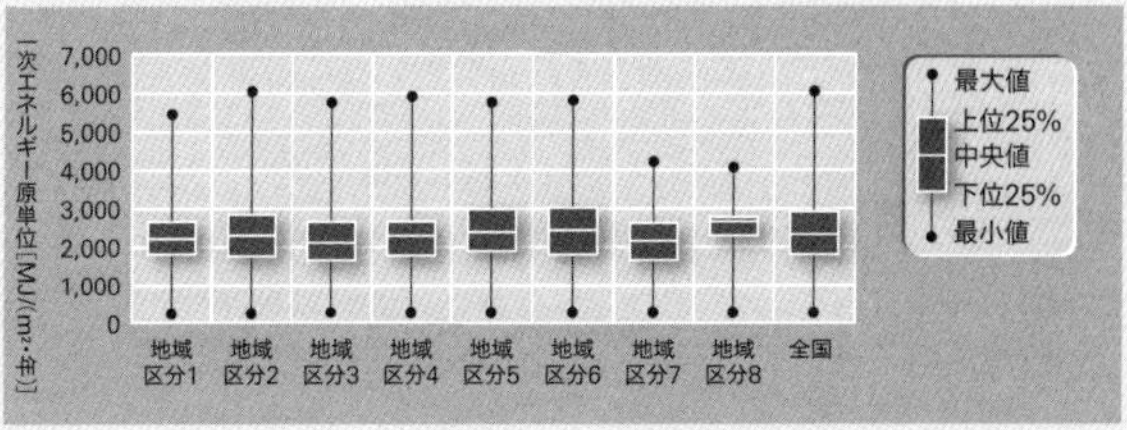

[**付録4-2**] 地域区分別の一次エネルギー消費量原単位（病院建物）

◉ホテル・旅館建物

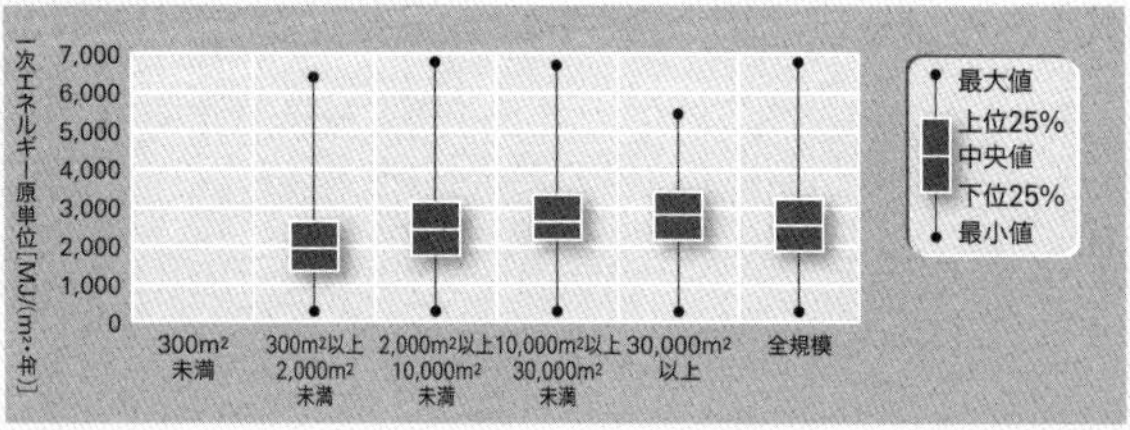

［**付録5-1**］建物規模別の一次エネルギー消費量原単位（ホテル・旅館建物）

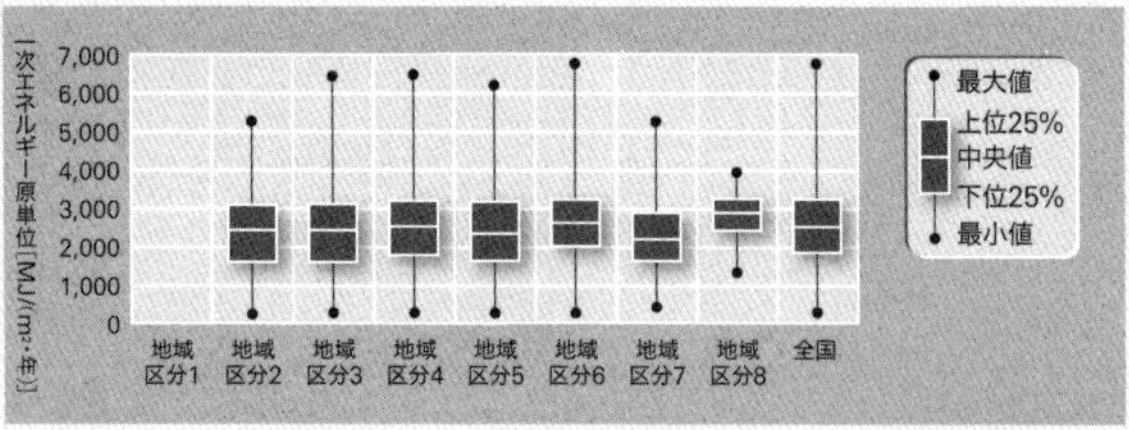

［**付録5-2**］地域区分別の一次エネルギー消費量原単位（ホテル・旅館建物）

◉デパート・スーパー

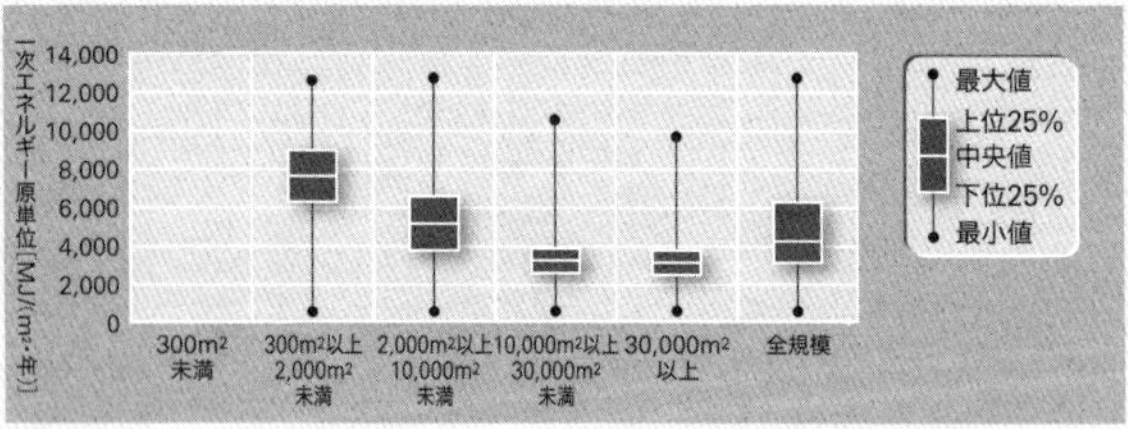

［**付録6-1**］物規模別の一次エネルギー消費量原単位（デパート・スーパー）

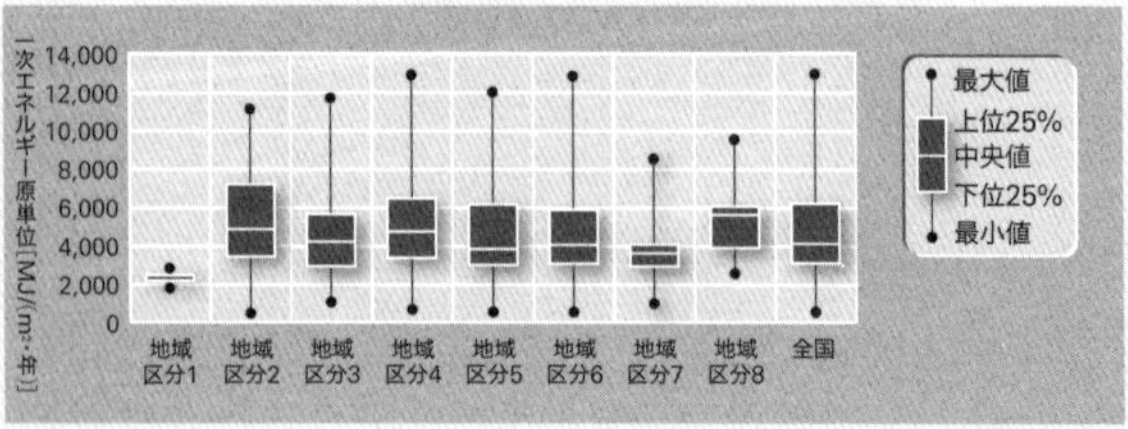

［**付録6-2**］地域区分別の一次エネルギー消費量原単位（デパート・スーパー）

*207-208ページに掲載した図中の棒のない部分は、データ不足のため表示なし
*地域区分は平成25年省エネルギー基準における地域区分
出典：DECC（非住宅建築物の環境関連データベース）公開データよりNSRI作成

207-208ページの図中の地域区分は、以下に示す平成25年省エネルギー基準の地域区分です。

地域区分	都道府県名
1、2	北海道
3	青森県、岩手県、秋田県
4	宮城県、山形県、福島県、栃木県、新潟県、長野県
5、6	茨城県、群馬県、埼玉県、千葉県、東京都、神奈川県、富山県、石川県、福井県、山梨県、岐阜県、静岡県、愛知県、三重県、滋賀県、京都府、大阪府、兵庫県、奈良県、和歌山県、鳥取県、島根県、岡山県、広島県、山口県、徳島県、香川県、愛媛県、高知県、福岡県、佐賀県、長崎県、熊本県、大分県
7	宮城県、鹿児島県
8	沖縄県

［**付録 表**］省エネルギー基準における地域区分
*詳細な市町村別の地域区分は、省エネルギー基準と同様です。

映画"*Back to the future Part II*"で描かれた未来の二〇一五年になり、大画面の薄型テレビ、タブレット型コンピュータや自動靴ひも調整機能付きスニーカーなど多くの技術が実現されていることが話題になりました。生ごみを燃料とする家庭用核融合発電装置はまだ開発されていませんが、生ごみなどを車の燃料とする試みは実現しているようです。『海底二万里』の作者ジュール・ヴェルヌの名言とされる「人間が想像できることは、人間が必ず実現できる」といったところでしょうか。

さて、『エネルギーマネジメントが拓く未来』はいかがでしたか？

「あたりまえのことが書いてある」と思われた方は、エネルギーマネジメントがよくおわかりの方です。しかし、わたしたちのコンサルティングの経験から、「あたりまえ」のことが実現できていないことが多く、「思い込み」になっていることが意外に多いのです。

「むずかしいことが書いてある」と思われた方は、弊社に相談にいらしてください。「エネルギーマネジメント」の方法は一つではありません。あなたの悩みを一緒に考えさせていただきます。きっと答えが見つかります。

本書では、「エネルギーマネジメント」という固い言葉を、なるべくわかりやすく説明するように心がけました。「未来」については、"*Back to the future Part II*"のように遠い未来やワクワクするような話ではありません。地球温暖化対策やエネルギー資源の問題は待ったなしですので、これからやるべきと考えていることを提案させていただきました。

日建設計総合研究所では、「持続可能な社会の構築に向けて」、"Passion for sustainable cities"をモットーにしております。「わたしたちが想像できることは、必ず実現できる」と信じて、みなさんのお役にたてることを祈念しております。

本書の出版にあたり、ご支援とご協力をいただきました皆様に厚く御礼を申し上げます。

この本で紹介しているプロジェクトの多くは、本年一月に他界された弊社元理事長の松縄堅の指導によるものです。日建設計在籍時から多くの環境建築を手掛け、弊社の創立以来、持続可能な社会の構築に向けたコンサルティングを主導してきました。

私たち後輩の本の発刊を心待ちにされていた松縄堅氏に本書を捧げます。

二〇一五年十一月

湯澤秀樹

参考資料／文献――本文中、行間の＊番号に対応しています。

❖

＊1――ドネラH・メドウズ他著『成長の限界―ローマ・クラブ「人類の危機」レポート』ダイヤモンド社（1972）

＊2――一般財団法人 省エネルギーセンター『商業施設の省エネルギー』

＊3――経済産業省『エネルギー基本計画』(2014)

＊4――国土交通省 官庁営繕部「ライフサイクルエネルギーマネジメント」
http://www.mlit.go.jp/gobuild/sesaku_lcem_lcem.html

＊5――一般財団法人 建築環境・省エネルギー機構「BESTとは」
http://www.ibec.or.jp/best/about/development.html

＊6――United Nations Department of Economic and Social Affairs Population Division
World Urbanization Prospects, the 2014 Revision

＊7――経済産業省『エネルギー白書2014年版』

本文写真提供／撮影

❖

(株)エスエス東京［晴海アイランドトリトンスクエア］(p.089)

新良太［東京スカイツリータウン］(p.095)

カラー口絵写真提供／撮影

❖

©VGL/ARTBANK/amanaimages［地球の夜景］

ジャバ／PIXTA［東京スカイツリータウン］

(株)エスエス東京［晴海アイランドトリトンスクエア］

新写真工房(堀内広治)［東京ガス港北NTビル］

篠澤建築写真事務所［足利赤十字病院］

オノスタジオ(小野俊次)［東北電力本店ビル］

［著者紹介］

湯澤秀樹［ゆざわ・ひでき］

一九六四年 長野県生まれ。名古屋大学大学院建築学専攻修士課程修了。

一九八八年 日建設計入社。二〇〇六年から日建設計総合研究所（NSRI）の理事・上席研究員、エネルギーマネジメントグループに所属。大規模事務所ビルに対するコミッショニング業務や、複合施設に対する省エネルギーコンサルティング業務等に携わり、国内外で実績を積む。空気調和・衛生工学会、都市環境エネルギー協会ほかに所属、建築設備士、エネルギー管理士、技術士（衛生工学部門）、SHASEフェローの資格を有する。

小さい頃から建物の絵を描くことが大好きで、名古屋大学名誉教授の中原信生先生との出会いがきっかけで環境・エネルギーの道に進んだ。

［寄稿］

奥宮正哉（名古屋大学大学院環境学研究科 教授・工学博士 空気調和・衛生工学会副会長）

［執筆・協力］

栗山知広（日建設計総合研究所）

岡垣 晃（日建設計総合研究所）

近藤武士（日建設計総合研究所）

本堂泰治（日建設計総合研究所）

鈴木義康（日建設計総合研究所）

大橋 巧（日建設計総合研究所）

長谷川巌（日建設計）

エネルギーマネジメントが拓《ひら》く未来

NSRI選書――003

発行日――二〇一五年一二月二五日
監修・著――湯澤秀樹［NSRI：日建設計総合研究所］
編集――田辺澄江
アートディレクション――宮城安総
エディトリアルデザイン――佐藤ちひろ
制作協力――木村千博［NSRI］
カバーイラスト――川村易
印刷・製本――株式会社精興社
発行者――十川治江
発行――工作舎　editorial corporation for human becoming
〒169-0072　東京都新宿区大久保2-4-12-12F
phone: 03-5155-8940　fax: 03-5155-8941
URL: http://www.kousakusha.co.jp
E-mail: saturn@kousakusha.co.jp
ISBN978-4-87502-469-9